모두의 금리

모두의 금리

흔들리는 부의 공식과 금리의 황금 비밀

조원경 지음

에프엔미디어

공부하고, 이해하고,
삶에 적용하라

'그 시절 우리가 좋아한' 영화가 있다. 무림 고수들이 하늘을 날고, 손과 발은 상대방의 공격을 톱니바퀴 맞물리듯 척척 막아낸다. 현란한 카메라 트릭까지 얹어지면 화려한 홍콩의 무협영화가 된다. 어린 시절 열광했고, 지금은 추억이 되었다. 요즘의 액션영화는 현실적으로 변했을까? 물론 마동석처럼 강력한 힘으로 한 방에 물리치는 액션은 무협보다는 현실적이다.

하지만 영화는 영화다. 현실에서의 싸움은 화려하지도, 멋있지도 않으며 무섭고 두렵다. 영화의 장면들은 현실에 적용하기 어렵다. 흔히들 말하는 교과서적으로 아름답게 잘 뽑힌 장면들도 현실과는 다르다.

거시경제 지표를 투자에 활용하는 '매크로 투자'도 현실이다. 아카데믹한 원칙이 현실에 딱 맞는 것은 아니고, 경험치가 쌓인다고 해서 절대적인 법칙이 되는 것도 아니다. 강의실에서 배운 이론에 맞춰 분석한다면 현실이 아니라 가상세계를 만들어가기 쉽다. 현실에서는 교과서대로 결과가 만들어지지 않는다.

유튜브와 SNS 세계는 어떤가? 많은 경험과 '카더라'와 같은 소문은 사람들이 허상을 보게 하고 그것을 믿게 한다. 허무맹랑한 음모론마저 존재한다. 실전에서는 아카데미즘도 한계가 있고, 유튜브와 SNS는 불안정한 소문으로 투자자들을 호도한다. 우리는 이러한 한계와 불안을 이기고 어떤 자산이든 올바른 판단을 내리고자 한다. 그러려면 합리적이며 현실적인 조언이 필요하다.

《모두의 금리》의 저자 조원경 교수는 이런 우리에게 방향을 알려준다. 금리, 환율, 주식, 부동산, 가상화폐까지 저자의 다양한 경험과 아카데믹한 지식을 결합하여 현란하게 문장을 채웠다. 저자는 숫자를 공부했고 실전에 적용했다. 금리를 공부만 했다면 우물 안 개구리가 되었을 것이고, 실전 경험만 했다면 기반이 탄탄하지 않았을 것이다. 저자는 금리가 무엇인가를 알려주고, 우리의 일상생활과 시장과 경제 전반에 어떠한 영향을 주는지 쓰고 있다. 적절한 예시와 본인의 투자 경험, 국제금융 전문가로서 얻은 통찰력 등을 그야말로 아낌없이 쏟아부었다.

이 책이 저자이기에 가능했던 이유는 적게 잡아도 세 가지다.

첫째는 경제 및 금융 이론에 대한 저자의 단단한 기본 체력이다. 이는 마치 싸움의 고수가 예외 없이 자신의 몸을 단련해 강한 체력을 먼저 준비하는 것과 같다. 테일러 준칙, 필립스 곡선, 달러인덱스, 그림자금융 등 책 곳곳에 담긴 개념 소개 부분은 딱딱한 이론서와는 결이 다르게 정제되어 있다.

책 제목에 담긴 금리도, 단기 금리와 장기 금리가 형성되는 원리에서 장·단기 금리 역전과 해소까지, 투자자라면 반드시 알아야 할 금리와 주식시장의 실질적인 작동 원리를 차분히 파헤친다. 누구나 아는 것 같지만 실상은 정확히 모르는 금융시장의 틀을 이해하고자 하는 분에게 적합하다.

저자의 해박함은 이미 지난 저서에서 확인된다. 《식탁 위의 경제학자들》은 현대 경제 이론을 이해하고 싶은 이에게는 최상의 선물이었다. 나 역시 바로 이 책에서 저자의 팬이 되었다. 많이 알려진 폴 새뮤얼슨, 밀턴 프리드먼에서 실제 투자시장에 큰 지평을 열어준 로버트 머튼과 로버트 실러까지 아주 다양한 분야의 경제학자들의 주옥같은 가르침을 너무나 쉽게 펼쳐놓았다.

누구나 아는 진실을 다시 한번 말하자면, 어떤 이론이든 온전히 이해하지 못한 이의 글은 난삽하다. 반면 정확히 파악한 사람의 문장은 명쾌하다. 《모두의 금리》는 어렵지 않다.

저자의 경험이 녹아 있는 다양한 사례 인용이 두 번째 매력이다. 체력 훈련 뒤에 실전 경험이 쌓여야 파이터로 성장할 수 있듯이, 금융시장을 이해하기 위해서는 지난 역사를 알아야 한다. 도취와 과열 뒤에 공포가 나오고, 호황이 아닌 불황의 끝에 주식을 늘려야 하는 이유를 몸으로 체득해야 한다. 저자는 기획재정부에서 국가공무원으로 일하면서 IMF, OECD 등의 주요 협상 과정에 참여할 수 있었다. 환율, 금리, 부동산 등의 정책 결정이 어떻게 이루어지는지도 지켜보았다.

그 시절의 이야기들은 흥미롭고 유용하다. 시장금리가 마이너스일 때 채권시장이 어떻게 작동되었는지를 덴마크의 30년 만기 모기지 상품으로 설명하고, 2024년 일본을 끝으로 마이너스 금리와 작별하며 채권 버블이 저물고 있음을 직감한다. 변동금리를 통해 일본 집값이 금리 민감도가 낮은 이유를 설명하고, 그림자금융으로 중국의 부동산 침체를 들여다본다. 2011년 일본 대지진과 엔 캐리 트레이드 청산, 금리 차익거래로 망한 LTCM 사태 등등에서 고정환율제도로 출현한 1997년 아시아 외환위기까지 그때그때의 굵직한 사건을 재미나게 풀어냈다.

저자가 이 책을 통해 보여준 가장 큰, 마지막 매력은 융합이다. 금리는 물론 환율과 주식, 그리고 부동산과 가상화폐까지 금융시장의 거의 전부를 다룬 책이다. 금리 변동으로 경기 사이클을 읽어내고, 환율로 수출과 자본 유출입을 추정하며, 금리로 성장주와 가치주를 분류한다.

금리와 부동산의 피할 수 없는 연결고리, 금과 암호화폐의 관계까지 저자가 이 책의 처음에서 끝까지 던진 주제는 각기 다른 자산과의 연결이다. 씨줄과 날줄이 직교해 원단이 만들어지듯이 저자는 각기 다른 자산으로 멋진 원단을 만들어냈다. 원단으로 멋진 옷을 만들어내는 것은 이 책을 읽는 독자의 몫이다. 저자는 다른 것을 하나로 엮어내는 능력을 여러분께 선사한다.

저자는 '금리 이야기를 하면서 인생을 이야기하고 싶어' 한다. 저자의 말처럼 우리는 모든 것이 숫자로 기록되는 시대에 살고 있다. 그렇다면 그 숫자를 공부하고, 이해하고, 내 삶에 적용해야 한다. 그런 우리에게 저자는 8장에 걸쳐 친절한 길잡이가 되어주려고 한다. 모든 순간은 선택으로 점철되고, 삶과 투자는 그러한 선택의 결과일 뿐이다.

"대부분의 사람은 틀에서 벗어난(unconventionally) 승리보다 틀에 머물러(conventionally) 실패하는 편을 선호한다."

저자가 자주 인용하는 위대한 경제학자 존 메이너드 케인스의 말로 마무리한다. 보다 나은 선택으로 틀을 깨고 싶지만 나아짐이 없을 때 이 책을 펼쳐보자. 먼저 옳은 길을 간 이들을 만나게 될 것이다.

윤지호

LS증권 리테일사업부 대표

모두의 금리,
금리의 모든 것

우리는 모든 것이 숫자로 기록되는 시대에 살고 있다. 어떤 숫자는 커야 좋고, 어떤 숫자는 작아야 좋다. 때로는 똑같은 숫자인데도 누구에겐 호재이고 다른 누군가에겐 재난이 따로 없다. 물가상승률도 경제 성장률도 주가도 모두 숫자로 기록된다. 지나치게 높은 물가상승률은 사람들에게 고통을 안겨준다. 인플레이션의 퍼센트는 작아야 현금의 구매력이 좋기에 낮은 인플레이션 수치가 대체로 환영받는다. 인플레이션을 유발한 코로나19 팬데믹 이전에는 대개 7,000원이면 한 끼 해결이 가능했다!

인플레이션은 물가상승률을 뜻한다. 한 국가의 경제 성장률이 높으면 일자리도 늘고 자영업자에게도 온기가 전해져 사회 분위기가 좋아질 가능성이 높다. 내가 산 주식이 상한가 30%를 기록했을 때 그 숫자는 행운의 신의 키스를 받은 듯한 기분을 자아내지 않을까? 그렇다면 알게 모르게 일상생활에 막대한 영향을 끼치고 있는 금리라는 숫자는 우리에게 어떤 기분이 들게 할지 궁금하다. 금리로 표시되는 숫자를 보고 느끼는 점은 사람마다 다를 것이다.

나는 초등학교 4학년 무렵 우리나라 전세 제도를 제대로 이해하지 못해 할아버지에게 이런 질문을 했다.

"할아버지, 왜 세 든 사람에게 돈을 받아서 나중에 그대로 돌려주세요?"

할아버지는 내게 친절히 알려주셨다.

"그 돈을 받아 누구에게 빌려주면 사채(私債) 이자를 받을 수도 있고, 전세 기간 동안 믿을 만한 은행에 예금을 하면 이자를 받을 수 있지."

내가 처음 경험했던 '금리의 추억'이다. 나의 할아버지 세대는 전세금을 은행에 넣어두면 이자를 많이 받을 수 있었기 때문에 금리는 높을수록 좋았다. 지금은 어떨까? 금리가 하염없이 내려가면 이자 생활자들은 어려움을 겪는다. 그러나 한편에선 과감하게 부동산 투자에 나서는 이들도 있다. 저금리 시기에는 전세금이 급등하게 되는데 이는 전세를 끼고 아파트를 사는 갭투자를 유발한다. 전세금과 매매가의 차이가 크지 않아서 가능한 일이다. 갭투자를 하는 사람에게 금리는 낮을수록, 전세금은 높을수록 좋다. 이처럼 똑같은 금리라도 이를 마주하는 사람들은 자신이 처한 재무 상황에 따라 다른 입장일 수 있다.

예금자보호만 잘돼 있다면 높은 금리는 자산가로서는 이자가 많아지니 환영할 만한 일이다. 반면에 갭투자자들은 고금리로 인해 집값이 떨어지고 설상가상으로 전세가도 하락하면 불면의 밤을 지새우게 된다.

우리가 마주하는 모든 숫자는 변한다. 그 방향성도 정해져 있지 않다. 우리는 (특히 보수적인 투자자라면) 뜻밖에 많은 은행 예금 이자를 받고 기분이 좋을 수도 있다. 채권자들에게 고금리는 사실상 파티 타임과 같다. 이자율이 오르면 그만큼 자신들의 이자 수익도 늘어나기 때문이다. 그러나 반대로 채무자나 대출을 끼고 집을 산 사람들은 고통을 겪고 심하면 패가망신을 할 수 있다.

금리(金利)는 '돈을 빌려주는 대가 또는 이자율'이다. 자본주의에서 금리는 돈이 늘어나고 줄어드는 속도를 조절한다. 그에 따라 주식, 부동산, 비트코인을 포함해 모든 자산의 가격이 오르내린다. 달러 환율도 출렁거려 수출입 기업과 '서학개미'의 장부에도 영향을 끼친다. 앞으로 고금리가 지속된다면 산업 구조도 바뀌고 심지어 사람들의 소비와 투자 행태도 달라질 게 분명하다. 금리는 이렇게 돈과 관련된 거의 모든 것과 복잡하게 얽혀 있다. 즉 경제생활을 하는 모든 이에게 막대한 영향을 끼친다. 그렇게 중요한 금리를 들었다 놓았다 하는 각국의 중앙은행, 특히 미국의 연방준비제도(Federal Reserve System, Fed, 연준)는 최근 몇 년간 경제 뉴스의 헤드라인을 장식했다.

2022년 6월 미국 소비자물가지수(Consumer Price Index, CPI)가 1년 전 같은 기간보다 9.1%까지 급등하자 미국 연준은 아연실색했다. 여기서 CPI는 물가상승률과 같다고 보면 된다. 생각해보라. 매년 연봉 협상의 기본 수준은 물가상승률 3%를 감안해 진행되는 게 일반적이다. 그런데 팬데믹 때 미국 정부가 돈을 너무 많이 풀어서 물가가 무려 9% 넘게 오르는 인플레이션 상황이 되었다. 물가 관리가 제1 임무인 미국의 중앙은행 연준으로서는 엄청난 부담에 직면했다.

물가상승률 목표치인 2%와는 너무나 큰 차이가 있었다. 연준은 물가를 잡기 위해서 이후 1년 넘게 기준금리를 올렸다. 2022년 5월 1.0%이던 기준금리는 2023년 7월 5.25~5.5%에 이르렀다. 모든 금리의 베이스가 되는 기준금리가 오르니 거기에 가산금리를 덧붙인 대출 금리도 따라 올랐다. 시중은행의 대출 금리가 계속 오르자 대출을 끼고 집을 산, 그간 1% 미만의 저금리에 익숙했던 많은 사람이 대출 이자로 비명을 지르고 말았다.

어디 그뿐인가? 고금리는 잘 굴러가던 금융기관을 파탄으로 몰고 가기도 한다.

2023년 3월 10일, 미국의 튼실했던 실리콘밸리은행(SVB)이 파산했다. 스타트업들의 은행으로 불리던 이 은행은 스타트업들이 맡긴 현금이 풍부해 자금 사정이 좋기로 유명했다. SVB가 가장 많이 투자한 곳은 미국 장기 국채였다. 저금리가 계속 이어진다는 가정이 유효하다면 SVB의 전략이 나쁘지 않았다. 초우량 안전자산으로 분류되는 미국 국채를 다량 보유하고 있으면, 수익은 크지 않지만 안정적으로 계속해서 수익을 올릴 수 있어서다.

"마땅한 투자 대상을 찾을 수 없을 때 우리가 자동으로 쌓는 포지션은 미국 국채입니다." 투자의 현인으로 불리는 워런 버핏(Warren Buffett)도 이렇게 말했다. 미국 국채는 매우 안전한 자산이며 게다가 유동성이 높아 현금에 준하는 대접을 받는다. 많은 국가의 외환 보유액 상당 부분이 미국 국채로 구성돼 있다. 하지만 워런 버핏이 말한 미국 국채는 몇 개월짜리 단기 국채를 말한다.

불행은 부지불식간에 온다고 했던가. 미국의 인플레이션과 그로 인한 금리 인상이 SVB에 악몽으로 다가왔다. 연준에서 기준 금리를 올리면 미국 국채 금리와 다른 시장금리도 같이 오른다. 국채 금리 인상은 후술하겠지만 국채 가격 폭락으로 이어진다. 그것도 장기 국채 가격일수록 금리 인상에 민감하다. 국채 가격은 매일 달라지는 금리에 따라 변동할 수 있지만 만기까지 보유하면 손실을 입지 않는다. 문제는 SVB가 이자율이 낮던 시기에 미국 장기 국채를 너무 많이 사들였다는 점이고 이게 화근이 되었다.

SVB의 포트폴리오에 문제가 있었다. 자산에서 장기 채권을 비롯한 유가증권 투자 비율이 55%로 미국 은행 가운데 가장 높았다. 만기가 10년 이상인 국채를 주로 매입한 것은 장기 채권이 단기 채권에 비해 수익률이 높았기 때문이다. 그렇게 오래갈 것 같던 저금리는 인플레이션이라는 괴물을 만나 상황이 정반대로 돌아갔다. 이자율이 너무 많이 오르니 장기 채권 가격이 단기 채권 가격보다 더 빠르게 급락했다.

같은 미국 국채라도 높은 금리에서는 금리 변동이 크지 않은 단기 채권이 인기가 있다. 값이 하락해도 그 폭이 상대적으로 작기 때문이다. 이에 반해 장기 채권은 사려는 사람이 없어 가격 하락 폭이 엄청나게 된다. 결국 이는 SVB가 보유한 자산가치의 하락으로 이어졌다. 은행의 투자 포트폴리오에서 절반 이상이 장기채인 상황에서 유동성 경색이 시작되었다.

2023년 3월 9일 이자율 상승으로 인한 국채 매각으로 SVB는 18억 달러(약 2조 4,000억 원)에 달하는 손해를 입고 회사의 주가도 크게 하락했다. SVB에서 돈을 빼러 달려가는 뱅크런이 시작되었다. 스타트업들도 유동성이 경색되고 안 좋은 소문이 돌자 SVB에서 현금을 인출하기 시작했다. 하루 만에 460억 달러(62조 원)가 인출되었다. 스마트폰을 이용한 스마트뱅킹의 점유율이 매우 높아 뱅크런 속도가 대응할 수 없을 만큼 빨랐다.

3월 10일 SVB 주가가 66% 빠지면서 주식 거래가 중지되었다. 이날 밤늦게 캘리포니아 주정부는 SVB의 은행업 허가를 취소하고 파산관재인으로 연방예금보험공사(FDIC)를 지정했다. 가파른 금리 인상을 견디다 못해, 2008년 워싱턴뮤추얼 붕괴에 이어 미국 은행 역사상 두 번째로 큰 규모의 파산이 터진 것이다.

다행히 2008년 서브프라임 모기지 사태와 같은 경제 전체의 시스템 위기로는 번지지 않았다. 미국 재무부, 연준, 연방예금보험공사는 SVB에 고객이 예치한 돈을 보험 대상 한도와 상관없이 전액 보증했다. 그러나 SVB 주식과 SVB가 발행한 금융 채권은 보증하지 않아 손실이 불가피했다. 3월 13일 HSBC가 SVB 영국 법인을 상징적인 금액인 1파운드에 인수했다. 3월 27일 노스캐롤라이나에 본사가 있는 퍼스트 시티즌 은행이 SVB 본사를 인수했다.

이 대목에서 우리는 앞서 말한 워런 버핏의 말을 되새겨볼 필요가 있다. 버핏은 2003년 버크셔 해서웨이(Berkshire Hathaway) 주주 서한에서 이런 말을 한다.

"(우리는) 단기 국채를 사거나 다시 사들이는 환매 계약을 합니다. 이들 상품 수익률이 아무리 낮아도, 수익을 조금 더 높이려고 투자 기준을 완화하거나 만기를 늘리는 일은 절대 없습니다."

버크셔 해서웨이가 장기 국채를 보유하지 않은 것은 사실이다. 그렇다면 고금리 상황에서 금리가 높아질 것이 추세적으로 확실할 때 우리는 어떤 투자를 해야 할까? 장기 국채를 절대로 사지 말아야 할까? 그건 아니다. '안전마진'만 확보하면 된다. (이에 대해서는 1장에서 자세히 다룬다.)

금리도 주식처럼 최고점을 추정하는 것은 불가능하다. 만약 금리 인상이 정점에 이르렀다고 생각한다면 어떤 투자가 가장 안전할까? 미국 30년 만기 국채의 금리가 4.5%에서 3.5%로 1%포인트 떨어지면 채권의 투자수익률은 30%가량으로 엄청날 수 있어 누구나 혹할 것이다. 금리 인하가 확실하다면 단기채보다는 장기채가 높은 수익률을 선사한다. 다만 단기간에 변동성은 클 수 있다는 점을 유념해야 한다.

금리에 대한 이해가 다소 부족한 독자라면 지금 이 프롤로그의 내용이 낯설게 느껴질 수도 있겠다. 그렇다고 이 책이 어렵다고 속단하지 말기를 바란다. 이 책을 다 읽고 난 뒤에는 말끔히 이해하게 될 것이다.

금리는 우리 일상생활은 물론이거니와 채권시장을 비롯해 주식시장, 외환시장, 부동산시장, 원자재시장, 암호화폐시장에 직간접적으로 영향을 끼친다. 이 책을 읽은 독자가 금리라는 매개체를 통해 경제와 시장에 대한 이해력을 높이고 자산가치를 증대할 수 있다면 더할 나위 없이 좋겠다. 이 책은 누구나 이해할 수 있는, '모두를 위한 금리' 책이자 '금리에 관한 모든 것'을 담은 책이 되어 독자에게 통찰력을 선사했으면 한다.

책을 쓰는 동안에 나는 금리 문외한이었던 내 어린 시절의 추억을 소환했다. 생활인으로서 감행했던 투자 경험도 녹여냈다. 개인투자자로서 성공 사례뿐 아니라 실패의 경험담도 털어놓았다. 또한 국제금융 전문가로서 정책을 담당하면서 얻은 시장에 대한 통찰 또한 담아내고자 했다.

1장에서는 '안전마진' 개념을 활용해 금리와 리스크의 관계를, 2장에서는 예금과 채권을 통해 금리의 개념을 설명한다. 3장에서는 기준금리 등 정부 정책을, 4장에서는 금리와 환율의 관계를 이해하도록 했다. 그렇게 금리의 기초를 다진 뒤에 5장부터 7장까지는 주식, 부동산, 암호화폐 등 각종 투자 대상이 금리로부터 받는 영향을 다루었다. 8장에서는 존 케인스의 정신을 상기하며 본문의 핵심을 정리했다.

2024년, 세계적인 금리 인하 사이클이 시작되었다. 우리는 어떤 자산을 사서 투자수익률을 높여야 할까? 답을 찾는 데 이 책이 도움이 되길 바란다.

자, 이제 소중한 독자 한 분 한 분과 경제와 금융의 문해력을 높이기 위한 여정을 함께 떠나보자.

차례

1장 안전마진으로서의 금리

2장 예금과 채권, 금리의 관계

3장 기준금리, 시장금리와 통화정책 ─────

4장 금리와 외환시장

5장 금리와 주식시장

6장 금리와 부동산시장 ────────

7장 금리와 원자재 그리고 암호화폐 투자 ──

8장 안전마진과 흔들리는 부의 공식

안전마진으로서의
금리

오후 5시의 운명과
안전마진

나는 워런 버핏을 좋아한다. 버핏은 여섯 살 때 껌과 콜라를 팔았다는데, 내가 어린 시절 우리 부모님도 집 툇마루에서 과자와 음료를 팔던 기억이 있다. 나도 그 옆에서 함께 과자를 팔고 돈을 세곤 했는데, 재미가 쏠쏠했다. 부모님이 장사하느라 바빠서 나는 서너 살 때부터 혼자 놀면서 화투를 치는 것을 좋아했다고 한다. 그래서 나는 자연스레 셈을 좋아하고 수학과 경제학을 즐기는 사람이 되었다. 우리 집에 와서 판매를 하는 거래처 사람들은 화투쟁이 어디 갔느냐고 나의 안부를 묻기도 했다. 나는 그분들을 붙들고 화투를 치며 판을 읽는 연습을 자연스럽게 하게 되었다. 지금 생각하면 참 특이한 아이였다.

시간이 얼마쯤 지나 우리 집은 지방에서 여러 대리점을 하게 되었다. 내가 다소 유복한 환경에서 성장하도록 보살펴준 부모님을 그래서 존경한다. 나는 잠을 자던 머리맡에서 두 분의 사업 이야기를 자연스럽게 듣곤 했다. 두 분의 대화에는 돈에 대한 한과 야심이 물씬 묻어났다. 대화의 주제는 돈을 어디서 꿔서 어디에 투자해 얼마의 이윤(마진)을 남기느냐에 있었다. 돌이켜 보면 우리 집 달력에는 빨간색으로 적힌 숫자가 엄청 많았다. 숫자의 정체는 갚아야 할 어음의 금액이었다.

오후 5시. 운명의 시간은 늘 찾아왔다. 부도가 나지 않기 위해 어음을 갚아야 하는 시간이었고, 삶은 주식시장을 능가하는 전쟁터로 바뀌었다. 아버지는 종종 동네 한약방이며 여기저기서 꿔다 쓴 돈의 이자를 헤아리며 이런 말씀을 하셨다. "그놈의 사채 이자만 아니면 더 큰 돈을 벌 텐데."

일할(日割)로 계산한 엄청난 사채 이자에도 자산을 늘려가며 소위 지방 유지의 지위를 누렸던 아버지는 구순이 되어서도 주식을 몇 분 만에 사고파는 데이 트레이딩을 하신다. 나는 돈을 벌고 잃고를 떠나 어머니에게 온 치매기가 아버지에게 없음에 안도한다.

생각해보면 마진과 금리는 내 어린 시절 학교 외의 실생활을 온통 지배한 단어였다. 아버지가 지방에서 그런 전쟁 같은 삶을 살았던 데는 적어도 손실은 나지 않으리라는 계산이 있었으리라. 당시 독과점 주류 도매업이 아버지의 든든한 버팀목이었다. 아무나 할 수 없는 업종이었기에 사채를 쓰고도 이윤, 즉 마진이 남았다. 아버지는 운명의 시간 오후 5시를 늘 생각하며 나름 '안전마진'이라는 개념을 떠올렸을 것이다. 오후 5시면 술을 넘겨준 업체로부터 돈을 갚으라는 어음 종이들이 날아왔다. 변제 요청이 쇄도할 때마다 부도를 내지 않으려는 아버지의 인생은 참 처절했다.

피는 대를 이어 흐른다고 했나. 모름지기 나도 투자를 할 때 안전마진을 생각한다. 주식으로 말하자면 현금만 사용하고, 신용이나 미수를 치지 않는다. 딱 한 번 원금의 3배를 지르는 미수 거래를 해보고는 다시는 하지 않기로 했다. 불안이 마음을 온통 지배한 게 좋지 않은 감정을 남겨서다.

아버지가 경험하고 내가 체험한 오후 5시라는 운명은 주식이나 채권 거래로 말하자면 증거금이 부족해서 증권사에서 돈을 갚으라고 하는 요구(margin call, 마진콜)와 같은 것이다. 안전마진이란 마진콜 같은 위험을 고려해 확보한 안전한 수익을 뜻한다. 마진은 흔히 이윤, 가장자리라는 의미로 번역되는데, 사업에서 구입가(본질가치)와 판매가(시장가치)의 차이라고 봐도 무방하겠다. 어떤 투자 대상이 시장가치보다 본질가치가 높으면 구입해서 안전마진을 추구하고, 그 반대라면 팔아야 하는 것은 모든 투자의 원칙이다. 안전마진은 결국 원금 손실 없이 확보할 수 있는 최소한의 수익 개념으로 이해해도 좋다. '내가 투자했을 때 최소한 이 정도 수익은 확보해야지'라고 생각했을 때의 수익이 안전마진이다.

따라서 안전마진의 경계는 사람마다, 상품마다 다를 수 있다. 내 부모님의 사업을 예로 들면, 사채를 사용하더라도 벌어들이는 수익이 이자보다 높을 때 안전마진이 확보된 것이다. 어린 시절부터 금리와 수익의 관계를 부지불식간에 이해했고 안전마진의 중요성을 알게 된 것은 나에게 큰 행운이었다.

요즘도 30만 원을 빌리면 일주일 내로 이자만 20만 원을 갚아야 하는 불법 사채가 암암리에 횡행한다고 한다. 돈을 빌리더라도 이윤을 남기면 금리는 축복이다. 그러나 고금리로 급전을 빌려서 자신의 삶을 사채업자에게 송두리째 빼앗긴다면, 이때 금리는 사회악이다.

고속도로를 달리다가 앞 차가 갑자기 브레이크를 밟아도 내가 앞 차와 적당한 주행거리를 유지하면 사고가 나지 않는다. 안전마진은 자동차 주행의 안전거리와 비슷하다. 투자라는 여정에서도 사고가 나지 않으려면 안전마진을 고려해야 한다.

안전마진은 벤저민 그레이엄(Benjamin Graham)과 데이비드 도드(David Dodd)의 저서 《증권분석(Security Analysis)》(1934)에서 처음 언급되었다. 그레이엄은 이어 《현명한 투자자(The Intelligent Investor)》(1949)에서 안전마진을 고려해 주식이나 채권 투자에 나설 것을 강조했다. 그레이엄이 생각하는 투자란 철저한 분석으로 원금의 안전과 적절한 수익을 확보하는 것이었다. 이 조건을 충족하지 못하는 행위는 투기라고 보았다.

채권 투자를 할 때 어떻게 안전마진을 확보하고 투자에서 승리할 수 있을까? 이자를 많이 주겠다는 회사가 있다고 하자. 만약 이 회사가 파산한다면 우리가 산 회사채는 휴지 조각이 된다. 투자에는 수익률 못지않게 위험 관리가 중요하다. 위험 관리와 수익률을 아우르는 안전마진 개념을 염두에 두고 차근차근 금리를 알아가자.

손절매하는 게
더 나은 순간들

금융문맹자를 노리는 어처구니없는 상품들

1997년과 2002년에 가입한 개인연금보험은 나에게 축복이었다. 그 외의 연금보험은 절대로 축복으로 돌아오지 않았다. 2013년 나의 아버지가 손자를 위해 가입한 연금보험 상품이 그랬다. 당시에 나는 미국에서 지내고 있었다. 아버지가 보험을 든 이유는 조카가 모 보험회사 영업사원이 되어 찾아온 탓이었다. 매달 30만 원을 납입하는 그 연금보험(변액보험)은 주식 30% 채권 70%의 비율로 운용 방식이 정해져 있었다. 보험 수익자인 나의 아들이 60세가 된 이후에 연금을 받게 되는 상품이었는데, 왠지 수익이 전혀 나지 않았다. 뒤늦게야 꼼꼼히 살폈어야 했다고 후회했다.

나는 귀국 후 그 보험을 이어받아 보험료를 납입하게 되면서 상품을 요모조모 살펴보았다. 그 상품은 사실상 고객이 보험사에 돈을 가져다 바치는 꼴이었다. 투자 원금은 줄어드는데 해약

해도 원금을 돌려받지 못했다. 사업비를 떼고 난 나머지를 투자하는 구조의 상품이었는데 납입보험료 안에서 떼는 사업비가 어마어마했다. 연금이지만 보험이기에 원금에 도달하는 데 무척 긴 시간이 걸린다.

2020년 이른바 너도나도 국내 주식 활황에 뛰어드는 '동학개미 운동'이 한창일 무렵, 나는 그 연금보험 계좌를 보고 기절하는 줄 알았다. 보험사는 매달 사업비를 가져가는데 상품 수익은 한 푼도 없었다. 해지하면 나만 손실을 감수해야 하는 터라 울며 겨자 먹기로 매달 보험료를 계속 냈다.

보험사는 무조건 돈을 남기는 구조였다. 연금 포트폴리오의 주식에서 돈을 조금 벌어도 보험사가 거의 다 가져갔다. 채권 역시 사업비를 뗀 후에는 돈을 거의 못 버는 구조였다. 나는 채권보다 수익률이 나은 주식의 비중을 올리려고 했지만 애초에 그게 불가능한 상품이었다. 한국 주식을 미국 주식으로 바꿀 수는 있어서 2020년 하반기에 이를 감행했다.

이후에 나는 금리 인상을 예측했지만 뻔히 손실이 날 상품을 그저 들고 있을 수밖에 없었다. 그나마 그간의 주식 상승으로 계좌가 플러스로 바뀐 것을 확인하고 씁쓸한 마음으로 계좌를 해지했다. 9년 만에 손에 쥔 수익은 30만 원이 조금 넘었다. 강제 저축한 것 이외에는 의미가 없었다. 그런 김에 아내의 개인연금 계좌도 당장 해지시켰다. 8년을 납입해 최종 26만 원 손실을 보았다.

개인들의 무지와 이를 악용한 보험사의 해악에 나는 분기탱천했다. 이미 지나간 일이지만 부주의했던 나 자신에게 후회막급이었다. 이런 상품은 결국 안전마진을 확보하는 데 실패한 상품이다.

살다 보면 친분 때문에 마지못해 보험을 드는 경우가 많은데 절대 그러지 말아야 하는 이유가 수백 가지다. 보험은 암이나 질병을 위해서만 최소한도로 가입해야 한다. 이중 가입되었는지도 꼭 점검해보아야 한다. 변액보험의 경우 펀드매니저가 운용을 제대로 하는지 여부에 따라 수익률에서 엄청난 차이가 난다. 변액보험의 특징은 일반적인 보험과 달리 수익률이 변한다는 점이다. 가입자의 보험료를 주식, 채권 등 다양한 자산에 투자한 뒤 수익률을 반영하기 때문이다.

내가 보험을 해약한 2020년 무렵의 일이다. 금융소비자연맹이 생명보험사가 판매 중인 변액연금보험 268개 상품의 누적 수익률을 전수 조사했더니, 2019년 12월 기준 평균 누적 수익률이 -0.27%였다. 변액연금보험 268개 중 무려 65%(173개)가 마이너스 누적 수익률을 보였다. 셋 중 하나만 플러스가 났다.

이처럼 설계비는 떼어가면서 정작 펀드 운용 능력은 부족해 가입자에게 안전마진을 확보해주지 못하는 금융상품이 많다. 이럴 우려가 있는 상품이라면 오직 손절매가 답이다. 만일 변액보험에 가입했다면 수익률을 점검해보고, 손실이 크지 않다면 손절하기를 권한다. 어떤 투자도 투하한 돈과 시간을 잃을 위험을 내재한다. 그 위험을 상쇄할 안전마진이 확보된 투자를 하고 있는지 꼭 점검하자.

뜻밖의 횡재,
당신도 그 주인공이 될 수 있다

은행에 돈을 맡긴다면 예금이나 적금의 이자가 안전마진이 된다. 돈을 그저 집 안의 금고에만 보관한다면 수익이 나지 않는다. 그렇다면 예금은 모두에게 옳은 선택인 걸까? 캐나다의 억만장자 투자자인 케빈 올리어리(Kevin O'Leary)는 인플레이션 시대에 하지 말아야 할 일에 대해 다음과 같이 말했다.

> "인플레이션 시대에 돈을 갖고 하지 말아야 할 일은 은행에 저축하는 것이다. 은행 예금 금리는 낮은데 물가상승률은 6%가 넘는다고 하자. 물가상승률에서 예금 금리를 뺀 차이만큼 현금 가치가 줄고 있는 것이다."

성공적인 투자로 '미스터 원더풀(Mr. Wonderful)'이라는 별명을 얻은 올리어리는 암호화폐(가상자산) 신봉자다. 그가 하는 것처럼 모두가 변동성이 높은 코인에 투자할 수는 없다. (가상자산에 대해서는 7장에서 자세히 다루기로 한다.)

그렇다면 대다수 사람들은 소비 후 남는 소득으로 어떤 투자를 도모할까? 안전 지향 투자자는 은행 예금에 우선순위를 부여한다. 우리나라 사람들은 예부터 소비하고 남는 돈을 예금, 주택, 주식의 순서로 투자하는 경향이 있다. 물론 투자에서 안전마진의 경계가 사람마다 다른 것처럼 투자의 우선순위도 사람마다 다르긴 하다.

한국은 1990년대까지 경제 성장률이 7% 수준이었고 그만큼 은행 예금 금리도 충분히 높았다. 1990년대 개인연금은 높은 수익률을 제공했다. 당시 개인연금은 확정된 이자를 지급했지만 금리가 높았기 때문에 부어두면 큰 자산이 될 수 있었다. 금리가 낮으면 이자 수입이 우습게 보이지만 고금리 때 가입한 예금이나 연금보험은 높은 수익을 안겨준다.

1996년 내가 아직 20대였을 때 향후 금리가 점차 낮아질 것을 예상하고 베팅하듯 연금보험 상품에 가입했다. 결과적으로 그 연금보험은 효자 상품이 되었다. 이 상품 덕에 나는 60세 때 약 50만 원을, 70세 이후에는 약 80만 원을 매달 확보한다. 1996년부터 2008년까지 이 상품에 매달 10만 6,000원을 넣어서 원금은 1,500만 원밖에 안 되었다. 이 투자를 통해 나는 높은 복리의 마법, 비과세, 고정금리의 중요성을 실로 체감하게 되었다.

당시 보험사가 금리 전망을 제대로 하지 못해 제시했던 수익률은 7.5% 고정금리였다. 게다가 비과세 상품이었다. 이후 보험

효자였던 연금보험의 예상 수령액

연령(만)	55세	56세	57세	58세	59세	60세	61세	62세	63세
연도						2027년	2028년	2029년	2030년
금액(원)						8,000,000	3,424,000	3,663,680	3,920,138

연령(만)	64세	65세	66세	67세	68세	69세	70세	71세	72세
연도	2031년	2032년	2033년	2034년	2035년	2036년	2037년	2038년	2039년
금액(원)	4,194,547	4,488,166	4,802,337	5,138,501	5,498,196	10,683,069	7,483,069	7,483,069	7,483,069

연령(만)	73세	74세	75세	76세	77세	78세	79세	80세	81세
연도	2040년	2041년	2042년	2043년	2044년	2045년	2046년	2047년	2048년
금액(원)	7,483,069	17,083,069	8,283,069	8,283,069	8,283,069	8,283,069	22,683,069	9,083,069	9,083,069

연령(만)	82세	83세	84세	85세	86세	87세	88세	89세	90세
연도	2049년	2050년	2051년	2052년	2053년	2054년	2055년	2056년	2057년
금액(원)	9,083,069	9,083,069	9,083,069	9,083,069	9,083,069	9,083,069	9,083,069	9,083,069	9,083,069

60세, 69세, 74세, 79세에는 특별상여금 배정

사는 가입자들에게 제발 상품을 철회해달라고 간곡히 요청해왔다. 수화기 너머로 해지를 부탁하는 보험사 직원의 울먹이는 목소리가 안타까웠지만 나는 애써 외면하고 꿋꿋하게 버텼다. 지금은 이런 금융상품을 찾아보기 어렵다.

2002년에는 상한액 없이 예금을 전액 보장하는 우체국 연금보험에 가입하는 결정을 했다. 당시 금리는 하락 중이었는데 지속적인 하락이 불가피하다고 판단했다. 가입하는 시점에 세전 4.5% 고정금리(비과세 상품 아님)가 내심 흡족하지 않았으나 소득

공제 같은 절세 효과와 배당소득을 염두에 두고 돈을 불입했다. 고정금리인 연금은 장차 공무원 연금과 함께 내 노후의 든든한 버팀목이 될 터였다. 그 이후에 하락하던 금리는 글로벌 금융위기를 맞으며 일시적이나마 상승하기도 했다.

2009년 미국 근무에서 돌아온 직후에는 그동안 만든 종잣돈을 넣을 매력적인 금융상품을 발견했다. 고정금리 5%로 10년 비과세 혜택이 있는 예금 상품이었다. 나는 향후 금리가 인하될 것을 직감했고 더 따지지 않고 그 상품에 목돈을 부었다. 우리에게 중요한 것은 세금 공제 후 수익이다. 금융소득은 세전 2,000만 원까지 종합소득에서 분리해서 세금을 매긴다. 비과세의 경우는 과세 대상인 금융소득에 해당하지 않으므로 비과세 상품이 출시된다면 무조건 가입하고 볼 일이다. 아쉽지만 목돈에 대한 비과세 혜택은 이제 사라졌다.

2014년 미국에서 다시 귀국한 나는 3%대 금리에도 무조건 10년 비과세 예금을 들었다. 주식에 대한 안 좋은 기억과 일에 집중하자는 마음에서였다. 한국은행의 기준금리가 0.5%까지 낮아질 때까지 그런 믿음은 유효했다. 이와 관련한 이야기는 뒤에서 상술하겠다.

이후 금리가 높아져 주식과 채권 가격이 폭락하면서 퇴직연금 수익률이 마이너스가 된 많은 사람이 우울해한다. 금리의 공격이 연금 계좌를 멍들게 한 것이다. 그런데 이런 때도 덕을 보는 곳은 따로 있다. 2023년 국내 주요 보험사 9곳을 포함해 한국거래소(Korea Exchange, KRX) 보험지수는 두 자리 숫자의 상승률을 보였다. 고금리로 인해 손해보험사와 생명보험사의 영업이익이 엄청나게 증가했다. 금리가 오르면 보험사의 자산운용 수익은 늘어나고 실적이 개선돼 주가에 긍정적으로 작용한다. 보험사가 신규 투자하는 채권의 이자가 높아진 결과다.

한편, 우리는 투자 상품의 안전마진을 따질 때 그 상품을 판매한 금융기관이 파산할 가능성도 짚고 가야 한다. 예금보장한도가 5,000만 원인 저축은행에 5,000만 원 넘게 넣었는데 은행이 파산한다면 이자는 고사하고 원금마저 떼일 수 있다.

금융기관의 안전마진을 가늠하는 지표로 순이자마진(net interest margin, NIM)을 꼭 기억해두자. NIM은 금융회사가 자산을 운용하면서 번 수익에서 자금 조달 비용을 뺀 금액을 운용자산 총액으로 나눈 수치다. 결국 운용하는 자산 단위당 이익률을 의미한다. 대개 은행의 NIM은 3~5%일 때 안정적이라고 간주한다. NIM이 너무 높아도 고위험 대출을 실행 중이라는 뜻이기 때문에 바람직하지 않다.

당신의 신용은
충분한가?

인터넷은행이지만 제1금융권에 편입된 토스뱅크의 상품을 쇼핑한다고 해보자. 토스뱅크에서 '상품 찾기'를 클릭하면 다양한 예·적금 상품들과 더불어 고객에게 지급하는 수신 금리가 뜬다. 수신 금리란 고객이 은행에 예·적금 형태로 돈을 빌려주고 받기로 약정한 이자율이다. 고객 입장에선 당연히 높은 수신 금리에 관심이 있을 것이다. 그러나 토스뱅크 외에 다른 은행의 수신 금리와도 비교해볼 필요가 있다.

은행연합회 소비자포털(https://portal.kfb.or.kr)에 들어가면 인터넷은행을 포함해 시중은행, 즉 제1금융권의 수신 금리를 한눈에 볼 수 있다. 만약 조금이라도 이자를 더 받고 싶다면 제2금융권, 즉 전국의 상호저축은행 수신 금리도 비교해볼 수 있다. 제2금융권의 수신 금리는 저축은행중앙회가 운영하는 'SB톡톡플러스' 애플리케이션을 다운로드받아 확인할 수 있다. 제1금융권보다 제2금융권의 수신 금리가 더 높다. 왜 그럴까?

그것은 위험 차이 때문이다. 시중은행이 상호저축은행보다 파산 위험이 낮기 때문에 어떤 소비자라도 같은 금리라면 대부분 시중은행과 거래를 트게 된다. 일반 시중은행은 자산 규모도 큰데다 영업점도 가까운 곳에 있으니 당연히 선호도가 높다. 상호저축은행은 일반 시중은행보다 이자를 더 많이 줘야 고객들이 위험과 불편함을 감수하고라도 이용하게 된다. 고객은 위험과 불편함에 대한 보상으로 높은 금리를 받게 된다.

고객은 제1금융권과 제2금융권의 안정성을 다르게 느끼기에, 투자에 대한 안전마진에서도 차이를 둔다. 위험성이 높은 제2금융권에 좀 더 높은 수익률을 요구해 안전마진을 확보한다. 제2금융권 중 저축은행은 은행법이 적용되지 않고 규제가 더 적은 상호저축은행법이 적용된다. 고객은 제1금융권으로부터 대출이 거절되면 제2금융권인 캐피탈사, 아니면 저축은행의 대출 상품을 이용해야 한다.

최근에는 P2P(peer to peer, 개인 대 개인) 신용대출을 이용할 수도 있다. P2P 신용대출 금리는 최저 금리와 최고 금리가 10%포인트 이상 벌어지기도 한다. 이는 돈을 빌려서 쓰는 차주(借主)에게 떼일 위험성을 반영한 것이다. P2P 금융회사도 기존 금융사처럼 영업 행위와 자기자본 요건, 소비자 보호 의무 등 규제를 받는다. P2P가 대출이나 투자의 대안이 될 수 있겠지만 경우에 따라서 높은 금리 수준은 부담이다.

제1금융권과 제2금융권의 금리 차이는 대출 연체율이나 부도율을 반영한다. 제1금융권이 제2금융권보다 수신 금리가 낮은 것은 기관의 신용도가 높기 때문이다. 제2금융권 기관 중에서도 생명보험사, 화재보험사 등은 제1금융권과 금리 차이가 별로 나지 않는 경우도 많다.

다시 토스뱅크를 예로 들어 다양한 대출 상품을 들여다보자. 신용대출, 마이너스통장, 비상금대출, 사장님대출 같은 상품들과 함께 타 기관의 기존 대출을 토스뱅크로 갈아타도록 유인하는 대환대출도 눈에 띈다. 그런데 왜 대출 기간에 따라 금리가 천차만별일까? 이는 SB톡톡플러스에서도 마찬가지다.

대출 금리는 대출자의 신용도와 대출 기간에 따라 다르다. 개인의 신용도를 나타내는 지표로 신용등급이 있는데 NICE신용평가, KCB(코리아크레딧뷰로) 등의 신용평가회사가 개인의 금융 거래 이력을 수집하고 분석해서 측정한다. 신용등급은 신용점수에 따라 1~2등급(매우 우량), 3~4등급(고신용), 5~6등급(일반), 7~8등급(주의), 9~10등급(위험)으로 나뉜다. 제1금융권에서 돈을 빌리기 위한 기본적인 신용등급 커트라인은 6등급이고, 7등급은 다른 조건이 좋아야 통과되는 까다로운 위치다. 저신용자를 위해 국가가 보증을 서고 자금을 지원하는 정책금융은 여기서는 다루지 않고 넘어가겠다.

신용점수란 돈을 제대로 갚을 것인지에 대한 믿음을 수치로 나타낸 것이다. 신용점수는 금융기관이 대출 승인과 카드 발급을 결정하는 데도 참고 자료로 활용한다. 신용카드도 누구에게나 발급되는 것이 아니라, 신용점수를 참고해 발급된다. 대출의 경우 신용등급에 따라 금리가 달라져서, 신용등급이 높을수록 금리는 낮아지고 신용등급이 낮을수록 금리는 높아진다. 신용점수가 낮으면 대출을 아예 못 받기도 한다. 은행연합회 소비자포털에서 매월 은행별, 신용등급별 금리 정보를 제공하므로 대출 금리를 비교할 수 있다.

만약 신용도의 한계를 뛰어넘고 싶다면 담보를 제공하면 된다. 신용도가 낮더라도 담보로 잡힐 재산이 있으면 낮은 금리가 적용된다. 주택담보대출이 무담보 신용대출보다 금리가 낮은 이유다.

대출 상품은 크게 담보대출과 신용대출로 구분된다. 담보대출은 집, 땅, 보증서 등 가치가 있는 물건을 은행에 담보로 맡기고 돈을 빌리는 것이다. 신용대출은 신용등급, 직업, 소득, 가족관계, 기존 대출 및 연체 이력 같은 개인의 신용을 바탕으로 은행에서 돈을 빌리는 것이다. 안정성이 높은 우대 직업에는 은행에서 우량협약기업 임직원신용대출(Public-Private-Partnership Loan, PPL)을 제공한다. 은행과 해당 기업이 협력해 마련한 대출 상품이며, 대출자에게 우대금리나 우대한도를 준다. 결국 신용대출 금리는 '기본금리 + 가산금리 - 우대금리'로 구성된다.

대출받는 입장에서 신용대출은 담보대출보다 빠르게 필요한 자금을 빌릴 수 있는 장점이 있지만, 대출금 상환을 연체했을 때는 신용에 위험이 따른다. 담보대출은 대출금 상환을 장기간 연체하면, 대출기관이 설정해둔 저당권이나 질권을 사용해서 담보를 현금화한 다음 그 금액으로 대출액을 변제하게 된다. 따라서 연체해도 자신의 담보가 사라질 뿐, 기존 신용에는 문제가 없다. 그러나 신용대출을 연체하면 신용등급이 하락해 이후의 대출이 까다로워지고 금융 거래에 차질이 생길 수 있다. 장기간 큰 금액을 연체한 경우, 채권 추심 절차에 따라 강제로 대금을 상환하거나 신용불량자가 되어 정상적인 경제생활을 할 수 없다.

신용대출로 돈을 빌리는 방식은 '건별 대출'과 '유동성 한도대출'로 구분된다. 건별 대출은 대출 약정금액 범위 내에서 일괄 대출하고 상환한 금액을 재사용할 수 없는 방식이다. 건별 대출로는 직장인신용대출 상품이 대표적이다. 유동성 한도대출은 대출 약정금액 범위 내에서 자유롭게 대출을 재사용하고 대출 약정기간이 종료되는 날에 한도금액을 상환하는 방식이다.

유동성 한도대출로는 마이너스통장이 대표적이다. 필요한 금액만큼 마이너스(-)로 한도를 설정하고 그 금액까지 필요할 때 돈을 빼서 쓰고 여유가 생기면 바로바로 갚을 수 있다. 유동성 한도대출은 필요한 경우에 돈을 빌렸다가 원할 때 중도상환수수료 없이 바로 갚을 수 있기에 건별 대출에 비해 금리가 좀 더 높다.

신용대출로 빌린 돈은 만기일에 일시 상환할 수도 있고 대출 약정 기간 동안 원금을 균등하게 분할해 원금과 이자를 매달 상환할 수도 있다.

마이너스통장(유동성 한도대출)은 직장인의 비상금 역할을 하는데 시장금리가 상승하면 마이너스통장의 금리도 함께 오른다. 마이너스통장 금리가 오르면 직장인은 돈 없는 설움이 밀려든다. 마이너스통장 금리는 보통 신용대출 금리에 0.5%포인트를 가산해 적용되며, 1년 주기로 조정된다. 마이너스통장과 신용대출 금리가 오른다면 은행채 1년물(무보증·AAA)의 금리를 확인해야 한다. 은행채 1년물은 금리 산정의 기준이 되는 상품이므로,

이 금리가 높다면 마이너스통장 방식으로 이뤄지는 비상금 대출은 연체될 위험이 있다.

대출을 받을 때는 고정금리인지 변동금리인지도 중요하게 따져봐야 한다. 고정금리 대출은 대출 약정 기간 동안 시중금리의 변동과는 상관없이 당초 약속한 이자만 부담한다. 이자가 고정되어서 상환 계획을 세우는 데 유리하고 시중금리가 큰 폭으로 상승했을 때도 이자 부담이 고정적인 것이 장점이다. 따라서 시중금리 인상기에는 고정금리 대출이 유리하다.

변동금리 대출은 대출 약정 기간 동안 금리가 달라지는 방식이다. 변동금리는 기준금리나 시장금리와 연동돼 일정한 주기로 변한다. 신용대출을 선택하는 경우 대출 기간이 3년 이내로 짧다면 변동금리를, 3년 이상 장기 대출이라면 고정금리를 고려하는 것이 일반적으로 바람직하다.

한편 중금리대출도 고려해볼 수 있다. 중금리대출은 저금리와 고금리 사이 금리를 적용한 대출을 말하며, 통상 9~19%대를 오간다. 개인 사정으로 신용등급이 낮아서 저축은행이나 대부업체를 이용해야 하지만 평소 행동과 습관을 고려할 때 돈을 갚을 가능성이 크다면, 돈을 떼일 염려가 적은 이런 사람에게 은행은 저축은행이나 대부업체의 금리보다 낮은 중금리로 돈을 빌려줄 수 있다. 중금리대출 대상은 주로 신용점수 하위 50% 이하인 차주가 일반적이다.

정부가 KT와 카카오에 인터넷은행 설립을 허가한 것은 중금리대출을 활성화하려는 의도에서다. 인터넷 서비스 운영 역량과 중금리대출을 위한 대안신용평가시스템 구축을 원한 것이다. 중금리대출은 중하위 신용자에게는 필요한 제도이나 은행은 고신용자에 비해 차주의 채무불이행 가능성에 직면할 수밖에 없다. 제2금융권에서 고금리 대출을 받은 후에 더욱 낮은 금리로 갈아타는 대환대출자가 있어서 더욱 그렇다. 대환대출을 받으면 이자 부담을 줄이고 신용점수 하락을 막을 수도 있다.

'샤일록 방지 금리'라는 게 있다. 셰익스피어의 소설《베니스의 상인》에 등장하는 고리대금업자 샤일록은 채무자가 빚을 갚지 못하면 그로부터 1파운드의 살을 떼어내는 가혹한 행위를 했는데, 이처럼 지나친 고금리로 인한 폐해를 막겠다는 의지를 나타내는 말이다. 이는 현대에 와서 '법정 최고금리'라는 말로 바뀌었다. 법정 최고금리란 법으로 정해진 금리의 상한선을 뜻하며, 대출에만 적용된다. 금융회사나 대부업체가 급전이 필요한 고객을 상대로 폭리를 취하지 못하도록 하는 법적 보호망이며, 서민에게 큰 고통인 '대출이자 폭탄'을 막겠다는 취지다.

법정 최고금리는 2002년 10월 대부업법이 제정되면서 연 66%로 정한 이후 저금리 기조에 따라 2021년 7월 연 20%까지 7차례 인하되었다. 법정 최고금리 인하는 저소득·저신용 취약층의 과도한 이자 부담을 줄여주겠다는 취지였다. 그러나 실상은 중앙은행의 기준금리가 인상되었을 때 금융기관은 자금 조달 비용이 올라가지만 법정 최고금리로 인해서 저신용자 대출에 이자 상승분을 반영할 수 없다. 결국 취약자 대출 상품은 아예 상품 리스트에서 사라지고 저신용자들은 '대출 난민'이 되어 제도권을 벗어나 사채시장으로 밀려나고 있다.

제도권 금융기관에서 불법 사금융시장으로 이동한 이들을 생

한국 법정 최고금리 변화

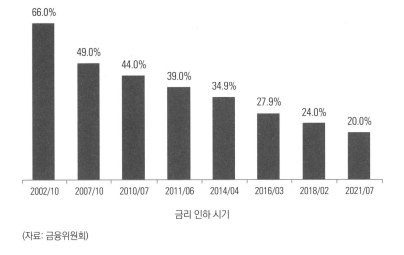

66.0%

49.0%

44.0%

39.0%

34.9%

27.9%

24.0%

20.0%

| 2002/10 | 2007/10 | 2010/07 | 2011/06 | 2014/04 | 2016/03 | 2018/02 | 2021/07 |

금리 인하 시기

(자료: 금융위원회)

각하면 마음 한구석에서 슬픔이 밀려든다. 법정 최고금리 인하는 '양날의 검'이다. 누군가는 대출 이자가 줄어들지만, 다른 누군가는 대출받을 길이 막힌다. 제2금융권이나 사채시장인 제3금융권에서 밀려난 취약계층이 불법 사채시장으로 내몰리지 않도록 하는 것이 무엇보다 중요하다. 법의 사각지대가 존재하기에 합법적인 대출이 쉽지 않고 누구라도 대출 난민으로 전락할 수 있다. 불법 사채시장에선 연 200%가 넘는 고금리와 가혹한 빚 독촉이 여전하다.

저신용자가 이런 사채시장으로 내몰리는 상황을 막기 위해 금융당국의 종합적인 정책이 필요하다. 정책금융 총량을 무작정 늘리는 것보다 청년층·소상공인 같은 취약층의 특성에 맞게 상환 능력을 잘 따질 필요가 있다.

국채, 회사채 등
채권의 안전마진

벤저민 그레이엄의 가르침

이제 채권 투자의 안전마진으로 넘어가 보자. 채권은 정부나 공공단체, 주식회사 등에서 일반 대중으로부터 필요한 자금을 조달하기 위해 발행하는 증서로, 채무를 이행하겠다는 약속이 담겨 있다. 정부가 발행한 채권을 국채, 주식회사가 발행한 채권을 회사채라고 한다.

채권 투자를 결정하기 전 안전마진이 확보되었는지 따져봐야 한다. 떼일 세금과 받게 될 이자 외에도, 회사채의 경우 투자 대상으로 포함될 수 있는지를 우선적으로 점검해야 한다. 채권은 일종의 차용증서다. 차용증서에는 돈 갚을 시기와 이자율, 이자 지급 방식, 복리인지 단리인지가 들어가는데, 채권도 마찬가지다.

주식과 마찬가지로 채권도 시장금리에 따라 가격이 변동한다. 그런데 주식과 달리 채권은 만기까지 발행 주체가 파산하지 않으면 정해진 수익만큼은 최소한 확보할 수 있다. 채권은 만기 전에도 매매를 할 수 있는데 매매 차익은 금리의 향방과 밀접하게 관련되므로 뒤에서 상세히 설명하겠다. 여기서는 회사채 중에서 투자할 만한 대상을 고르는 안목을 키우는 법을 먼저 생각해보자.

SB톡톡플러스 앱에서 6개월 최고 금리로 세전 3.5% 예금을 찾았다고 가정해보자.(여기서 세전은 이자소득세 차감 전을 말한다.) 그런데 토스 앱을 보니 만기가 7개월 남은 HD현대중공업 채권의 세전 금리가 3.8%다. 두 상품 중에 어디에 투자할지 고민이될 수 있다. 향후 조선업 경기도 좋고 회사에 신뢰도 가는 만큼 HD현대중공업 회사채를 사는 게 유리하지 않을까 한다. 이 경우 단기채이기 때문에 채권 가격이 급등락할 가능성은 없어 심리적 안전마진 확보에 전혀 문제가 없다.

문제는 장기채인 경우다. 저축은행 예금 상품의 1년 최고금리가 4.5%이고(이후의 금리 수준에 대해서는 정보가 없을 경우), 장기 국채 또는 장기 공사채가 4%대이면서 투자 기간이 5년 정도로 제약이 없다면 장기 국채나 공사채를 사는 게 나은 선택일 수 있다. 향후 금리의 방향이 하향으로 기대된다면 특히 더 그렇다.

투자의 안전마진 개념을 처음 제시한 벤저민 그레이엄은 당시 철도회사 채권의 경우, 기업의 여러 해 세전 이익(법인세를 내기 전 이익)이 고정비용의 5배 이상은 되어야 투자할 수 있다고 보았다. 같은 원리로 통상 회사가 내는 이자 비용의 5배 이상 벌고 있으면 투자할 만하다고 할 수 있다. 회사의 고정비용은 생산량에 따라 변하지 않는 비용으로 아무것도 생산하지 않아도 계속 지출되는 비용이다. 커피숍의 경우 임차료가 고정비용이다. 이런 고정비용을 초과하는 세전 이익은 기업에 손실이 발생해도 그 손실을 상당 기간 방어해주는 방패 역할을 한다. 즉 고정 비용을 초과하는 세전 이익이 회사채의 안전마진일 수 있다.

최악의 상황을 고려한 회사채의 안전마진은 회사의 자산가치와 부채를 비교해서 산출할 수 있다. 예를 들어 회사의 자산가치가 50만 달러이고 부채가 15만 달러라면 이론적으로 회사의 자산가치가 35만 달러 이상 감소해야 채권 투자자들이 손해를 입는다. 달리 말해, 이 회사채 투자자는 35만 달러의 안전마진을 확보했고, 투자 기간 동안 회사가 이 경계를 이탈하는지 주의 깊게 살펴봐야 한다.

그레이엄의 안전마진 관점에서 볼 때 채권의 안전마진은 '안정성 + 은행 정기예금보다 높은 수익'이라 할 수 있다. 채권의 원금 손실 가능성은 거의 제로라는 가정에서 한 말이다. 이 경우 정부 지불 보증이 있는 채권이나 국채 같은 우량채만 투자 대상이 된다. 공격적인 투자자라 하더라도 비우량 채권은 아주 싼 가격이 아니면 투자해선 안 된다.

회사채 수익률이 높다는 것은 투자한 기업의 신용도가 낮다는 의미다. 시장 상황이 안 좋아지면 원리금 지급이 연기되거나 채무불이행 가능성이 있어 채권의 시장가격이 폭락할 수 있다. 채권은 안전하지 않고 국채도 무위험자산이라고 섣불리 말할 수 없다.

돌이켜 보면 두 차례 세계대전과 대공황을 거치며 미국이 아닌 외국 국채에 대한 평판은 개선되지 않았다. 1998년 러시아 루

블화 폭락 사태 당시 러시아 국채에 투자한 투자은행은 천문학적인 손실을 입었다. 디폴트(채무불이행) 상습 국가 아르헨티나는 국채 이자 지급 중단을 수없이 선언하며 '배 째라' 식으로 나와 투자자를 당황하게 만들었다. 2022년과 2023년에도 신용평가기관은 아르헨티나 국채의 신용등급을 하향 조정했다. 아르헨티나 국채는 디폴트(채무불이행) 수준으로 전락했다.

그레이엄의 안전마진 관점에서 P2P 금융기업이 발행한 채권은 용납할 수 없는 투자다. 법적으로 누구도 원금 상환을 책임지지 않기 때문이다. P2P 금융은 대출자와 투자자를 온라인에서 연결해주는 플랫폼 사업이다. 일반 금융기관의 오프라인 지점 운영 비용을 소비자의 이익으로 돌릴 수 있으니 인기가 높다. 항상 그런 것은 아니지만 대출자에게 제2금융권보다 낮은 금리를, 투자자에게는 높은 수익률을 제공해 새로운 세계로 각광받기도 한다. 그러나 안정성 관점에서 P2P 금융에서 발행한 채권은 좋지 않다. 아무리 고위험·고수익 채권이라 해도 최하 신용등급 회사에 투자하는 것이나 마찬가지다.

투자는 지능지수와 통찰력이나 투자 기법의 문제가 아니다. 벤저민 그레이엄은 투자를 원칙과 태도의 문제로 보았다. 철저한 분석을 통해 원금을 안전하게 지키면서도 만족스러운 수익을 확보하는 것이 투자이며, 그렇지 않은 경우는 투기라고 선을 그었다. 그레이엄은 행운이 초래할 수 있는 더 큰 불행을 경계했다.

단기간 굴릴 돈을 장기 국채에 묻어두는 경우 금리 예측이 달라지면 손실을 볼 수 있다. 안전마진은 결국 투자해서 손해 보지 않을 가격 또는 투자 시점이라고 이해해도 좋다.

기업의 신용등급과
회사채의 안전마진

회사채는 회사가 파산하면 원금을 날릴 수 있으니 회사채 투자자에게 기업의 신용등급은 매우 중요하다. 신용등급 같은 정보가 부족한 상태에서 무턱대고 하는 투자를 '깜깜이 투자'라 하는데 원금 손실 위험이 크고 수익도 불안정하다. 신용등급이 낮은 채권을 선택할수록 수익률은 높아진다. 하지만 위험을 너무 키우면 원금마저 날릴 가능성이 있고, 투자 기간을 무한정 늘리면 현금이 필요할 때 바로 찾아서 쓰지 못하는 어려움에 맞닥뜨린다.

개인들도 돈이 필요한데 수중에 없으면 빚을 낼 수밖에 없다. 그러나 평판이 좋지 못하면 돈을 빌리기도 어려워서 생활의 어려움은 가중된다. 신용불량자라는 낙인까지 찍히면 신용카드도 만들 수 없고 사회활동에 제약이 가해진다. 이는 회사나 국가도 마찬가지여서 신용에 대한 평판은 매우 중요하다.

신용등급은 앞서 개인의 신용점수처럼 신용에 대한 평판을 보여주는 객관화된 지표다. 기업의 신용등급은 회사채를 발행했을 때 원리금 상환 능력에 따라 AAA부터 D까지 10개 등급으로 나뉜다. AAA부터 BBB까지는 원리금 상환 능력이 인정되는 투자 등급이며, BB에서 C까지는 외부 환경 변화에 휘둘리는 투기 등급으로 분류된다.

회사채에 투자할 때는 수익률만 볼 것이 아니라, 자신이 감당할 수준의 위험인지 확인해야 한다. 그것이 안전마진에 대한 심리적 기준이 될 수 있다. 물론 지나치게 안전만을 강조하다 보면 미래를 위한 대비가 충분하지 못할 수 있으므로, 어느 정도는 위험을 받아들여야 한다. 결국 공격적 투자자인지 보수적 투자자인지에 따라 안전마진을 받아들이는 태도는 달라진다.

채권 투자자에게 안전마진은 은행 이자보다는 높은 수익이다. 주식 투자자에게 안전마진은 투자한 기업의 수익이 채권 수익을 크게 초과하는 것일 테다. 그레이엄의 관점에서 말하자면, 기업의 채권 발행액보다 주식의 시가총액이 작다면 이 주식 투자는 상당한 안전마진이 확보되었다고 말할 수 있다.

국가신용등급과
국채의 안전마진

국가 역시 자금이 부족할 경우 여러 방법으로 재원을 충당하게 된다. 그중 국제금융시장에서 채권을 발행해 자금을 확보하는 것이 국제 사회에서 일어나는 매우 중요한 일이다. 한 국가의 차입을 좌우하는 핵심적인 기준은 국가신용등급이다.

내가 기획재정부에서 근무할 당시 매년 국제신용평가기관이 한국을 방문해 국가신용등급을 평가하고 정책 권고를 했다. 기획재정부의 국제금융국에서는 외환시장이나 국제금융기구와의 협력 등을 맡는다. 나는 과장급 공무원이었을 때부터 국제통화기금(International Monetary Fund, IMF) 담당 팀장을 역임하면서 외환위기와 국제금융, 국가신용등급의 중요성, 글로벌금융 안전망 등에 주목했다.

외국 채권(외채)을 사려는 투자자들은 차입국의 채무상환 능력을 이모저모 뜯어보게 된다. 국가의 채무상환 능력을 파악하는 기준은 무디스(Moody's), 스탠더드앤드푸어스(S&P), 피치(Fitch Ratings) 같은 주요 국제신용평가기관이 정하는 신용등급이다. 신용평가사는 국가신용등급을 정할 때 해당 국가의 거시경제 여건, 정책 역량, 재정 건전성, 지정학적 위험 등을 종합적으로 고려해 결정한다. 국제신용평가기관이 매긴 국가신용등급은 투자 적격 여부를 판정하는 데 중요한 기준이 된다.

2008년 11월 국제신용평가기관 피치는 급격한 경기 침체에 따른 은행권의 자산건전성 악화와 차입금 감소를 이유로, 한국의 등급 전망을 '안정적(Stable)'에서 '부정적(Negative)'으로 하향 조정했다. 2011년 S&P는 채정 적자 우려를 거론하며 미국의 국가신용등급을 기존 AAA에서 AA+로 한 단계 강등했다. 나아가 2012년 S&P는 유럽의 재정 위기 사태가 지속된다고 보고 프랑스를 비롯해 9개국의 신용등급을 내렸다. 국가신용등급의 하락은 국제금융시장에 부정적인 영향을 끼치고 해당 국가에서 자금이 빠져나갈 확률을 높인다.

그러나 기축통화국인 미국은 예외다. 2023년 8월 피치는 미국의 국가신용등급을 기존 AAA에서 AA+로 강등했다. 2011년 S&P의 강등 이후 12년 만이었다. 미국 신용등급이 하락하면 달러 가치가 하락해야 하는데 이상하게도 상승하고, 오히려 원화 가치는 하락한다. 왜 그럴까? 간단히 말해서 미국 달러와 국채는 안전자산이고, 우리나라를 비롯한 '신흥국' 통화와 채권은 그렇지 않기 때문이다.

2008년 글로벌 금융위기 이후 미국의 가계 빚은 최고조에 다다

랐고 경제 상황도 나빠졌다. 연이어 유럽에서 재정 위기가 터졌다. 그러나 2023년 이후 세계를 둘러보면 미국만큼 경제가 호조인 국가도 드물다. 무엇보다 2024년 현재 미국은 인플레이션과 연준의 강력 긴축에도 불구하고 경제 위축 없이 잘나가고 있다.

미국 정부는 해마다 부채한도를 올려 나랏빚을 늘렸다. 아무리 기축통화국이라 하더라도 이대로 두면 미국 국채에 부정적 영향이 생길 수밖에 없기에, 미국이 부채를 통제할 일관된 계획을 수립해야 한다는 피치의 견해가 터무니없는 것은 아니다. IMF는 정책 권고라는 형태로 잘못된 국가 정책에 대해 시정을 요구하면서도, 미국에 대해서는 아무런 권고도 하지 않는다. 이는 잘못된 관행이다. 미국 재정 문제에 관해 의견을 피력한 피치는 신용평가기관의 역할을 제대로 했다.

문제는 미국에서 무슨 일이 벌어지면 세계가 흔들린다는 사실이다. 우리로서도 물론 좋을 게 없다. 가뜩이나 불확실성이 큰 경제 상황에서 우리의 외환, 채권, 주식시장이 출렁이는 것은 달갑지 않다. 미국 시장이 불안해지면 신흥국들이 더 심대한 타격을 받는다. 신용등급 강등은 일반적으로 해당 국가의 자금 조달 비용을 증가시키는 요소로 작용한다. 우리나라는 1997년 외환위기가 발생하자 국가신용등급이 투기등급으로 전락했다. 그러자 해외 투자자들이 앞다퉈 자금을 뺐고 외화가 대거 유출되었다. 국가 위기 사태와 이에 따른 투자자들의 외면은 국가 경제에 많은 어려움을 초래했다.

그로부터 많은 세월이 흐른 지금 우리나라의 국가신용등급은 주요 선진국과 어깨를 나란히 한다. 피치는 한국의 국가신용등급은 'AA-'로, 전망은 '안정적'으로 보고 있다. 피치 등급에서 우리나라는 미국과 비슷한 수준이다. 피치로부터 AAA를 받은 국가에는 호주, 덴마크, 독일, 룩셈부르크, 네덜란드, 스위스, 노르웨이, 스웨덴, 싱가포르, 유럽연합(EU)이 있다. 우리의 신용등급은 위에서 네 번째 단계인 AA-로 2012년 9월부터 10년 넘게 이 등급을 유지하고 있다. 우리나라는 무디스와 S&P 기준으로도

국가신용등급 현황(2024년 3월 기준)

등급	무디스	S&P	피치
AAA (Aaa)	독일, 네덜란드, 덴마크, 노르웨이, 스웨덴, 스위스, 룩셈부르크, 미국, 캐나다, 호주, 뉴질랜드, 싱가포르	독일, 네덜란드, 덴마크, 노르웨이, 스웨덴, 스위스, 룩셈부르크, 리히텐슈타인, 캐나다, 호주, 싱가포르	독일, 네덜란드, 덴마크, 노르웨이, 스웨덴, 스위스, 룩셈부르크, 호주, 싱가포르
AA+ (Aa1)	핀란드, 오스트리아	미국, 핀란드, 홍콩, 대만, 뉴질랜드, 오스트리아	미국, 캐나다, 핀란드, 오스트리아, 뉴질랜드
AA (Aa2)	한국, 프랑스, 아부다비, 아랍에미리트	한국, 프랑스, 아부다비, 아일랜드, 벨기에, 영국	대만, 아부다비, 마카오
AA- (Aa3)	영국, 벨기에, 아일랜드, 체코, 홍콩, 마카오, 대만	체코	한국, 영국, 프랑스, 벨기에, 아일랜드, 체코, 홍콩, 아랍에미리트
A+ (A1)	일본, 중국, 사우디아라비아	일본, 중국	중국, 사우디아라비아
A (A2)	폴란드, 칠레	칠레, 스페인, 사우디아라비아	일본
A- (A3)	말레이시아, 포르투갈	말레이시아, 폴란드, 포르투갈	스페인, 폴란드, 칠레, 포르투갈

역대 최고(最高) 수준인 AA로 상위에서 3번째 등급이다. 이는 프랑스의 등급과는 동등하고 영국보다는 높다(무디스 기준). 중국, 일본보다는 2등급이나 높다. 우리나라의 재정 건전성이 두 국가에 비해 절대적으로 나은 점이 감안된 것이다.

G20 국가들 중에서 한국보다 신용등급이 높은 국가는 미국, 독일, 캐나다, 호주 4개국뿐이다. 무디스 기준으로 아시아 외환위기 이후 신용등급이 하락한 국가 중 위기 이전보다 신용등급이 높아진 국가는 한국이 유일하다. 그렇지만 최근 외부 환경이 만만치 않기 때문에 경계를 늦춰선 안 되겠다. 연이은 금리 인상과 미·중 패권전쟁으로 수많은 신흥국이 어려움에 처했고 국가신용등급이 하락했다. 우리라고 안심할 수 없다. 국내총생산 (gross domestic product, GDP) 대비 정부 부채가 늘어 국가신용등급의 근간인 재무 건전성에 경고등이 켜졌기 때문이다. 대외 신인도를 안정적으로 유지하려면 정부는 다각적인 노력을 기울여서 국가신용등급 평가에서 긍정적 시각이 지속되게 해야 한다.

여기서 잠깐 미국의 부채한도 문제에 대해 알아보자. 미국 정부가 빚을 많이 지는 것을 막기 위해 미 의회는 부채한도를 정하고 있다. 1939년 450억 달러를 한도로 정한 후 미 의회는 숱하게 부채한도를 올렸다. 1960년 이후 79차례 상향했는데 단순 계산으로 매년 한 차례씩 올린 셈이다. 2024년 현재 공화당 대통령 아래에서 49차례, 민주당 대통령 아래서 30차례였다. 조 바이든 대통령은 취임 첫해부터 부채한도를 올렸다.

국가 부채한도를 정한 나라는 미국과 덴마크 두 나라밖에 없다. 덴마크는 1990년대에 처음으로 부채한도를 도입했으나 상

미국 GDP 대비 정부 부채 비율(2014/06~2024/02)

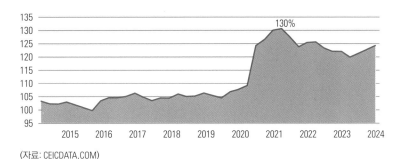

(자료: CEICDATA.COM)

한선이 높아 정부와 의회가 힘겨루기를 할 일은 없었다. 버락 오바마 전 대통령은 2008년 글로벌 금융위기 여파로 제2차 세계대전 이후 역대 미국 대통령 중 가장 큰 규모의 재정 적자를 냈다. 도널드 트럼프 전 대통령은 한술 더 떴다. 바이든 행정부의 적자 규모는 앞선 두 행정부가 기록한 것보다 더 클 것으로 전망된다. 그러니 미국의 국가신용등급 강등 사태가 나올 만도 했다.

　미 정부는 2001년 이후 한 회계연도도 재정 흑자를 낸 적이 없다. 2023년 기준으로 미국 GDP 대비 정부 부채 비율은 124.3%다. 2021년 4월에는 130%가 넘기도 했다. 미국 의회가 바이든 정부의 부채한도 증액에 반대하는 논리는 간단하다. 미국이 높은 인플레이션에도 불구하고 경제가 완전고용 상태인데, 지속적으로 막대한 적자를 만들어내는 게 합리적이지 않다는 것이다.

　과거에도 미국 정부와 의회 간에 협상이 순탄치 않아서 디폴트 위기를 맞았던 경우가 몇 차례 있었다. 1995~1996년, 2013년, 2018~2019년 등 지난 수십 년 동안 미 정부의 업무가 정지되는 '셧다운'이 수차례 있었지만, 국가부도 위기가 부상한 때는 2011년

여름뿐이었다. 2011년 버락 오바마 민주당 행정부 시절에도 국가 부채한도를 놓고 공화당과 민주당이 충돌해 디폴트 선언 직전까지 갔다. 당시 양당은 마지막 순간 극적인 타협을 도출했지만, 미국 국가부도 위기는 전 세계 경제와 금융시장에 큰 혼란과 심각한 불안을 야기했다.

2011년 8월 5일 미국의 정치적 리스크를 거론하며 국제신용평가사 S&P가 미국의 신용등급을 AAA에서 AA+로 강등했다. 1941년 S&P가 국가신용등급을 공표한 지 70년 만에 처음 있는 일이었다. 미국 주가는 15% 이상 폭락했고 이를 회복하는 데 반년이 걸렸다. 급격한 주식 비중 조정, 안전자산 선호에 따른 채권 투자 급증, 금 가격 급등을 촉발했다. 국채 수익률이 하락한 것은 주식시장에서 빠져나온 자금이 안전자산으로 몰린 탓이었다.

2023년 8월 피치는 미국의 신용등급을 기존 'AAA'에서 'AA+'로 낮췄다. 피치는 향후 미국의 재정 상황이 악화할 것으로 보이며 이를 반영해 신용등급 강등을 결정했다고 밝혔다. 미국 재무부는 피치의 결정에 대해 동의하지 않는다고 강조하며 관련 조치가 자의적이며 오래된 데이터를 토대로 한 것이라고 지적했다. 미국 정부는 미국 국채가 여전히 세계에서 가장 안전한 유동자산이며 미국 경제의 기초는 튼튼하다는 입장이다.

2023년 11월 무디스는 미국의 신용등급 전망을 기존 '안정적'에서 '부정적'으로 하향 조정했다. 이는 향후 미국의 신용등급이 그대로 유지될지 여부가 불투명하다는 의미다. 다만 S&P, 피치와 달리 무디스는 미국의 국가신용등급을 최고 수준인 'Aaa'로 유지했다.

흔들리는 부의 공식 1

이자 소득자에게 금리는
높을수록 좋을까?

고금리라면 무조건 좋아 보이지만 세금 문제를 감안하면 더 나은 방법을 찾아봐야 한다. 금융소득종합과세제도 때문이다. 내가 청년기였을 때는 이런 제도가 없었다. 이 제도는 1996년과 1997년에 실시된 후, 1998년부터 시행이 유보되었다가 2001년부터 재시행되었다. 만일 비과세 상품이라면 당연히 금리가 높을수록 좋다. 금융소득종합과세의 대상이 아니기 때문이다.

낮은 이자율에서는 금융소득종합과세에 크게 신경을 쓰지 않아도 되지만 예·적금 금리가 4%대까지 오르면 얘기가 달라진다. 원금이 클 경우 금융소득종합과세 대상자가 될 수 있기 때문이다. 금융소득종합과세 대상자는 배당과 이자 등으로 거둔 금융소득이 연 2,000만 원을 초과한 개인이다. 금융소득이 2,000만 원을 넘어서면 다른 소득과 합산해 6.6%부터 무려 49.5%까지 세율을 적용받는다. 이자가 많아진다고 마냥 좋아할 수도 없는 건 세금 탓이다.

금융소득종합과세 대상자가 되면 무조건 세금 부담이 폭탄 수준으로 늘어나는 것일까? 그럴 수도, 그렇지 않을 수도 있다. 금융소득종합과세를 통해 추가 부담되는 세금의 수준은 개인별 소득 수준에 따라 다르다. 금융소득 중 2,000만 원까지는 원천징수 세율인 15.4%(지방소득세 포함)로 분리 과세되지만, 2,000만 원을 초과하는 금융소득은 다른 소득과 합산하여 앞서 말한 누진세율(6.6~49.5%)을 적용해 세액을 계산한다. 다른 소득이 많은 사람이라면 2,000만 원 초과되는 금융소득에 높은 세율이 적용되어 세금 부담이 많아질 수 있다. 다른 소득이 없다면 금융소득이 어느 수준까지 높아져도 추가적인 세금 부담이 없거나 작다.

금융소득 이외의 소득이 전혀 없는 주부가 이자소득 7,000만 원이 발생했다고 하자. 이 경우 2,000만 원의 초과분인 5,000만 원에 대해 종합과세가 되는데, 이 주부는 다른 소득은 없으므로 종합소득이 여전히 5,000만 원이며 그에 해당하는 종합소득세율 16.5%(지방소득세 포함)를 적용해서 종합소득세가 계산된다. 15.4%(지방소득세 포함)로 원천징수를 한 금융소득 2,000만 원에 대해서는 추가 납부할 세액은 없다.

금융소득 외에 다른 소득이 높은 경우라면, 높은 이자만 추구하는 게 능사는 아니다. 과세 구간이 넘어가 적용되는 세율이 달라질 수 있기 때문이다. 금융소득종합과세를 피할 수 있는 여러 방법을 강구하는 게 바람직하다.

첫째, 절세형 상품에 투자하는 게 좋다. 상품에서 발생하는 이익에 대해 전액 과세하지 않는 비과세 상품은 혜택을 주는 대신에 투자 한도가 정해져 있으므로 한도까지는 우선적으로 이를 활용해야 한다. 비과세종합저축(가입 요건 갖춘 만 65세 이상 거주자 가입 가능), 장기저축성보험(방카슈랑스), 브라질 국채, 개인종합자산관리계좌(ISA), 해외주식투자전용펀드 등이 여기에 속한다. 채권 매매 차익과 소액주주의 상장주식 매매 차익도 과세 대상이 아니다. 소득이 어느 정도 높다면 채권이나 주식 매매 차익을 노리는 것도 세금을 절약하는 방안이 된다. 수입이 변함없어도 세금을 절약하면 부를 늘릴 수 있기 때문이다. 비과세라면 더 좋겠지만 발생한 소득에 대해 일정 세율로 원천징수해 과세가 종결되는 분리과세 상품도 우선 고려해야 한다.

대표적인 분리과세 상품으로 ISA가 있다. ISA는 가입일 기준 19세 이상자 또는 15세 이상자(직전 과세 기간에 근로소득이 있는 자)가 가입할 수 있다. 예금 및 적금, 펀드, 파생결합증권, 국내 상장주식 등 다양한 상품을 하나의 계좌에서 모두 운용 가능하다는 점이 특징이다. 무엇보다 이 ISA 계좌에서 발생하는 손익을 통산하여 만기에 인출하는 경우 발생 소득 200만 원(서민형과 농어민은 최대 400만 원)까지는 비과세되고, 초과하는 부분은 9.9%(지방소득세 포함)의 세율로 원천징수되며 과세는 종결된다. 총 납입 한도는 현재 1억 원이다.

2024년 5월 정부는 ISA 개편안을 발표했다. 납입 한도를 연간 2,000만 원(총 1억 원)에서 연간 4,000만 원(총 2억 원)으로 늘리고, 비과세 한도는 200만 원에서 500만 원으로 늘렸다. ISA 계좌에 제공하는 배당·이자소득에 대한 비과세 한도 역시 기존 200만 원(서민·농어민형은 400만 원)에서 500만 원(서민·농어민형 1,000만 원)으로 늘려 중산층의 자본 형성을 돕는다는 계획이다. 이는 국회에 계류 중인 조세특례제한법 개정안이 통과되어야 실현 가능하다.

연금저축계좌나 개인형퇴직연금계좌(IRP) 등을 활용할 수도 있다. 연금저축계좌와 IRP에서 발생하는 소득은 금융소득으로 분류되지 않는다. 연금으로 받으면 연금소득, 일시금으로 받으면 기타소득으로 과세된다. 인출하기 전까지는 과세되지 않아 세금을 미루는 효과를 톡톡히 누릴 수 있다.

둘째, 금융상품의 만기를 기간별로 분산하는 게 중요하다. 이자소득과 배당소득이 발생하는 만기를 조정해 연도별로 분산하는 전략을 구사하면 특정 연도에 소득이 집중되는 것을 막을 수 있다. 예를 들어 3억 원을 연 이자 5%인 3년 만기 정기예금에 투자한 경우 3년 후에 4,500만 원의 이자소득이 일시에 발생한다. 이 경우 전부 해당 연도에 종합과세를 해 상대적으로 높은 세율을 적용받는다. 만약 이를 1년 만기 정기예금으로 세 차례에 나누어 투자한다고 생각해보자. 이 경우에는 매년 1,500만 원의 이자만 발생하기 때문에 금융소득종합과세를 피할 수 있다.

셋째, 증여를 통해 배우자 또는 자녀에게 자금을 분산해 투자하는 방법도 절세에 도움이 된다. 소득이 높은 한 사람의 명의로 소득을 집중시키는 것보다는 최대한 여러 사람의 명의로 소득을 분산시키는 방법으로 금융소득종합과세를 피할 수 있다. 증여도 일정 금액까지는 증여세를 내지 않으니 이를 활용하여 자금을 분산해 투자하면 개인별 금융소득을 줄임으로써 결국 세금을 낮출 수 있다.

2장

예금과 채권,
금리의 관계

10% 금리라더니
겨우 1%?

예금과 대출 금리의 함정

우리가 거의 매일 이용하는 은행을 통해 금리의 개념을 이해해보자. 우리는 은행에 돈을 빌려줄(예금, 적금) 때 이자를 받고 은행에서 돈을 빌릴(대출) 때는 이자를 낸다. 돈을 빌리고 빌려주는 과정에서 원금에 붙는 연간 이자(연 이자)의 원금 대비 비율을 금리라고 한다. 100만 원을 빌리거나 빌려주고 연 이자로 5만 원이 오고 갈 경우에 금리는 5%가 된다.

결국 금리는 돈의 가치다. 은행이 예금이나 대출 금리를 결정할 때는 시장의 다양한 금리와 영업 전략을 고려한다. 예금 금리는 대개 시장의 자금을 놓고 예금과 경쟁하는 채권이나 다른 은행의 예금 금리를 감안하고, 은행 입장에서는 당연하게도 자금을 끌어온 비용인 대출 금리보다는 낮게 결정한다. 반면 대출 금리는 양도성예금증서(CD) 금리 같은 시장금리에 연동해 결정한다. CD 금리는 시중은행이 자금을 조달하는 3개월짜리 단기 금리로 일반적으로 중앙은행의 기준금리보다 높다.

예대마진이란 예금 금리와 대출 금리 간의 차이를 말하며 은행이 취하는 안전마진이다. 예금 은행의 잔액 기준으로 가중평균한 대출 금리에서 예금 금리를 뺀 값이다. 시장금리가 올라 고금리 예금 잔액이 늘었는데 대출 잔액 대부분이 과거 저금리 장기 대출이라면 가중평균한 대출 금리가 낮아 은행의 수익성은 좋지 않게 된다. 은행 예금은 계약 기간에 금리가 변동하지 않는 구조로, 파킹통장(수시입출금 통장)과 정기예금이 해당된다. 파킹통장이란 잠시 차를 세우듯 짧은 동안 돈을 맡겨도 비교적 높은 금리를 제공하는 자유 입출금식 예금을 말한다. 반면 기업 대출과 가계대출은 금리가 변하는 변동금리 대출이 많다. 그 결과 대출은 예금보다 금리 민감도가 높다.

금리가 시장 원리에 따라 결정된다면 금리가 오를 때는 예대마진이 커지고, 금리가 떨어질 때는 예대마진이 작아진다. 예대마진은 은행의 수익과 비용을 모두 반영한 개념은 아니다. 은행 상품이 예금과 적금만 있는 것은 아니기 때문이다.

금융사들이 매력적인 '최고 금리'를 앞세운 예금과 적금 특판 상품들을 쏟아붓는 경향이 있다. 소비자들은 잘 따져봐야 하는데 이런 상품들이 '미끼'에 불과할 수 있기 때문이다. 까다로운 우대금리 조건을 모두 충족해야만 최고 금리를 받는다면 '빛 좋은 개살구'다. A 은행의 '데일리 워킹 적금'을 보자. 최고 금리가 연 11%에 달한다고 하지만 뜯어보니 쓴웃음이 난다. 연 10%포인트의 우대금리를 받으려면 입금일마다 1만 원 이하 입금, 1만

예금 금리　=　지표금리 + 우대금리
· 마케팅 동의
· 부수거래

보 이상 걷기, 회사의 인터넷뱅킹에서 인증, 마케팅 동의 조건을
모두 지켜야 한다. 우대 조건을 어기면 기본 지표금리인 연 1%
만 적용된다.

　지표금리는 금융시장에서 기준이 되는 금리다. 정부가 발행
하는 3년 만기 국고채나 회사채의 유통수익률은 대표적인 지표
금리다. 상품의 계약 기간(6개월)과 가입 금액(일 1만 원 이하)까지
제한하는 경우는 우대금리를 준다고 해도 대개 낚시성 상품으로
보면 된다. 우리가 은행에 돈을 맡길 때 받는 예금 금리는 지표금
리와 우대금리로 구분할 수 있다. 예금 금리는 시장금리(지표금
리)에다 추가적인 혜택을 주는 것(우대금리)이니 잘 따져보아야
하는 이유가 생긴다.

　우대금리는 공과금 자동 납부나 월급 이체를 해당 은행으로 할
때 적용되는 경우가 많다. 친구 3명을 같은 적금에 가입시키면
최고 연 2%포인트의 우대금리를 준다는 상품도 웃음만 나온다.
싱글만 가입하는 적금이라며 엄청난 수준의 금리를 제공한다는
상품이 많은데, 그중 반 이상은 가입 기간 중 결혼해야 그 금리가
적용된다. 더 재미있는 것은 적금 가입자끼리 결혼하면 추가 우
대금리를 준다는 사실. 다수의 상품이 급여·연금 이체, 카드 실
적, 청약 보유 등 다양한 우대금리 조건을 내건다. 방심하면 낚시
에 엮일 수 있으니 상품 가입 전에 우대금리 조건을 잘 따져보라.

　우리나라 가구의 절반 이상이 금융기관 대출을 이용하고 있

$$대출 금리 = 지표금리 + \underline{가산금리} + 기타 비용$$

· 신용도
· 담보
· 기타

다. 그만큼 대출은 우리 경제생활에 중요하고 대출에서 가장 중요한 요소가 금리이므로 대출 금리에 대해 제대로 이해해야 한다. 일반적으로 금리가 오르면 대출 원리금의 상환 부담이 커진다. 은행이 돈을 대출(여신)하는 경우에 자금 조달 금리(예금, 은행채 발행에 적용되는 금리)에 각종 원가 요소와 마진을 반영해 대출 금리를 산정한다. 여신 실행 이후 대출 금리는 대출 기준금리의 변동과 거래 실적(부수거래 감면 금리) 등을 반영해 변경된다.

부수거래 감면 거래는 부수거래를 유지하는 조건으로 금리를 인하하는 경우이므로 잘 따져보아야 한다. 해당되는 부수거래는 급여 이체, 해당 은행 제휴카드 월 얼마 이상 결제, 자동이체 매월 몇 건 이상, 월 얼마 이상 적금 납입, 월 얼마 이상 주택청약종합저축 납입 등이 있다.

대출 금리 변동의 적용 기준을 명확하게 적는 대출 약정서를 보면 일반적으로 '잔액 기준 COFIX(자금조달비용지수) + ○%' 'CD 금리 + ○%'처럼 표시된다. 대출에서 기준이 되는 금리와 가산금리의 합으로 대출 금리가 표시되는데 이는 은행의 제반 비용을 포함하는 개념이다.

은행도 영업을 하는 기업이고 은행이 망하면 심할 경우 2008년 글로벌 금융위기 같은 사태도 발생할 수 있다. 금융당국은 서민을 위해 고정금리 주택담보대출을 늘리라는 행정지도를 할 수 있다. 은행은 금리 변동에 탄력적인 상품을 선호한다. 은행이 순수 고정금리 대출보다는 고정금리에서 장차 변동금리로 바뀌는 혼합금리 대출을 늘리는 이유다.

혼합금리 대출이란 예를 들면 평균 3년 6개월 뒤 고정금리에서 변동금리로 전환되는 방식을 취하는 대출을 말한다. 고정금리 대출인데 만약 금리가 인상된다면 은행은 손실을 볼 수 있기에 혼합금리라는 매우 보수적인 움직임을 취하는 것이다. 금리 인하가 예상된다면 대출받는 사람의 입장에도 혼합금리가 나쁜 것만은 아니다. 문제는 금리 인상이 갑자기 발생한다면 가계 이자 부담이 껑충 뛸 수 있다는 것이다. 대출 금리를 낮출 수 있는 신용도와 담보에 대해서는 1장에서 설명했다.

예금자보호제도와
금융소득종합과세의 이해

1970년대 평균 금리는 무려 23.1%였다. 이게 1980년대에는 14%, 1990년대에는 IMF 외환위기 시기를 제외하면 10%대로 떨어진다. 2000년대에 들어서는 3~5%대로 대폭 하락했다. 이런 변화는 적정 금리에 대한 우리의 기대 형성에 영향을 미쳤다. 투자자의 안전마진도 적정 금리에 대한 기대에 따라 바뀌게 된다. 예금의 경우 예금자보호한도 내에서 가장 높은 금리를 선택해도 무방하다. 금리 쇼핑을 한 후에 만일을 대비해 원금과 이자를 합쳐 예금자보호한도인 5,000만 원을 넘기지 않는 게 안전하다.

2022년 하반기에 저축은행 금리가 6.5% 수준까지 오르자 많은 이가 저축은행에 돈을 맡겼다. 당시는 주식과 암호화폐 같은 위험자산이 휘청거렸던 때라 안전자산인 예금과 적금에 돈이 몰렸다. 그렇다면 정기예금은 안전할까? 금융사가 파산하거나 영업 정지를 당하면 금융사를 대신해서 예금보험공사가 예금자보호한도 내에서 원금과 소정의 이자를 지급한다. 예금자보호한도는 금융회사별로 5,000만 원까지이므로 금융회사가 다르면 각 예금마다 보호를 받는다. 단, 동일한 금융사에 여러 계좌를 개설하고 각 계좌에 5,000만 원씩 넣어두었다면 한 금융사에서는 최대 5,000만 원까지만 보호받는다는 점에 주의해야 한다. 목돈을 예금으로 굴리기 위해서는 각기 다른 금융사에 계좌를 만들어 예금자보호한도만큼 넣어둬야 한다.

예금자보호제도가 적용되는 금융권은 어디일까? 은행, 증권사와 선물회사 같은 투자중개업자, 보험회사, 종합금융회사, 상호저축은행이 해당한다. 각 금융기관 상품이 예금자보호가 적용되는지는 기관의 홈페이지를 보면 알 수 있다. 자신의 온라인 계정에서 '거래내역 조회'나 '가입상품정보 조회'를 읽어봐도 확인할 수 있다.

새마을금고와 신용협동조합의 경우에는 예금자보호 방법이 은행권과는 차이가 있다. 두 기관은 관련법에 따라 각각 새마을금고중앙회와 신협중앙회에 '예금자보호기금'을 쌓아둔다. 지역단위의 새마을금고와 신용협동조합이 영업 정지나 파산으로 소비자에게 예금을 돌려주지 못할 경우, 중앙회가 대신 예금자보호기금으로 예금자에게 돈을 돌려준다. 보호한도는 마찬가지로 1인당 5,000만 원이다.

이때 주의할 점이 있다. 예금과 적금이 아닌 투자상품은 보호되지 않는다. 조합원 자격을 얻기 위해 납입하고 정기적으로 배당금을 받는 '출자금'도 보호받지 못한다. 우체국에서 판매하는 예금 상품도 예금자보호제도에는 포함되지 않는다. 다만 국가기관인 우체국은 '우체국예금·보험에 관한 법률' 제4조(국가의 지급 책임)에 따라 예금 전액을 국가가 보호한다.

토스 앱에 들어가 투자상품을 클릭하면 발행어음과 다양한 금리의 채권 상품이 나온다. 상품을 선택해보면 이표채 상품들이 나오고 해당 상품마다 저위험 혹은 초저위험으로 신용도가 나온다. 시중은행이나 제2금융권 금리와 비교해서 투자 매력이 있는지 따져보아야 할 것이다. 이표채는 이자를 지급하는 채권으로 가장 일반적인 채권의 형태다. 정해진 기간에 맞춰(회사채의 경우 통상 매 3개월, 국채는 연 2회) 이자를 지급하고 만기에 약정한 원금을 지급한다. 한국 주식과 채권의 매매 차익에 대해서는 세금을 내지 않으므로, 이자 이외의 매매 차익은 비과세라는 점을 늘 염두에 두어야 한다.

여기서는 앞의 〈흔들리는 부의 공식 1〉에서 살펴본 것을 되새겨본다. 은행 이자는 일반 과세의 경우, 이자 금액의 연 15.4%(이자소득 14% + 주민세 1.4%)가 원천징수된다.(은행에서 세금을 떼고 이자를 지급한다.) 세금우대의 경우 이자의 9.5%가 원천징수된다. 금융소득이 연 2,000만 원을 초과하면 종합과세 대상이 된다는 점도 투자자라면 유의할 점이다. 금융소득종합과세란 주식의 배당소득과 이자를 포함한 개인별 금융소득이 연 2,000만 원을 초과할 때 금융소득을 다른 소득과 합산해 누진세율을 적용하는 제도를 뜻한다. 다음 예시에서 확인해보자.

> 과세표준 기준 소득이 연 2억 원인 사람이 연 3,000만 원의 금
> 융소득을 벌었다고 하자. 이 경우 2,000만 원은 15.4%의 세
> 율을 적용받는다. 나머지 1,000만 원은 소득 2억 원과 합산해
> 41.8%의 고세율을 적용받는다. 초과분 1,000만 원에 붙는 세금
> 이 무려 418만 원으로 2,000만 원에 붙는 세금 308만 원보다
> 많다. 금융소득 안전마진 관점에서는 이처럼 세금 공제 후 소득
> 이 중요하다.

만일 저축은행이 파산할 경우 예금의 이자율은 이 저축은행이 향후 어떤 길을 가느냐에 따라 달라진다. 파산 이후 자체 정상화되거나 고객 예금이 다른 저축은행에 이전될 경우, 기존 저축은행과 당초 약정한 약정이율(만기 경과 기간에 대해선 만기 후 이율, 이하 같음)이 그대로 유지된다.

문제는 파산한 저축은행이 자체 정상화되지 않거나 고객 예금이 다른 저축은행에 이전되지 않아 예금보험공사가 보험금으로 대신 지급할 경우다. 이때는 파산해서 영업 정지된 저축은행의 약정이율과 공사의 소정 이율(2.5%) 중 낮은 이율을 미지급 이자 기산일부터 적용해 이자를 지급한다. 이런 여러 상황을 고려해 저축은행에 돈을 맡기되 이자율이 제1금융권보다 매우 높다면 예금자보호한도 내에서 여러 금융기관에 분산해 투자하는 게 합리적이다.

장·단기 금리 차는
무엇을 말하는가?

만기에 따라 금리는 단기와 장기 금리로 구분된다. 통상 단기 금리는 상환 기간이 1년 이내인 상품의 금리를 말한다. 중기채는 만기가 1년 초과 5년 미만, 장기채는 만기 5년 이상으로 보기도 한다. 혹자는 잔존만기 2년 이내의 채권을 단기채라고 부른다. 장기 금리와 단기 금리의 관계를 비교할 때는 흔히 10년물과 2년물 혹은 10년물과 3개월물을 비교한다. 10년물은 그래서 장기 금리라는 상징성이 크다.

장·단기 금리 차는 장기 금리에서 단기 금리를 뺀 것이다. 예를 들어 10년간 돈을 빌리는 금리가 연 8%이고 2년간 빌리는 금리는 연 6%라면 장·단기 금리 차는 2%포인트가 된다. 국고채 3년물 금리란 대한민국 정부가 채권을 발행해 3년간 돈을 빌릴 때의 금리를 뜻한다. 회사채 3년물 금리란 기업이 채권을 발행해 3년간 돈을 빌릴 때의 금리를 뜻한다. 회사채는 신용등급별 금리가 제시된다.

채권은 만기가 길수록 금리가 높은 게 일반적이다. 만기가 길면 원금과 이자, 즉 원리금 회수에 차질이 생길 수 있고 물가 변동 같은 투자 위험이 커지기 마련이다. 빌려주는 기간이 길면 돈을 떼일 가능성이 높아진다. 투자자는 위험이 큰 만큼 더 높은 금리를 요구하게 된다. 신용이 동일한 차주라고 하자. 이 경우 10년 만기 주택담보대출 금리가 20년 만기 주택담보대출 금리보다 낮은 것이 일반적이다. 같은 수익률이라면 유동성 높은 1년 미만의 단기 채권을 선호한다. 장기 채권은 유동성이 떨어지는 만큼 더 높은 이자를 줘야 한다. 이런 원리를 유동성 프리미엄(liquidity premium)이라고 부른다. 유동성 프리미엄 이론은 존 힉스(John R. Hicks, 1939)가 처음 제기한 후 여러 학자가 발전시켰다.

그런데 유동성 프리미엄이 기간에 따라서만 발생하는 것은 아니다. 같은 만기라도 시중에 많이 유통되는 유동성이 높은 채권일수록 매력적이고 금리가 낮게 책정된다. 통상적으로 국채가 일반 회사채보다 시장에서 유동성이 높은 경향이 있어서, 만기가 같더라도 회사채는 유동성 프리미엄이 붙어 국채보다 금리가 높다.

국채는 파산 가능성이 없어서 무위험자산으로 분류된다. 빚을 못 갚을 채무불이행 위험은 국채보다 회사채가 더 크다. 채권시장의 균형을 생각하면 위험이 더 높은 채권에 대해 일종의 보상이 요구된다. 무위험채의 이자율과 위험채의 이자율 차이를 위험 프리미엄(risk premium)이라 한다. 금리는 물가를 감안한 실

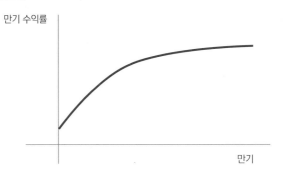

만기 수익률

만기

질 금리, 예상 인플레이션뿐 아니라 만기 차이나 지급불능 위험에 따른 프리미엄에 따라 결정되기에 만기가 길수록 위험 프리미엄이 통상 증가한다.

이자율의 기간 구조를 단적으로 보여주는 곡선을 수익률 곡선(yield curve)이라 하며 만기와 이자율(만기 수익률)로 평면에 나타낸다. 유동성 프리미엄을 감안했을 때 우상향하는 수익률 곡선은 위 그림과 같다.

다음 쪽에 나오는 그림에서 가로축과 평행한 직선은 위험 프리미엄을 감안하지 않은 단기 수익률 곡선(unbiased expectations hypothesis, UEH)이다. 여기에 유동성 프리미엄을 감안하면 장기로 우상향하는 만기 수익률 곡선(liquidity premium hypothesis, LPH)을 도출할 수 있다. 두 곡선의 차이가 기간별 유동성 프리미엄이다.

모든 수익률 곡선이 이 그림처럼 그려지는 않는다. 이 그림은 유동성 프리미엄 이론에 따른 것으로, 장기 금리가 현재의 단기 금리와 미래에 실현될 것으로 기대되는 단기 금리의 평균치

유동성 프리미엄을 감안한 수익률 곡선

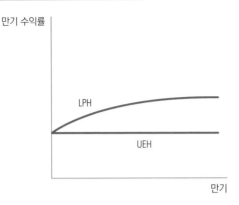

에 잔존만기별 유동성 프리미엄을 더한 수준에서 결정된다고 본 결과다. 유동성 프리미엄 이론은 투자자들이 단기 수익에 더 많은 관심을 가진다고 본다. 그뿐만 아니라 장기 채권이 단기 채권에 비해 금리 변동에 따른 위험도가 더 높은 것으로 본다. 위험 회피형 투자자는 단기 채권을 선호하게 된다. 장기 채권의 판매를 위해서는 만기가 길수록 증가하는 위험 부담에 상응하는 프리미엄을 보장해주어야 한다. 장기 채권 금리는 이런 위험 부담이 보상되는 수준에서 결정된다. 결국 만기가 길수록 안전마진 확보를 위해 투자자들은 더 높은 금리를 요구하게 된다.

그러나 늘 그런 것은 아니다. SB톡톡플러스 예금 상품에서 찾아보면 6개월 만기보다 1년 만기 이자율이 높은데 2년 만기 이자율은 그렇지 않은 경우가 있다. 기간이 길다고 반드시 더 높은 금리가 적용되는 것은 아닌가? 이를 설명하는 것이 시장 분할 이론(market segment theory)으로, 시장 세분화 이론이라고도 한다.

시장 분할 이론에서 수익률 곡선은 만기가 다른 채권에 대한 수요와 공급의 차이로 설명된다. 이에 따르면 단기 채권시장과 장기 채권시장은 수요와 공급에 따라 완전히 분할되어 있다. 각 참가자의 선호에 따라 금리가 결정되기에, 만기가 길다고 반드시 금리가 더 높아지지 않는다. 이 경우 1년 만기, 2년 만기, 3년 만기 예금이나 채권은 완전한 독립재다. 각 시장의 수익률(금리)은 각 시장 자체의 수요와 공급에 의해 결정된다.

시장 분할 이론은 1957년 미국 경제학자 존 매슈 컬버트슨 (John Mathew Culbertson) 등이 제시한 이론으로, 핵심은 단기 이자율과 장기 이자율 사이에 상관관계가 없고 각 만기 구간의 이자율이 서로 다르다는 것이다. 만기가 다른 시장은 다양한 기간 선호도를 가진 투자자들로 구성된다는 전제 아래 작동한다. 어떤 사람은 단기를, 어떤 사람은 장기를, 어떤 사람은 중간을 선호한다. 예를 들어 은행은 단기채를 선호하는 반면, 보험 기관은 장기채를 선호할 수 있다. 이에 따라 수익률 곡선은 다양한 모습을 보인다.

만기와 위험 프리미엄은 우리가 스마트폰을 구입할 때 지불하는 단말기 할부금에도 영향을 끼친다. 돈에 여유가 있다면 스마트폰을 일시불로 사고, 괜히 이자를 낼 필요가 없다. 할부 구매를 할 때는 이자를 꼭 체크하는 습관을 키우자. 스마트폰을 약정(통상 24개월)으로 구입하면 단말기 가격(할부 원금)에 할부 이자가 더해져 매달 납부하는 스마트폰 할부금이 결정된다. 할부 구입 시 연이율은 오랜 기간 5.9%로 은행 이자보다 높은 수준을 유지해왔다.

금리가 내려야
채권 투자의 매력이 커진다

채권 표면 이율과 금리

2022년 말 레고랜드 사태로 금융시장이 불안했다. 레고랜드 사태란 강원도가 놀이동산인 레고랜드 사업에 대한 지급보증을 거절한 것이다. 이로 인해 채권시장 자금 경색이 심화되었고 채권 금리가 급등했다. 이때 장기채를 매입한 사람들은 이후 시장금리가 하락하면서 채권 가격이 상승한 결과, 주식 매매처럼 단기간에 상당한 이익을 얻었다. 이런 일이 어떻게 가능했을까?

2023년 하반기 여유 자금이 생긴 나는 토스 앱에서 만기가 6년 7개월에 세전 이율 4.1%의 국채를 샀다. 그런데 갑자기 시장금리가 올라버렸다. 내가 샀던 국채의 평가금액은 곤두박질쳤고 며칠 뒤 같은 상품의 세전 이율은 4.15%로 달라져 있는 것을 발견했다. 이후 한참 뒤에는 같은 상품이 세전 이율 4.45%로 올라서, 나는 좀 더 기다렸다가 살걸 하고 후회했다.

같은 주식이라도 사는 시점에 따라 손익이 다르듯이, 같은 채권도 사는 시점에 따라 수익률이 달라진다. 주가가 변동하듯이 채권 가격도 크게 변동한다. 금융시장에서 '5년 국고채 금리가 몇 %'라거나 '3년 AAA 등급 회사채 금리가 몇 %'라는 이야기를 들어본 적이 있을 것이다. 이때의 금리는 수시로 변하는 시장금리에 해당한다. 이는 대내외 경제 상황이나 채권의 수요와 공급에 따라 변한다. 채권이 처음에는 원금과 이자를 받는 약속 증서로 발행되지만 시장에 유통되면 시장가가 형성된다. 주식처럼 가격이 오르락내리락한다는 의미다. 해당 채권을 선호하는 투자자가 많아지면 주가가 오르듯이 채권 가격도 오른다. 그럼 이제부터 채권 가격과 시장금리가 왜 반대로 작용하는지 알아보자.

어떤 회사가 채권을 발행하는 것은 필요한 자금을 이자를 내며 일정 기간 빌려 쓰다가 갚는 대출과 비슷하다. 채권 투자자 입장에서는 일정 금액을 빌려주었다가 만기가 되면 이자와 원금을 돌려받는 정기예금에 돈을 넣는 것과 같은 구조다.

문제는 시중금리가 오르락내리락하며 기존에 발행한 채권의 인기가 많아지거나 줄어든다는 점이다. 은행이 취급하는 시중금리가 10%로 오른다면 1년간 은행에 100만 원을 맡겼을 때 110만 원을 벌 수 있다는 얘기다. 만약 내가 산 채권의 연 투자수익률이 5%라면 중도에 손절매를 해서라도 은행에 맡기는 게 오히려 수익률이 더 높아질 수 있다. 앞으로 새롭게 발행될 채권은 높아진 시중금리 수준을 반영해서 더 많은 이자를 주겠다고 할 테니 5% 표면 금리로 발행한 기존 채권을 살 이유가 없다. 시중금리가 인상되면 기존에 발행된 채권은 가치가 낮아진다는 이야기다. 그렇기에 앞에서 말한 토스 앱의 동일한 상품도 시장금리가 오르면 기존 채권에 비해 신규 채권의 수익률이 높아진다.

앞서 내 계좌의 채권도 시장금리 상승으로 손실이 나버려서 마음이 불편해졌다. 금리가 오른 상태에서 기존 채권을 팔려면 가격을 깎아야 한다. 반대로 금리가 떨어지면 기존 채권의 가치는 상대적으로 높게 평가돼 웃돈을 주고 사겠다는 사람이 나타난다. 시중금리가 오르면 시장에서 매매되는 채권 가격은 내려가고, 시중금리가 떨어지면 채권 가격이 오른다. 채권 가격이 내려가면 같은 돈으로 더 많은 채권을 살 수 있기 때문에 세전 투자수익률이 높아진다. 이를 좀 더 쉽게 이해해보자.

A가 100만 원이 필요해 채권을 발행하고 1년 후 이자 5만 원을 더해 105만 원을 돌려준다고 하자. 이 채권의 액면가는 100만 원, 상환일(만기)은 1년, 표면 이율은 5%다. 그런데 어쩐 일인지 채권 가격이 시장에서 95만 원으로 떨어졌다. 이 채권을 95만 원에 산다면 만기가 되었을 때 105만 원을 받게 되므로 투자수익률은 약 10%로 올라간다. 반대로 채권 가격이 105만 원이 된다면 1년 뒤에 돌려받는 금액 105만 원과 같기에 투자수익률은 0%가 된다. 여기서 채권 가격과 투자수익률이 반대로 움직인다는 것을 쉽게 알 수 있다.

복리의 마법은
돈벼락이 되어줄까?

우리는 매일매일 변동하는 주가나 금리를 정확히 예측할 수 없다. 다만 확률적으로 금리의 경우에는 주식보다 좀 더 정확하게 방향성을 알 수 있을 것 같다. 시장금리는 결국 할인율의 개념이다. 현재의 채권 가격은 표면 이자와 원금이라는 미래가치를 현재의 채권 수익률(시장금리)로 할인한 것이기에 그렇다. 할인율을 적용한 채권 가격을 다음과 같은 공식으로 계산하며, 만기가 n년인 채권의 현재 가격은 아래와 같다.

$$\text{채권 가격} = \frac{\text{이자1}}{(1+\text{시장금리})} + \frac{\text{이자2}}{(1+\text{시장금리})^2} + \frac{\text{이자3}}{(1+\text{시장금리})^3}$$

$$+ \cdots\cdots + \frac{\text{이자n}}{(1+\text{시장금리})^n} + \frac{\text{액면가}}{(1+\text{시장금리})^n}$$

이 식에서 이자는 표면 금리(쿠폰)를 말한다. 여기서 n=1이라면 식은 다음과 같다.

$$\text{채권 가격} = \frac{\text{이자}}{(1+\text{시장금리})} + \frac{\text{액면가}}{(1+\text{시장금리})}$$

채권 가격과 시장 수익률(시장금리)은 반비례하는데 만기가 길수록 금리 변화의 영향력이 커진다는 사실을 확인할 수 있다. 만기일이 n년으로 길고 이자 지급 횟수가 많은 장기채의 경우 n년 동안 이자 지급이 이루어지기에 이를 현재가치로 할인할 필요가 있다. 단기채는 안전마진이 어느 정도 확보가 가능하나 장기채는 시장금리가 상승한다면 걷잡을 수 없다는 것을 위의 식을 통해서 알 수 있다. 반면 시장금리가 하락으로 방향을 튼다면 장기채를 살수록 큰 수익을 얻을 수 있다.

만약 당신이 1년 전 세후 표면 금리가 3.6% 정도인 만기 5년 금융채를 샀다고 하자. 1억 원을 투자하면 3개월마다 90만 원의 이자를 지급받으니 저금리 시절보다 기분이 좋을 것이다. 그러나 그것도 잠시, 같은 금융기관이 똑같은 5년짜리 금융채를 세후 5%로 금리를 올려서 발행한다는 소식을 듣게 된다면? 바로 우울감이 밀려올 것이다. 연간 140만 원의 이자 수익 차이가 나버리니 얼마나 속상할까? 안전마진을 확보하지 못했으니 당장이라도 손절해야 할까? 마침 저축은행의 1년 이자를 보니 세전 4.5%가 최고이고 1년 이후의 이자에 대해서는 언급이 없다.

이런 때 나는 이자 수익이 큰 쪽으로 갈아타는 선택을 했지만,

독자들은 성급하게 투자처를 바꾸지는 않길 바란다. 만기 때까지 정해진 표면 금리나 수익률로 원금과 이자를 받는다면 나쁘지는 않은 투자다. 매일 수시로 변하는 주가처럼 채권을 취급해선 곤란하다. 그것은 채권 트레이더나 하는 일이다.

혹시라도 시장금리가 크게 하락하여 만기 5년 이내에 채권 매각 차익을 거둘 수도 있으니 너무 속상해하지 않아도 된다. 채권은 회사가 파산만 하지 않는다면 만기까지 보유하면서 정해진 이자와 원금은 최소한 확보하니 말이다.

결국 금리는 현재가치와 미래가치를 연결하는 매개로서, 내 수중에 있지 않은 미래가치에 대한 할인율이다. 1년 후 미래가치인 1,100원은 $1,000 \times (1+0.1)$, 2년 후 미래가치는 $1,000 \times (1+0.1)^2$으로 계산된다. 3년 후, 4년 후, n년 후의 미래가치는 아래 식으로 구할 수 있다.

$$FV_n = PV \times (1+r)^n \longrightarrow 기간$$

n년 후의 미래가치   현재의 금액   이자율

여기에서 우리는 복리(複利)와 단리(單利)의 개념을 이해해야 한다. 복리는 이자에 이자를 준다는 의미로 예금자에게 유리하다. 바꿔 말하면, 돈을 빌린 자에게는 불리하다. 단리는 원금에 대해서만 이자가 발생한다. 이자에 대해서는 별도의 이자가 발생하지 않는다. 앞의 예에서 2년 후의 미래가치를 단리로 계산하면 1,210원이 아닌 1,200원이 된다.

참고로 연 금리가 10%인 경우를 생각해보자. 단리는 10년이 지나야 원금과 이자가 같아지지만, 복리는 7.2년 정도가 지나면 원금과 이자가 같아지게 된다.

　복리 이율로 어떤 금액의 가치가 2배로 증가하기까지 걸리는 시간을 간단히 계산하는 산식이 있는데 '72의 법칙'이라 한다. 예를 들면 100만 원을 연 5%(세후 수익률)로 저축해 200만 원을 만드는 데 걸리는 시간은 72÷5=14.4년이다. 10% 수익률이라면 72÷10=7.2년이 걸린다.*

　미래의 가치와 현재의 가치 간에 시장금리가 있다. 금리 관련 의사결정은 명목 금리(객관적 가치)뿐만 아니라 시간 선호율(주관적 가치), 물가상승률(실질 가치)도 중요한 고려 요소가 된다. 이런 내용은 만기, 신용, 담보 문제를 다루면서 이해하기로 한다.

연 이자율별 원금 2배까지 걸리는 기간

연 이자율	소요 기간
1%	72년
2%	36년
3%	24년
4%	18년
6%	12년
8%	9년
10%	7.2년
12%	6년
24%	3년

---

* 　이 식을 사용할 때는 0.72/r(이자율) 혹은 72/R(퍼센트로 고친 이자율)이라는 것에 주의하자. 즉 10%의 이자율이라면 72/0.1이 아니라 72/10이다.

장기채를 사서
큰 수익을 노린다면?

우리가 채권을 살 때는 두 가지를 염두에 둔다. 우선 정해진 이자 수익률을 얻기 위해 만기까지 보유하는 행위다.(예금과 비슷하다.) 다음으로 주식처럼 채권 가격이 쌀 때(금리가 고점일 때) 매수했다가 금리가 하락해 채권 가격이 오르면 매도해 매매 차익(자본 이득)을 남기는 전략이다.(주식과 비슷하다.) 한국에서 채권의 이자 수익은 과세 대상이지만 채권의 매매 차익은 주식의 매매 차익과 마찬가지로 과세 대상이 아니다.

채권을 만기까지 보유할 요량이라면 매일 가격을 확인하지 않고 마음 편히 보유하면 된다. 채권의 표면 이율이 발행 시점에 정해져 있어서 시장 상황과 무관하게 수익을 확보할 수 있다. 이때 수익률은 매수 시점의 기대수익률과 같다. 보유 기간 동안 채권 금리 변동에 따른 가격 변동은 생각할 필요도 없고 채권 이자를 정해진 대로 꾸준히 받으면 된다.

절대 금리 수준이 높은 경우는 채권 이자 수익만 받아도 만족스럽다. 미리 기대수익률을 확정 지을 수 있어 안전마진 관점에서도 유효하다. 우리가 마주하는 매일의 채권 가격은 채권의 잔존만기 감소와 시장금리 변화에 달려 있다. 매매를 통해 자본 차익을 얻는 전략은 시장금리의 하락을 제대로 전망할 때 극대화되지만 누구도 금리 고점을 정확히 예측할 수 없다. 시세 차익을 생각하고 채권에 투자하는 것은 시장금리가 현재보다 큰 폭으로 하락하는 것을 염두에 둔 투자 행위다.

금리 인상이 지속적으로 예상되는 시점에는 변동성이 낮고 높은 이자 수익을 올릴 수 있는 단기채가 매력적이다. 반대로 금리 하락 기대감이 있을 때는 장기채에 투자하여 수익을 크게 보는 것도 괜찮다. 단, 단기간의 변동성을 잘 참아낼 수 있어야 한다.

금리 예측이 맞지 않는 경우는 비일비재하다. 호흡을 길게 하지 않고 장기채를 사면 낭패를 볼 수 있다. 절대 기준금리가 높고 고금리 기조가 조만간 꺾일 것이라고 확신한다고 하자. 그럼 장기채를 사도 될까? 꼭 그렇다고 말할 수는 없다. 단기 금리가 장기 금리보다 높은 경우를 생각해보자. 기준금리를 낮추어도 시장금리에 영향을 미치는 시차가 있다. 기준금리 인하로 단기 금리에 영향을 주더라도 장·단기 금리 차가 역전(단기 금리 > 장기 금리)인 경우에는 단기 금리만 낮아질 수도 있다. 왜냐하면 통상적으로 장기 금리는 단기 금리보다 높아야 하기 때문이다.

이런 상황에서 불확실성을 어떻게든 낮추고 싶은 이들은 어떻게 해야 할까? 금리 인하가 거의 확실하다는 뉴스가 들려올 때 투자해도 늦지 않다. 2024년 8월 별안간 미국의 경기 침체 가능성과 함께 9월 기준금리 인하가 굳어졌다고 매스컴에서 일제히 목소리를 냈다. 8월 2일(현지 시간) 미국 나스닥 주가는 전일에 이어 폭락해 주식 투자자를 불안에 떨게 했다. 10년물 국채 금리역시 4.68% 폭락해서 채권 투자자에게 상당한 수익을 남겼다.

중앙은행이 기준금리를 높게 유지하는 기간이 길다면 장기채를 보유하는 기회비용은 상당하다. 이 경우 장기물보다는 3개월 혹은 길어도 1년인 단기물 위주 접근이 유효하다. 금리가 쉽게 떨어질 것 같지 않다면 장기채에 투자한 자금이 오랜 기간 묶일 수 있다. 단기채는 1년 이내에 만기 상환이 가능하기에, 투자 후 금리가 추가로 오르더라도 손실 우려가 크지 않다.

그래서 우리는 수익률 곡선을 중요시해야 한다. 수익률 곡선의 모양에 따라 투자 전략이 다를 수 있기 때문이다. 수익률 곡선이 우상향하는 경우를 생각해보자. 이때 장기물 금리가 단기물보다 높고 기준금리보다도 높다면 장·단기 금리 차가 플러스다. 향후 금리 인하 가능성이 높다면 장기채를 사도 좋을까? 그렇다.

장·단기 금리 역전 현상이 발생한 경우는 어떻게 해야 할까? 기준금리를 대폭 인상해서 단기 금리가 더 빨리 상승함으로써 장·단기 금리 역전 현상이 발생한 경우를 말한다. 이때는 기준금리 인하가 단행되더라도 장기 금리가 단기 금리처럼 민감하게 반응하지 않을 가능성에 주의해야 한다. 단기 금리가 빠르게 내려가서 장·단기 금리 역전 현상이 해소될 수도 있다.

장·단기 금리 차가 플러스인 정상적인 경우에는 기준금리 인하 소식이 들려올 때 장기 금리도 이를 잘 반영해 더 많이 내려갈 수 있다. 단기 금리도 내려가고 장기 금리도 내려가는 게 정상이다.

경기는 호황과 침체를 거듭하며 계속 순환한다. 경기가 좋지 않으면 각국 정부는 돈을 풀고 금리를 내린다. 인플레이션이 발생하면 긴축 모드로 전환해 금리가 상승한다. 급격한 금리 인상으로 장·단기 금리 역전이 발생해도 경기 침체가 오지 않는다면 장기채를 산 투자자는 한마디로 물리게 된다. 결국 장·단기 금리 역전 현상만으로 장기채를 사는 우를 범해서는 안 된다.

경기 침체는 여러 요인이 복합적으로 작용해 발생한다. 미국 국채지수로 보면 장·단기 금리 역전이 발생한 후 실제로 경기 침체가 발생한 경우가 많았다. 이런 경우는 경기 침체가 끝날 때까지 국채를 사두면 늘 수익을 기록했다. 금리가 하락 단계인 경우에는 채권을 사는 게 당연히 좋은 이유다.

앙드레 코스톨라니의 달걀 모형: 금리 하락과 채권 투자

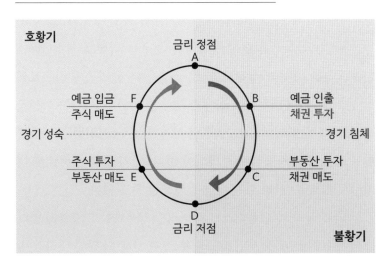

어떤 채권 상품에
투자해야 하나?

채권에 투자한다면 어떤 상품이 좋을까? 투자 방식은 개별 채권, 채권형 펀드, 채권형 상장지수펀드(exchange traded fund, ETF) 등 다양하다.

먼저 개별 채권은 만기까지 보유할 수 있다. 현행 세법상 매도할 때 생기는 자본 차익(매매 차익)에는 비과세가 적용된다. 다만 개별 채권인 단일 국채에 투자하면 분산투자 효과를 누릴 수 없게 된다. 개별 채권은 주로 거래소 밖에서 장외 매매로 거래되며 수수료도 상대적으로 비싸다. 이에 반해 채권형 ETF와 펀드는 개별 채권을 만기까지 보유하는 전략을 활용하는 게 아니다. 여기서 ETF란 특정 지수를 추종하는 인덱스펀드를 거래소에 상장시켜 주식처럼 바로 사고파는 펀드를 말한다. 채권 ETF도 동일한 원리로 상장되고 거래된다.

ETF와 펀드는 정기적으로 포트폴리오를 리밸런싱(구성 종목 조정)한다. 개별 채권이 아닌 여러 채권으로 포트폴리오를 구성해 투자하기 때문에 분산투자 효과로 위험을 낮출 수 있다. 채권형 ETF는 여느 ETF처럼 운용 보수가 상대적으로 저렴하다. 실시간 매수와 매도가 가능하다는 장점도 있다.

문제는 대다수 채권형 ETF는 만기까지 보유가 불가능하고 개별 채권과 달리 ETF의 매매 차익에는 세금이 부과된다는 점이다. 그래서 '존속기한 ETF'를 보유하기도 한다. 이 상품은 ETF 만기(존속기한)와 포트폴리오를 구성하는 채권의 만기를 일치시킨다는 점에서 만기매칭형 ETF라고도 불린다. 투자자는 만기까지 리밸런싱 없이 투자하고 채권의 잔존만기도 같이 줄어들어 개별 채권을 보유하는 효과를 누린다. 안정성을 선호하는 채권 투자자들에게 안성맞춤인 상품이다.

듀레이션(duration, 채권에 투자한 원금을 회수하는 데 걸리는 시간)이 일정하게 유지되는 일반적인 채권 ETF는 언제 투자해도 투자자가 고려하는 듀레이션에 맞춰서 투자가 가능하다. 아울러 채권종합지수를 추종하기에 시장금리 상황에 맞춰 트레이딩할 수 있는 장점이 있다. 다만 앞서 말한 것처럼 만기 보유는 불가능하다.

이에 금융당국은 2022년 8월 관련법을 개정해 시장금리의 변동 위험을 최소화하고 '만기가 있는 채권형 ETF'의 상장이 가능해졌다. 개별 채권도, 만기가 있는 채권형 ETF도 만기까지 보유할 필요는 없다. 만기 전이라도 언제든지 매매할 수 있다. 단, 사고파는 유통시장이 잘 형성되어 유동성이 풍부한지 유의해야 한다.

존속기한 채권 ETF의 가장 큰 장점은 만기 보유 전략과 더불어 신용 위험을 분산한다는 점이다. 다양한 채권에 분산투자하는 채권형 ETF는 개별 채권과 동일한 금리를 수취하긴 하지만 여러 채권에 투자한 덕분에 특정 채권으로 인한 신용 위험을 완화할 수 있다. 채권 하나에만 투자하면 리스크가 급격히 커질 수 있지만 여러 채권에 분산투자를 하는 ETF는 개별 회사가 갖는 신용 위험을 줄여 가격에 미칠 영향을 최소화할 수 있다.

금리 변동으로 읽는
경기 사이클

경기를 움직이는 금리의 힘을 믿어라

경기는 주기성을 띠고 정점과 저점을 반복하면서 오르내린다. 경기가 정점에서 출발해 하강기를 거쳐 다시 정점까지 올라가는 것을 한 주기라 한다. 한 주기는 키친(Kitchin, 40개월 단기 파동), 주글라(Juglar, 10년 중기 파동), 쿠즈네츠(Kuznets, 20년 장기 파동), 콘드라티예프(Kondratief, 50년 초장기 파동) 등으로 구분한다. 단기적 경기 순환은 정부 정책에 의해, 중기 파동은 기업의 투자와 재고 변화에 의해, 장기 파동은 산업 혁명 같은 혁신적인 요인에 의해 발생한다.

키친 파동은 조셉 키친(Joseph Kitchin)이 1923년 논문에서 말한 소순환(小循環)을 말하며 단기 파동으로도 불린다. 키친은 1890년부터 1922년에 이르는 기간 동안 영국과 미국의 어음 교환 잔고, 물가, 이자율 같은 자료로 소순환의 파장이 평균적으로

경기 주기

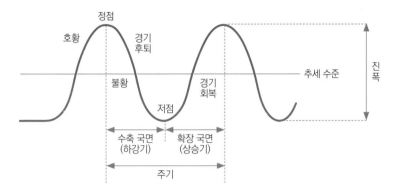

약 40개월임을 도출해냈다.

금리도 경기와 마찬가지로 주기성을 띤다. 금리는 경기 변동과 밀접한 관련이 있다. 경기가 상승하면 수요 측면에서 개인 소득은 증가한다. 소득이 많아진 개인들은 저축을 늘리고 채권 수요도 증가한다. 이는 채권 가격 상승 요인으로 채권 수익률이 하락한다. 시장에 자금이 풍부한 경우 시장금리는 하락하게 된다. 경기 정점에서 사람들의 여유 자금이 풍부해 자금의 수요보다 공급이 많아지며 금리는 내려가는 추세를 보인다.

반대로 경기가 저점에서 오를 것으로 생각해보자. 경기 상승은 기업이 미래 성장을 기대하고 투자를 늘리게 한다. 사업 확대에 필요한 자금 수요가 늘어나게 된다. 그런 경우, 기업은 자금 마련을 위해 채권 발행을 늘린다. 채권 공급의 증가는 채권 가격의 하락과 금리 상승을 초래한다. 자금에 대한 수요가 공급을 초과하는 현상으로 금리가 올라가는 것이다.

이처럼 경기가 변동할 때 채권의 수요와 공급 모두 변하게 되

경기와 채권 수익률

며, 공급 변화는 수요 변화보다 민감하게 반응한다. 실증적으로 (과거 데이터로 검증해봤을 때) 채권 수익률은 경기가 상승할 때 올라가고 경기가 하강할 때는 내려감으로써 경기와 함께 순환하는 특성을 보였다.

　경기 변동이 금리 변동으로 이어지지만, 역으로 금리가 경기에 영향을 미치기도 한다. 중앙은행은 경기가 과열되거나 물가 불안이 우려되면 기준금리를 인상한다. 금리 상승을 유도해 설비 투자와 소비를 위축시킨다. 이는 과열된 경기를 식히고 물가를 안정시키려는 노력의 일환이다. 반대로 경기가 침체되면 기준금리를 인하한다. 시장금리 하락을 유도해 설비 투자와 소비를 증가시켜 경기 회복을 이끌려 한다. 기준금리가 올라가면 시

통화당국의 금리 정책 메커니즘

장의 유동성은 줄어들 것이고 경기는 과열된 상황이다. 기준금리가 하락하면 시장의 유동성이 늘어나는데 경기는 좋지 않은 시점이다.

경기의 국면에 따라 투자 전략도 달라져야 한다. 아래 그림에서 확장-후퇴-침체-회복으로 이어지는 네 국면에서 시장을 움직이는 가장 큰 힘은 금리다. 일본의 전설적인 애널리스트 우라가미 구니오는 주식시장의 흐름을 아래 그림과 같이 사계절로 구분했다. 계절이 기후와 태양의 위치를 기준으로 나뉘는 것처럼 증시의 계절도 기업 실적과 금리를 기준으로 구분했다.

금리 인하로 금융 장세가 온다고 가정해보자. 이후 경기가 본격적으로 회복되며 기업들의 실적이 좋아진다. 금리 인하로 금융 장세 혹은 유동성 장세가 온 후 실적 장세가 점차 산업 전반으로 확산한다. 금융 장세와 실적 장세를 합쳐서 주식시장의 대세 상승기가 도래한다. 실적 장세의 시작과 끝을 알 수 있다면 돈을

경기 사이클을 감안한 자산 배분 전략

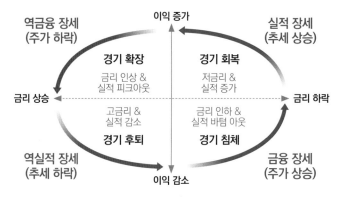

(자료: 우라가미 구니오 《주식시장 흐름 읽는 법》 참조)

벌기가 정말 쉬울 텐데 그러지 못하니 안타깝다. 2021년 삼성전자가 '10만 전자'를 찍을 것이라는 전망이 많았지만 실상은 실적 장세의 끝물이었다.

그런데 공식이 늘 딱 맞아떨어지는 것은 아니다. 기업이 저금리를 이용해 돈을 빌려서 투자를 확대한다 해도 곧바로 실적 개선으로 이어지지 않을 수 있다. 몇 개 기업의 투자 확대로 실적이 좋아지더라도 세계 경제가 침체 상황이면 전반적인 경제 성장은 어렵게 된다.

실적 장세가 도래하면 금리는 서서히 상승을 시작한다. 실적 개선이 가시화되면서 신규 투자를 위한 대출 수요가 빠르게 증가하기 때문이다. 금융 장세는 따뜻한 봄에, 실적 장세는 한여름에 해당한다. 대출 수요가 증가하면 은행은 서서히 금리 인상을 결정한다. 금융 장세에 풀린 막대한 규모의 유동성이 경기 전반에 영향을 끼치면서 인플레이션이 발생한다. 실적 장세 후반에 나타나는 특징은 과도한 투자와 인플레이션이다. 실적 장세를 거치면서 기업의 투자는 증가하고 막대한 자금이 투자 자금 형태로 시중에 공급된다.

서서히 올라가기 시작한 금리는 역금융 장세에서 최고치를 기록한다. 인플레이션은 심각한 사회 문제를 초래해 정부는 이를 해결하기 위해 금리 인상을 고려한다. 역금융 장세에서는 양호한 경기 상황과 대조적으로 주가 하락이 나타난다. 최고치를 기록한 금리 수준은 투자자들에게 매력적인 투자 대상으로 다가오고 이에 따라 막대한 유동성이 위험자산인 주식과 부동산을 떠나 은행으로 유입되기 시작한다. 그 결과 시중에 유동성이 마르기 시작하고 서서히 유동성 이탈에 따른 주식 가격 하락이 나타나기 시작한다. 기업 실적이 양호하지만 반대로 주가는 하락한다. 실적이 좋아도 주가가 하락하는 역금융 장세는 가을에 해당한다.

이후 기업 이익까지 감소하고 주가가 크게 떨어지는 계절에 도달하게 된다. 가을 단풍을 즐길 새도 없이 마치 북쪽 나라의 가을처럼 갑자기 눈발이 내리기 시작하는 '역실적 장세'가 도래한다. 대표적 경기민감주인 삼성전자 주식은 2022년 하반기에 51,000원대까지 떨어졌다. 이후 삼성전자 반도체 부문은 2023년 내내 적자를 면하지 못했다. 2024년 반도체가 경기를 견인하자 삼성전자도 2024년 4월 86,000원까지 상승했다.

채권 투자를 할 때는 경기 국면을 판단한 이후 2~3년을 내다보아야 한다. 금리가 절정에 이르렀다고 판단되면 단기채보다는 금리가 하락할 때 수익률이 더 클 것으로 기대되는 장기채 위주로 접근할 수 있다. 환율 변동을 고려해 달러를 보유하기를 원한다면 미국 장기 국채에 투자할 수 있겠다. 환율 리스크를 피하고 싶다면 한국 장기 국채에 투자하면 된다.

시장금리를 움직이는
요인은 무엇인가?

시장금리의 변화는 결국 안전마진에 중요한 영향을 미친다는 사실을 알았다. 이제부터는 시장금리를 결정짓는 요인에 대해서 살펴보자. 채권 가격은 다른 재화와 마찬가지로 시장의 수요와 공급에 의해 균형점을 찾는다. 채권의 가격과 수요, 공급 간의 관계를 설명하면 다음과 같다. 채권은 만기까지 받을 금액이 확정되어 있기에, 낮은 가격에 매입할수록 이익이다. 가격이 하락하면 사람들이 채권을 더 많이 사려고 할 것이므로 수요량이 증가한다. 반면에 채권 발행(매도)자는 싸게 팔수록(금리가 비쌀수록) 손해이므로 가격이 하락할수록 매도 물량(공급량)은 감소한다.

오른쪽 그림처럼 채권 가격과 채권 수량을 양축으로 하는 평면 위에 그린 채권 수요 곡선은 우하향하고 채권 공급 곡선은 우상향한다. 채권시장은 수요와 공급이 일치하는 점 A에서 균형을

채권시장의 균형

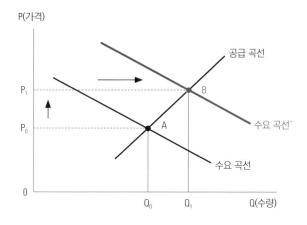

달성해 균형 채권 가격은 P_0, 균형 수량은 Q_0로 결정된다.

경제와 금융시장 환경에 따라 채권의 수요 곡선과 공급 곡선은 이동하고 균형 채권 가격 또한 수시로 변한다. 채권의 수요 곡선과 공급 곡선을 이동시키는 주요 요인을 파악하는 것은 매우 중요하다. 채권의 수요와 공급에 영향을 미치는 요인에는 여러 가지가 있다. 그중에서도 시중의 유동성이나 자금 사정, 신용등급, 수급과 관계되는 신규 발행 규모가 중요한 요소다. 시중에 유동성이 새롭게 주입되어 자금이 풍부하면 사람들은 여유 자금으로 채권을 매입하려 한다. 그 결과 수요 곡선은 우측으로 이동하고 채권 가격은 위의 그림처럼 P_1으로 상승한다.

다음 쪽의 표는 주요 변수들의 움직임에 따른 채권 수요와 공급 곡선의 이동과, 그에 따른 채권 가격의 변동을 보여준다. 예를 들어 신용등급이 하락하면 대출자들은 높은 금리를 요구한다. 신용도가 높은 국가가 발행한 국채는 기업이 발행한 회사채

주요 변수에 따른 채권의 수급과 균형 가격 변화

	유동성 증가	신용등급 하락	채권 신규 발행
수요 곡선	우측 이동	좌측 이동	-
공급 곡선	-	우측 이동	우측 이동
채권 가격	상승	하락	하락

에 비해 금리가 낮다. 중앙은행이 유동성을 흡수하는 긴축 정책을 실행하면 돈의 공급이 줄어들어 금리가 상승한다. 미국 연준의 기준금리 인상은 대표적인 긴축 정책이다. 이 내용은 3장에서 주로 다루기로 한다. 물가가 계속 올라가는 인플레이션 상황에서는 돈의 가치가 하락한다. 돈을 빌려준 사람은 돈의 가치 하락이 달갑지 않기에 구매력 보전을 위해 더 높은 금리를 요구할 수밖에 없다. 인플레이션 구간에 금리가 상승하는 이유다.

경기 상황 또한 금리에 영향을 준다. 경기가 좋으면 금리는 상승한다. 기업은 사업을 확장하기 위해, 가계는 소비 수요를 충족하기 위해 돈이 필요하다. 따라서 자금 수요가 증가해 금리가 상승한다. 경기가 좋지 않을 때는 반대로 금리가 하락한다. 흔히 기준금리는 단기 시장금리에 영향을 끼칠 뿐, 장기 금리는 경기를 반영한다고들 한다. 과연 이게 언제나 들어맞는지 의구심이 생긴다. 이 장 끝에 나오는 〈흔들리는 부의 공식 2〉에서 이 부분을 중점적으로 다뤄보기로 한다.

마이너스 금리 때
투자는 어떻게 할까?

인플레이션이 발생하면 돈의 가치가 떨어진다. 물가가 하락하는 디플레이션(deflation)일 때는 어떤 일이 벌어질까? 인플레이션과는 정반대 현상으로 저축이 늘고 경기가 침체된다. 디플레이션으로 제로 금리가 된 상황에서 중앙은행은 고민을 하게 된다. 여기에서 더 낮추면 기준금리가 마이너스가 된다. 그뿐인가? 그렇게 되면 시장금리도 마이너스가 된다. 마이너스인 상황에서 채권으로 수익을 얻으려면 -1%에서 -1.5로 금리가 더 내려가야 한다. 마이너스 폭이 더 커져야 채권 보유에 따른 안전마진이 확보되니 정상적이지 않은 상황이다.

코로나 팬데믹 이전을 떠올려보자. 세계 경제는 이미 둔화 조짐이 나타나면서 각국 정부는 재정을 확대하고 통화정책을 완화할 수밖에 없는 상황이었다. 좀 더 앞선 시기로 시선을 돌려보면,

2008년 글로벌 금융위기 이후는 금리가 제로 이하로 더 이상 내려갈 수 없는 지경이었다. 주요국 정부는 중앙은행이 돈을 풀게 해 장기채를 매입(양적완화)했다. 이는 돈을 풀어 시중은행의 대출 여력을 높이기 위한 것이었다. 양적완화는 장기 채권의 가격을 방어하는 목적이 컸다. 서브프라임 모기지 사태 이후 미국이 언제 부도가 날지 모르는 상황에서 투자자들은 미국 국채 투자를 꺼렸다. 그 결과 단기채로 자금이 몰렸고 장기채는 수요가 사라져 가격이 급락했다. 장기채 가격이 급락하니 장기 국채 수익률은 급등하게 된다. 미국이 장기 국채를 발행해도 투자자들은 외면했다.

그러자 미국 정부는 일본에서 처음 실시했던 양적완화를 모방한다. 연준이 장기채를 사서 가격을 방어하는 양적완화를 실시하게 된 것이다. 결국 양적완화로 인해 미국의 중앙은행인 연준은 장기채시장을 인위적으로 조작할 수 있었다. 유럽과 일본은 양적완화에 한술 더 떠 마이너스 금리 정책을 실시했다. 기준금리를 마이너스로 내리니 채권시장은 다시 상승하기 시작했다. 도대체 이들 국가가 마이너스 금리라는 사상 초유의 채권 버블을 만든 이유는 무엇일까?

마이너스 금리일 때는 돈을 은행에 예금해도 이자를 받지 못한다. 보관료 개념으로 오히려 수수료를 내야 한다. 마이너스 금리는 디플레이션을 해결하기 위한 중앙은행의 고육지책이었다. 당시 중앙은행은 진심으로 인플레이션을 원했다. 경기가 너무 나빠지니 소비가 저조해졌고, 이에 중앙은행은 일반인에게 저축을 하지 말고 돈을 쓰라고 종용했다. 중앙은행은 은행 계좌에서 잠자고 있는 돈이 빨리 풀려 사용되기를 바랐던 것이다. 이를 통해 경제는 성장의 효과를 보이는 듯했지만 성장률 제고 효과는 별로 크지 않았다. 각국이 돈을 풀어서 경제를 부양하려고 했지만 그 돈을 쓸 기업도 사람도 없었다. 오히려 세계 경제가 장기적인 침체로 빠져드는 게 아닌지 우려는 깊어져만 갔다. 대신에 갈 곳을 잃은 돈으로 자산시장은 버블이 계속되었다.

시장금리가 마이너스일 때 채권시장은 어떻게 작동할까? 마이너스 금리 채권은 웃돈을 주고 채권을 사라는 이야기다. 만기까지 보유하면 원금에서 금리를 뺀 금액을 받게 되니 얼마나 기막힌 일인가? 예를 들어 액면가 10,000원인 채권을 10,500원을 주고 사야 한다는 것이다. 당시는 이런 채권을 사는 이들이 넘쳐났다. 신통한 일이었다. 이런 상황에서는 모든 게 비정상적이다.

당시 덴마크의 30년 만기 모기지 상품을 보자. 덴마크의 위스케은행(Jyske Bank)이 세계 최초로 마이너스 금리 주택담보대출을 내놓았다. 대출을 받으면 이자를 내지 않는 것은 물론 빌린 원금보다 적은 금액을 상환했다. 10년 만기 주택담보대출 금리가 연 -0.5%의 고정금리로 작동했다. 20년 만기 주택담보대출의 경우는 제로 금리였다. 덴마크의 기준금리는 2012년부터 0% 이하로 떨어져 -0.65%를 기록하기도 했다. 한 번에 사는 것보다 분할해 사면 오히려 돈을 적게 냈다. 헛웃음이 나온다.

한때 세계 각국에서 발행된 채권 중 마이너스 금리 국채가 25~30%가량이라는 이야기가 회자되었다. 당시 유럽중앙은행은 시중은행이 자금을 예치할 때 적용하는 예금 금리를 -0.5%로 낮추기도 했다. 일본과 스위스도 마이너스 금리를 오랜 기간 유지했으니 당시 채권 버블이 얼마나 심각했는지 알 수 있다. 프랑스에서는 일부 회사채 투자자가 회사채 발행 기업에 오히려 이자를 지급하는 어처구니없는 사태가 발생했다. 변동금리로 이자를 받기로 한 상황에서 금리가 마이너스로 떨어지다 보니 생긴 일이었다. 안전하기 때문에 이자를 얹어주고 채권을 매입한 상황은 안전마진의 원리를 완전히 역행하는 버블의 역사이며, 2024년 일본을 끝으로 세상의 뒤안길로 사라졌다. 노벨경제학상을 받은 로버트 실러는 채권, 주식, 부동산시장 중에서 채권시장의 버블이 가장 심하다고 생각했다. 과연 인플레이션이 발생하자 채권시장의 거품이 가장 먼저 터졌다.

만일 금리가 -10%로 바닥을 뚫고 추락한다면, 독자 여러분은 여전히 은행에 예금을 할지, 분실 위험이 있더라도 집에 보관할지 궁금하다.

금리가 -10%라면?

104

흔들리는 부의 공식 2

채권을 만기까지 보유하면
손실이 없을까?

반드시 그렇다고 말할 수는 없다. 2023년 4월 미 연준의 연내 금리 인상 종료 기대감이 커지면서 장기채 관련 상장지수펀드(ETF)가 한 달 사이에 10% 넘는 수익률을 기록했다. 금리 움직임에 따른 변동 폭이 큰 장기채가 단기채보다 높은 수익을 보였다.

펀드 평가사 에프앤가이드에 따르면, 한국 채권형 ETF 중 2023년 3월 10일에서 4월 10일까지 한 달간 가장 수익률이 높은 상품은 'KBSTAR 국채30년레버리지KAP ETF'로 14.11% 상승했다. 해당 ETF는 장기 국채 가격 상승 폭의 두 배 수익을 얻을 수 있는 레버리지 상품이다. 그러나 이 수익률은 해당 ETF를 팔았을 때 이야기다.

시점을 달리해 2023년 8월과 9월 만기가 20년 이상 남은 미국 국채 장기물에 투자한 ETF들은 금리 급등에 줄줄이 연저점을 기록했다. 장기물 금리가 내려 채권 가격이 올라가면 그에 해당하는 차익의 3배를 추종하는 레버리지 상품은 엄청난 인기몰이를 했으나 결과는 처참했다. 국내 투자자들이 미국 장기채 ETF에 대량 투자한 것은 채권 금리가 고점(가격 저점)에 달해 곧 금리 인하가 시작될 것이라는 기대가 있었기 때문이다. 금리가 내려가면 원/달러 환율도 같이 내려가(원화 강세) 환 손실이 발생할 수도 있다고 판단한 결과, 예상 수익을 방어하고자 3배 레버리지 ETF를 1배 상품보다 선호했다.

그러나 미국의 신용등급 강등, 금리 추가 인상, 연준의 피벗(금리 방향성 전환) 지연 이슈까지 겹치면서 장기 금리는 더 올라버렸다. 레버리지 상품에 투자하면 만기까지 보유하고 싶어도 손실이 나서 보유할 수 없게 된다. 방향성을 알 수 없는 시장에서 레버리지가 큰 상품에 투자하면 쪽박을 찰 수 있다.

어디 그뿐인가? 마이너스 금리일 때 산 채권은 만기까지 보유하더라도 원금을 찾을 수 없다. 애초에 채권의 예금 성격이 작동하지 않고 금리 인하에 대한 매각 차익(주식으로서의 기능)만 기대하였기에 이는 당연하다.

백홀더(bagholders) 효과는 당시에는 존재했으나 지금은 기대할 수 없다. 백홀더란 가치가 거의 없는 투자상품을 보유한 투자자를 의미한다. 마이너스 금리 채권을 퍼 담았던 투자자는 어떤 생각을 하며 채권을 보유할까? 상품 가치가 계속 오를 것이라는 데 베팅을 하는 것은 다른 백홀더가 있을 것이란 기대 때문이다.

당시 컨센서스는 유럽중앙은행(ECB)이 자산 매입 프로그램을 재가동할 것이란 예상이었다. 유럽 채권을 사들이는 투자자는 ECB가 마이너스 금리 상품의 포트폴리오를 모두 빨아들일 것이라고 생각했다. 지금 생각해보면 정말 아둔한 생각이 아닌가. 상장 폐지될 주식을 누군가 높은 가격에 살 것이라고 생각하며 투기하는 것과 다를 게 없어 보인다.

입찰까지 하며 마이너스 금리 채권을 샀던 투자자는 더 높은 가격에 팔지 않았다면 보유에 따른 손실이 막대할 것이다. 모두가 미친 듯이 가짜 물건을 샀다. 양적완화로 너무 많은 돈이 출현했다. 너무 많은 돈이 국채로 흘러갔다. 끝내 버블이 터졌고 보유해보았자 밑 빠진 독에 물 붓기다.

국채가 안전자산이란 믿음은 신화에 불과했다. 위험자산을 내다 파는 시기에는 국채의 마이너스 금리 이슈가 크게 문제 되지 않는다는 국채 불패 신화가 무섭게 느껴진다. 마이너스 금리라도 국채의 랠리 능력이 입증된다면, 시장이 어려울 때 투자자는 찾기 마련이라는 맹신은 플러스인 세상에서는 상당히 어리석어 보인다.

3장

기준금리, 시장금리와 통화정책

멸치도 기가 막힌
정부의 물가 잡기

> 인플레이션, 기준금리와 시장금리 개념

국가에 위기가 발생하면 대통령을 중심으로 긴급회의가 열리는 것처럼 급박한 경제 상황이 발생하면 한국은행, 기획재정부, 금융위원회, 금융감독원의 수장들이 확대 거시경제 금융회의를 개최한다. 경제 상황 점검과 대응 상황, 대내외 주요 리스크 요인의 점검과 관리 방안을 논의해 향후 추진 방안을 발표한다.

심각한 인플레이션 시대가 열리면서 경제가 크게 타격을 받았다. 이렇게 성장률은 낮고 물가는 높은 시기는 30여 년 공무원으로 일한 나로서도 교과서에서나 볼 수 있는 진풍경인 만큼 경제 대책 회의가 열리는 것도 이해가 된다.

내가 정부의 물가 관리 부처에서 일했던 1990년대 후반에는 지금과 대응 방식이 많이 달랐다. 당시의 물가 목표는 4%대였다. 높은 경제 성장률을 기록하던 시대였고 민생의 방점은 물가 안정에 찍혀 있었다. 그때를 생각하면 나는 항상 씁쓸한 기분이 든다.

그간 세상이 달라졌지만 과거 정부의 물가 관리 업무는 비판받을 만하다. 매주 물가 성적표를 받던 시기에 담당 공무원들은 품목별 물가 관리에 시달려야 했다. 지금 미국의 주거비와 서비스 물가가 미국의 높은 인플레이션율의 주범으로 지목당하지만, 한국의 1990년대 후반에는 월세가 물가에 반영되지도 않았다. 전세가 거의 대부분이었기 때문이다. 자가 주거까지 설문 조사를 해서 물가에 넣는 현재의 주요국 통계와는 거리가 멀었다. 모든 품목을 물가 지표에 반영할 수 없어서, 우리가 수시로 구입하는 사과나 멸치도 특정 종류나 규격의 품목만 물가에 반영했다.

물가 인상 폭탄은 늘 정쟁의 대상이 되었다. 1995년에는 남해안 기름 유출로 멸치 어획량이 89%나 줄고 값이 78%나 올랐다. 그러자 "김영삼 대통령이 아버지 수입을 늘려주려고 멸칫값을 올렸다"는 말이 거리에 나돌았다. 야당은 이를 구실로 '멸치가 기가 막혀'라는 정치 광고를 내걸고 정부의 물가 대책을 힐난했다. 정부는 건멸치 가격 대책 자료를 배포하고 멸치를 긴급 수입했다.

그래도 '멸치 사건'은 가벼운 축에 속한다. 4.5% 물가상승률 달성을 목표로 공무원들은 생존을 위한 묘안을 내야 했다. 주로 다음 해의 물가지수 개편에서 사라지는 품목이 통계 조작의 타깃이 된다. 예를 들어보자. 1990년대에 탁구는 상당히 인기 있는 생활 스포츠였다. 지금은 할 것이 너무 많은 세상이지만 당시는 여가를 즐길 거리가 많지 않았다. 탁구장이 물가 지표 산정 대상에서 사라졌던 경우를 살펴보자. 공무원들은 동네 탁구장 사장들을 만나고 다닌다. 이듬해부터는 탁구장 이용 요금을 아무렇게나 올려도 되니까 이번 조사에서 탁구장 이용 요금을 무조건 내려달라고 행정지도 아닌 행정지도를 하는 것이다.

그런 일을 서슴지 않았던 부서에서 벗어나서 내가 '고상한' 국제금융 업무를 하게 된 것은 천만다행한 일이다. 물론 내 손으로 직접 그런 업무를 실행하진 않았지만, 개인 서비스 요금 관리를 한다면서 목욕탕, 중화요리 전문점, 미용실까지 찾아가서 부담을 주는 일은 정부가 해서는 안 되는 일이었다.

나는 2002년 국제금융 부처로 옮기면서 비로소 금리의 위력을 체감하게 되었다. 기획재정부(재정경제부) 국제금융국은 거시경제와 외환시장 안정을 다루기에 제로 금리, 마이너스 금리, 금리 지속 인상(interest rate hikes), 매파(기준금리 인상론자)와 비둘기파(기준금리 인하론자) 같은 말을 많이 사용한다. 지금이야 일반인들도 미국 연준에 대해 꽤 이해하고 있지만, 그때 나의 업무는 연준의 금리 인상에 상당히 민감했고 한국은행과 적극적인 소통을 해야 했다.

요즘의 높은 금리 수준은 1970~1980년대에 물가가 급등했을 때의 상황과 비슷하다. 당시 연준은 가혹할 정도로 정책 금리인 기준금리를 끌어올려 경제를 정상화하려 했다. 물가 안정과 고용안정은 언제나 중앙은행이 손꼽는 핵심 목표이고 중앙은행은 금리와 통화정책을 실시한다.

중앙은행의 금리 정책은 기준금리 변화로 시장금리의 변동을 유도해 가계의 소비 지출과 기업의 투자에 영향을 미치는 것이다. 만약 기준금리 변동에도 시장금리가 반응하지 않는다면 정책의 실효성에 의문이 제기될 수 있다. 기준금리는 중앙은행이 정책적으로 결정하는 금리다. 기준금리는 중앙은행이 제시하는 '초단기 금리의 목표치'라 하겠다.

우리나라의 경우를 생각해보자. 한국의 기준금리는 한국은행이 일반 은행과 돈 거래를 할 때 적용되는 금리를 말한다. 돈이 남는 은행은 한국은행에 기준금리만큼 이자를 받으며 예금할 수 있다. 만약 돈이 부족하면 거꾸로 한국은행에 기준금리에 해당하는 이자를 주고 돈을 빌린다. 기준금리는 금융사가 조달하는 원가 개념에 가까워 시장금리에 지대한 영향을 끼친다. 기준금리가 오르면 예금과 대출 금리, 채권 금리가 오른다.

시장금리는 시장에서 결정되는 금리다. 중앙은행이 개입하지 않고 시장의 수요와 공급에 따라 결정된다. 동네 슈퍼를 운영하는 주인장이 돈을 빌릴 때의 금리도, 친구 아들이 은행에서 결혼 자금을 빌릴 때의 금리도, 기업들이 공장 건립을 위해 은행에서 돈을 빌릴 때의 금리도, 정부가 채권을 발행해 돈을 빌릴 때의 금리도 모두가 시장금리다.

국채 금리, 콜금리, ## CD 금리, RP 금리 등

여러 시장금리 중에서 가장 유명한 것은 무엇일까? 정부가 채권을 발행해서 돈을 빌릴 때의 금리로 국고채 금리가 있다. 은행간에 급전을 빌릴 때의 금리로는 콜금리가 있다.

금융기관들의 영업 활동 과정에서 남거나 모자라는 자금을 30일 이내의 초단기로 빌려주고 받는 것을 '콜(call)'이라 부른다. 금융기관들도 예금을 받고 대출을 하는 영업 활동을 하다 보면 자금이 남는다거나 급하게 필요한 경우가 생긴다. 이렇게 은행, 보험, 증권사 간에 초단기로 빌려주고 받는 것(대차, 貸借)에 적용되는 금리가 바로 콜금리다.

콜시장은 모든 금융기관이 참가해 단기 자금의 수급을 조절하는 시장이다. 금융기관들이 공동 출자한 한국자금중개주식회사가 중개 거래 업무를 담당한다. 은행 간 콜금리는 만기 1~7일 정도의 금리인데 단리로 계산되고 기준금리와 비슷한 수준에서 결정된다. 돈을 빌린 금융기관이 빌려준 금융기관에 소액의 이자를 붙여 돈을 갚게 된다.

은행이 양도성예금증서(certificate of deposit, CD)를 발행해 돈을 빌릴 때의 금리는 CD 금리라 부른다. 양도성예금증서는 제삼자에게 양도가 가능한 정기예금 증서다. 기간은 30일 이상으로 1년이 넘는 것도 있으나 대개는 90~180일이다. 은행도 급전이 필요하면 차용증을 발행해 돈을 빌린다. CD는 은행이 쓰는 차용증인 셈이다.

개별 기업이 채권을 발행해서 돈을 빌릴 때는 회사채 금리가 적용된다. 언론에서 시장금리가 급등하고 있다고 우려한다면 '국고채 금리, 콜금리, CD 금리, 회사채 금리'가 오르고 있다고 이해하면 된다.

기업에는 기업어음(commercial paper, CP) 금리도 중요하다. 신용도가 양호한 기업은 단기 자금 마련을 위한 목적으로 발행하는 만기 1년 미만의 융통어음인 CP를 중요시한다. CP는 회사채 발행보다 덜 복잡해서 대기업뿐 아니라 중소·중견 기업이 자금 조달을 위해 발행한다. CP 금리는 기업의 자금 사정이 좋은지 나쁜지를 판단하는 중요 지표로 사용된다. 토스 앱에서 살 수 있는

CP 발행 구조

다양한 기업어음을 은행 이자와 비교해보고 사는 것도 안정성과
수익성을 고려한 투자일 수 있다.

한국은행이 기준금리를 낮추면 콜금리, CD 금리, CP 금리가
뒤따라 하락한다. 한국은행이 기준금리를 높이면 콜금리, CD 금
리, CP 금리가 뒤따라 상승한다.

그 밖에 시장금리로는 조금 복잡해 보이지만 환매조건부채권
(repurchase agreement, RP) 금리가 있다. 일정 기간이 흐른 후에
정해진 가격으로 채권을 되사는 조건으로 판매하는 금융상품이
다. 금융사끼리 급전을 주고받거나 자금을 융통할 때 RP를 이용
한다. 흔히 '레포(Repo)'라고 부른다.

증권사들은 국공채, 우량 회사채, 통화안정채권(통안채) 같은
안전하고 거래가 잘되는 채권을 기초자산으로 해서 RP 상품을
개인들에게 판매한다. RP를 사는 투자자는 확정 금리를 받게 된
다. 증권사는 우량 채권을 손실을 보지 않는 적정 시장가격으로
팔고 되사면서 자산을 운용한다. 채권 만기가 도래하기 전에 유
동성이 필요한 경우 이런 매매가 이루어진다.

마지막으로 '레포 거래'를 이해해보자. 금융기관이 국채를 담
보로 중앙은행에서 단기 자금을 빌리는 거래를 레포 거래라 부른
다. 중앙은행이 시중은행에 국채를 담보로 돈을 빌리는 거래는
'역레포 거래'라 한다. '역(逆)'은 거래 주체가 바뀐다는 것이다.

한국은행의 통화정책 운용 방식이 2008년 1월부터 콜금리 목
표제에서 RP 금리 목표제로 변경되었다. 은행 간 초단기 자금
거래시장인 콜시장에서 거래되는 실제 콜자금 금리 결정에 한
국은행이 직접 관여하던 콜금리 목표제는 폐기되었다. 1999년

5월부터 운용해온 콜금리 목표제를 포기한 것이다. 콜시장에 참여하는 금융기관들의 숫자가 너무 많아지면서 금리 정책 유효성이 크게 떨어졌다고 판단한 결과다. 금리 목표를 RP 금리로 변경한 이유는 콜금리 변동 여지를 넓혀주기 위한 것이었다.

기준금리는
시장에 어떤 영향을 끼칠까?

이 대목에서 금리를 결정 방식에 따라 크게 세 가지로 구분지어 말할 수 있겠다. 중앙은행의 기준금리, 장·단기 시장금리, 은행 예금과 대출 금리로 말이다. 은행은 예금과 대출 금리를 정할 때 시장금리와 영업 전략을 고려한다. 예금 금리는 경쟁 관계에 있는 채권이나 다른 은행의 예금 금리를 감안해 결정한다. 대출 금리는 CD 금리 등 시장금리에 연동해 결정한다.

중앙은행은 금융기관과 거래할 때 사용하는 기준금리를 정책적으로 조정한다. 이를 통해 장·단기 시장금리, 은행 예금과 대출 금리의 변동을 유도한다. 그 결과로 경기나 물가 같은 거시경제 지표를 바람직한 상태로 유지하고자 한다. 우리나라의 경우 한국은행 금융통화위원회(1년 8차례, 위원 임기 4년)에서 기준금리를 결정하는데 미국 연방공개시장위원회(Federal Open Market

Committee, FOMC)와 비슷한 역할을 맡는다.

그런데 기준금리는 어떻게 결정될까? 물가, 실업률, 환율, 경기 상황은 기준금리 결정에 영향력이 높은 지표다. 2019년 이후 물가 안정 목표는 소비자물가상승률(전년 동기 대비) 기준 2%다. 한국은행은 중기적 시계에서 소비자물가상승률이 물가 안정 목표에 근접하도록 통화신용 정책을 운영한다. 소비자물가상승률이 목표 수준을 지속적으로 상회하거나 하회할 위험을 균형 있게 고려한다. 기준금리 외에 시중은행의 지급준비율을 조정하여 자금 상황을 물가 안정 목표에 맞게 조절하기도 한다.

기준금리가 중요한 것은 크게 두 가지 이유에서다. 우선은 공개시장운영(open market operation) 같은 중앙은행 정책의 기초이기에 정책 금리의 역할을 한다. 다른 중요한 점은 대출 금리 같은 시장금리를 산정하는 출발점이라는 것이다. 기준금리는 1차적으로 콜금리 변동을 유도한다. 중앙은행이 기준금리에 따라 금융기관과 자금 거래를 하는 것은 이미 설명했다. 콜금리는 단기 시장금리에 영향을 준다. 금융기관 사이 또는 금융기관과 기업이나 가계 사이의 자금 거래에 적용되는 단기 시장금리의 변동을 야기한다는 말이다. 시차가 있지만 장기 시장금리에도 영향을 준다.

기준금리 조정이 단기 시장금리, 장기 시장금리, 은행 예금과 대출 금리에 영향을 미치는 까닭은 무엇일까? 각종 금리 간에 비정상적인 차이가 발생할 경우 자금 공급자와 수요자 모두 더 유리한 조건을 찾아 움직이기 때문이다. 예를 들어 단기 시장금리가 크게 상승하게 되면 자금 공급자는 자금을 단기로 운용하려하고 반대로 자금 수요자는 장기로 차입하려 할 것이다. 장기 자금시장에서 공급보다 수요가 커지면서 장기 시장금리도 상승하게 된다.

장기 시장금리와 은행 예금과 대출 금리는 기준금리와 단기 시장금리 외에 경기, 물가 전망, 은행의 영업 전략에서도 영향을 받기에 기준금리의 조정과 다른 움직임을 보일 수도 있다. 단기 금리는 현재의 기준금리를, 장기 금리는 경기를 바라본다는 말은 그래서 나오는 말이다.

물론 기준금리를 올리거나 내려도 금융사에서 돈을 거두거나 풀지 않으면 금리에 큰 영향을 주지 않을 수도 있다. 이 경우 중앙은행은 공개시장운영을 통해 채권을 매입하거나 매각해서 시장금리에 영향을 주기도 한다.

기준금리 전망 수단 [1]
FOMC와 점도표

송구하게도 점도표가 꼭 맞지는 않아요

통상 기준금리 인상 속도는 통화정책회의인 연방공개시장위원회(FOMC)의 성명서와 점도표(Dot Plot)를 보면 알 수 있다. 통화정책 결정에 관여하는 FOMC 참가자들의 금리 전망치 중앙값으로 그 변화를 감지한다.

FOMC는 기준금리를 비롯해 자산 매입 규모 등 통화정책의 방향성을 결정하는 연준 산하 최고 의사결정 기구다. 점도표는 연준 이사들과 지역은행 총재 등 총 19명 위원이 특정 시기까지의 적정 기준금리 수준을 점으로 찍어 제시하는 것이다. 시장에선 FOMC 참석자들의 금리 전망을 분기마다 표로 정리해서 발표하는 점도표를 보면서 금리 전망을 한다. 통상 FOMC는 회의 후 성명서와 함께 점도표를 제시한다. 연준 의장이 기자 회견을 하는 모습에 많은 이의 이목이 쏠리는 이유는 그만큼 미국의 기준금리가 세계 금융시장에 미치는 파급력이 크기 때문이다.

19명의 위원이 찍는 점도표는 미래를 예측하는 지표로서 항상 정확한 도구일까? 꼭 그렇지는 않은 것 같다. 대공황 이후 분기 기준으로 주식시장이 가장 많이 떨어진 최악의 어두운 분기였던 2018년 4분기가 생각난다. 당시 신문 기사를 살펴보자.

> 시장이 금리를 당시 4번 인상으로 확신하게 된 것은 3월 금리 전망 중앙값이 2.215%였으나 이후 6월 2.375%로 제시하면서부터였다. 당시 2019년 말 금리 전망치 중앙값도 상향 조정된 바, 3월 2.875%였으나 2019년 말 금리 중앙값은 3.125%로 조정되었다. 이후 그해 9월, 11월 성명서는 이를 재차 확인했다. 과거와 달리 그해는 점도표가 금리 인상 횟수를 정확히 추정했다. 그해 겨울은 주식시장에서 아주 어두웠던 분기로 기억된다. 그 와중에 인플레이션과 금리 인상 문제가 도사리고 있었다.

점도표에 나타난 대로 2019년 말까지 금리 인상을 지속했을까? 2019년 금리 인상 횟수 예상은 정확하지 못했다. 2019년 미국은 금리 인상 대신에 금리 인하를 선택했다. 미국 이외 국가의 경기 침체로 미국이 금리 인상을 단행하기가 어려워졌기 때문이다. 점도표를 해석할 때 가장 중요한 것은 무엇일까? 절대적인 수준이 아니라 FOMC 멤버의 의견 변화다. 2023년 6월과 9월 FOMC의 점도표를 비교해보자.

FOMC의 점도표

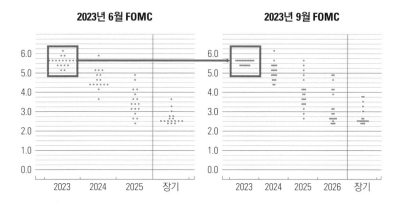

2023년 6월 FOMC　　　　　**2023년 9월 FOMC**

이 두 그림을 보면 금리 인상에 대한 FOMC의 의지가 더욱 강해진 것을 발견할 수 있다. 9월을 보면 2023년 말 기준금리(정책 금리)가 5.50~5.75%로 인상되어야 한다고 주장하는 위원의 숫자가 다수를 차지한다. 2024년 말 정책 금리 예상치도 크게 상승했다. 6월 FOMC에서 다수의 위원이 2024년 말 정책 금리를 4.25~4.50%로 예상했다. 9월에는 4.75~5.00% 이상 수준이 적정하다고 보는 이들이 다수를 차지했다. 이처럼 견해가 경제 상황에 따라 변하기에 금리 인상과 금리 인하 시점을 정확하게 가늠하기는 상당히 어렵다.

FOMC 회의 무렵의 점도표를 보면 회의에서 기준금리를 인상할 것인지 확률적으로 예상해볼 수 있다. 주식이나 채권 투자자는 연준의 금리 방향에 관심을 가진다. 연준의 다음 회의 일정과 매주 변화하는 금리 인상 예상치를 확인해볼 수 있는 사이트는 다음과 같다.

인베스팅닷컴   CME

이 사이트에서 지난주→전날→현재 금리 동결 확률이 어떻게 변화하는지를 확인하고 투자에 참고해야 한다. 나아가 FOMC에서 발표하는 핵심 경제 지표인 경제 성장률과 근원 개인소비지출 물가지수(PCE) 전망치 변화를 점검하여 자신만의 중장기 경제 전망 시각을 키워보자.

FOMC의 경제 성장률과 근원 PCE 전망치 변화 사례

		2023년	2024년	2025년	장기 전망
경제 성장률	2023년 6월 전망	1.0	1.1	1.8	1.8
	2023년 9월 전망	2.1	1.5	1.8	1.8
	6월 대비 변화(%포인트)	1.1	0.4	0.0	
근원 PCE	2023년 6월 전망	3.9	2.6	2.2	
	2023년 9월 전망	3.7	2.6	2.3	
	6월 대비 변화(%포인트)	-0.2	0.0	0.1	

기준금리 전망 수단 (2)
연준의 선제 안내

점도표 외에 기준금리를 전망하는 요소로는 뭐가 또 있을까? 금융위기 이후 제로 금리가 상당 기간 지속되는 가운데 연준의 선제 안내(forward guidance)가 중요한 정책으로 자리매김했다. 선제 안내는 중앙은행이 미래의 통화정책 운용 방향에 관한 정보를 시장에 제공하는, 중앙은행만의 독특한 커뮤니케이션 방법이다. 그 효과는 신뢰성 확보에 있다.

2008년 금융위기 이후 상당 기간 미 연준은 선제 안내를 이용하여 저금리가 장기간 유지될 것이라는 신호를 전달해 장기적인 금리 하락을 유도했다. 연준은 고용률 등의 구체적인 수치를 제시하고 금리 지속 기간까지 제공했다.

물론 당시 선제 안내는 민간이 맹목적으로 중앙은행의 제공 정보에만 의존해 향후 금리를 판단하게 만든다는 날 선 비판과 마주했다. 경제 여건이 변하면 금리를 신축적으로 운용해야 하는데 선제 안내가 시장의 과잉 반응, 신뢰성 훼손을 초래해서 정책 대응이 지연될 가능성이 있다는 것이었다. 월가의 일부 이코노미스트들은 중앙은행이 예외적인 경우를 제외하고 정책 방향을 미리 알려주는 선제 안내를 사용하지 말아달라고 촉구하기도 한다. 금리 움직임은 경제 지표를 기반으로 이루어지기에 본질적으로 예측하기 어려운 것인데, 선제 안내는 마치 금리 방향과 수준이 미리 정해진 것처럼 비친다는 지적이다.

한국은행도 총재의 스타일에 따라 사용하는 용어가 달라진다. '당분간' 금리 인상 기조가 이어질 것이라는 모호한 문구에서 '당분간은 3개월'이라고 명시하는 경우가 이에 해당한다. 한국은행 총재와 금융통화위원회 위원들은 언론과 자주 인터뷰를 한다. 시장은 이런 선제 안내나 소통을 통해 기준금리의 예상되는 변화를 시장금리에 미리 반영한다. 과거에 한국 관료들은 금리의 예상 경로에 대해 가급적 언급을 피하는 것을 미덕으로 여겼다. 이제는 그런 방식에서 벗어나 현실적으로 소통하는 방향으로 바뀌고 있다. 시장 충격을 줄이기 위한 노력의 일환이다.

문제는 우리나라가 대외 여건을 통제하기 어려운 소규모 개방 경제라는 점이다. 한국은 외부 충격이 고스란히 내부로 이어진다. 이런 특성을 고려했을 때, 어느 정도나 어느 속도로 명확한 소통을 해야 할지 고민은 깊어질 수밖에 없다. 한국은행이 기준금리를 동결했음에도 국고채 금리가 장기물을 중심으로 상승하는 경우는 흔하다. 미국 국채 금리 상승에 국고채 금리가 연동되면서 한국은행의 통화정책 유효성이 떨어지는 일도 종종 있다.

기준금리 동결에도 국채 금리가 오른 것은 미국의 국채 금리와 동조화한 결과다. 결국 한국은행의 정책 독립성은 미국 시장금리에 의존하는 경향성으로 인해 훼손될 운명에 처한다.

장기 국채 금리를 중심으로 양국의 금리 동조화가 발생하는 게 일반적이다. 단기 국채 금리는 한국은행의 기준금리 결정에 따라 미국 국채 금리와의 동조화가 약화할 수 있다. 이 경우 한국은행의 통화정책의 파급 경로는 단기 금리를 중심으로 유효하게 작동해야 한다.

금리 동조화의 요인으로는 크게 3가지를 꼽는다. 실물 경제, 통화정책 기대, 글로벌 유동성이다. 만약 이 3가지 고려 요인이 제각기 다른 방향으로 작용한다면 단기적 동조화는 약화할 수 있다.

실물 경제 측면에서 보면 한국과 미국 간에 물가상승률과 성장률 차이가 기준금리 결정과 단기 금리에 반영되어야 한다. 반면 통화정책은 장기적으로는 수렴하는 경향이 있다. 10년물 등 장기 국채가 미국 국채 금리를 따라 오르는 모습은 그래서 당연하다. 흔히 가계와 기업 대출은 1년 이하 단기 금리에 연동되고 변동금리 비중이 높다. 반면에 고정금리 주택담보대출은 미국 장기 국채 금리 변화에 연동될 가능성이 높은 편이다.

적정 기준금리,
테일러 준칙

적정 기준금리에 대한 대표적인 공식으로는 '테일러 준칙'이
있다. 테일러 준칙은 존 테일러(John Taylor) 미국 스탠퍼드대 교
수가 1993년에 제안한 통화정책 준칙이다. 공식은 다음과 같다.

적정 기준금리 = 균형 실질이자율(실질 중립금리) + 물가상승률 + 0.5 ×
인플레이션 갭 + 0.5 × 국내총생산 갭

테일러 준칙은 중앙은행이 적정 인플레이션율과 잠재 경제 성
장률을 고려해 금리 수준을 결정하는 것을 의미한다. 여기서 균
형 실질이자율은 대출이나 예금, 채권의 수요와 공급이 일치할
때의 이자율을 뜻한다. 경제가 균형인 상태의 금리를 말하는데
균형 금리, 중립금리, 자연이자율로도 부른다. 경제가 균형 상태

라면 물가상승률만 반영하면 되고 국내총생산(GDP)은 고려할 필요가 없다.

인플레이션 갭은 실제 물가상승률에서 중앙은행의 목표 물가상승률을 뺀 값이다. 국내총생산 갭은 실제 GDP와 잠재적 GDP의 차이를 말한다. 어느 나라가 GDP를 15조 달러까지 늘릴 잠재력이 있지만 경기 침체로 인해 실제 GDP가 이를 하회한다고 하자. 이 경우 갭이 양(+)의 값이어서 경제 성장을 촉진하는 재정 정책과 통화정책을 실시해야 한다. 반대로 갭이 음(-)의 값이라면 긴축 정책을 실시해야 한다. 테일러는 이 공식에서 균형 실질이자율을 2%로 잡았다. 이에 대해 성장률 하락 추세를 반영해 1%로 낮춰야 한다고 보는 전문가도 많다. 만일 경제의 생산성이 증가했다면 균형 실질이자율은 증가해야 할 것이다.

테일러 준칙을 사용할 때도 한계점이 있다. 재정 정책 변화, 환율, 실업률, 글로벌 잠재 성장률 추세 변동, 신용 공급에 영향을 미치는 구조적 요인 등을 고려하지 못할 수 있다. 게다가 물가상승률에서 소비자물가상승률, 근원 물가상승률, GDP 디플레이터(국내에서 생산한 모든 재화의 가격 상승분 총합을 가중평균한 지표) 중 어떤 지표를 사용하는지에 따라 적정 기준금리가 달라질 수 있다.

테일러 준칙에서 중앙은행의 물가상승률 목표가 2%이고, 실제 물가상승률은 2%이며, GDP가 잠재적 GDP 수준일 때 적정 기준금리는 얼마일까? 물가와 성장률이 안정적이라면 적정 기준금리는 연 4%다. 여하간 경제 성장률이 높거나 물가상승률이 높으면 금리가 높다는 것을 기억할 필요가 있겠다.

물가와 실업률의 관계,
필립스 곡선

누워버린 필립스 곡선의 의미는?

중앙은행이 물가 안정과 고용 사이에서 고민하는 것은 익히 알려진 사실이다. 필립스 곡선은 실업률과 명목 임금 상승률 간에 음(-)의 관계가 있음을 증명한 경제학자의 이름에서 유래했다. 필립스 곡선은 고용과 물가를 달성하기 위한 중앙은행 정책의 상충 관계를 설명하는 데 유용한 도구다.

이를 만든 올번 윌리엄 필립스(Alban William Phillips)는 '악어 사냥꾼' '일본군 포로' 등 다채로운 인생 경험을 했던 뉴질랜드 출신 영국 경제학자다. 그는 97년간의 영국 경제 시계열 자료를 바탕으로 명목 임금 상승률과 실업률 사이에 역의 관계가 존재한다는 사실을 처음으로 실증했다. 1958년에 발표한 그의 논문은 중앙은행의 통화정책 결정에 중요한 버팀목 역할을 했다.

그런데 필립스 곡선이 탄생하고 50년이 지난 2008년 이후 이

필립스 곡선

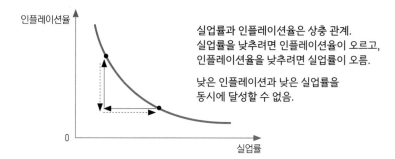

인플레이션율

실업률과 인플레이션율은 상충 관계.
실업률을 낮추려면 인플레이션율이 오르고,
인플레이션율을 낮추려면 실업률이 오름.

낮은 인플레이션과 낮은 실업률을
동시에 달성할 수 없음.

0

실업률

곡선을 둘러싼 논란이 가열되었다. 경기 호황 때는 실업률이 낮아지고 인플레이션이 발생하지만 전 세계적으로 물가 인상 압박이 크지 않은 상태에서 완전고용 수준으로 실업률이 떨어지는 일이 발생하기도 했다.

1993년 이후로 실업률과 물가의 상관관계는 높지 않았다. 글로벌 금융위기 이후 일시적인 인플레이션이 발생하기도 했지만 말이다. 실업률이 오르든 떨어지든 물가는 거의 움직이지 않았다. 다음 쪽 그림처럼 필립스 곡선이 누워버린 당혹스러운 상황이 전개되었다. 혹자는 노동조합 운동의 퇴조를, 혹자는 아마존과 구글 등 초거대 인터넷 기업의 등장을 저물가 원인으로 꼽았다.

실업률과 물가가 동시에 낮은 것은 이례적인 현상이었을까? 경제학에 따르면 실업률이 낮으면 물가가 올라야 하는데 한동안 이 법칙이 들어맞지 않았다. 낮은 인플레이션이 지속되자 각국의 중앙은행은 고용시장을 강하게 만드는 데만 집중했다.

코로나 팬데믹이 끝날 무렵 러시아-우크라이나 전쟁이 발발하면서 저물가 시대는 저물어갔다. 다시 필립스 곡선이 기지개

오랜 기간 누워버렸던 영국의 필립스 곡선

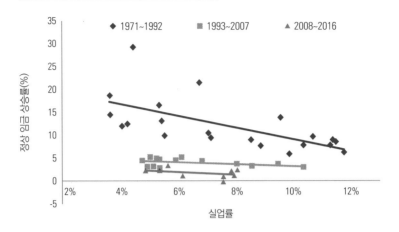

를 폈다. 세계적으로 공급망이 교란되어 물가가 들썩이며 실업률과 물가가 반대 방향으로 움직이는 모습이 나타났다. 강한 경기 회복세를 보이는 미국에서는 인플레이션이 일시적인지 그렇지 않은지에 대한 논쟁이 한창 벌어졌다. 미국만이 아니었다. 유로 지역 소비자들은 1993년 이후 인플레이션에 대해 걱정해본 적이 없었다.

크리스틴 라가르드 유럽중앙은행(ECB) 총재는 글로벌 공급망의 병목 현상이 장기화되면 인플레이션 상승 압력이 강화될 수밖에 없다고 내다보았다. 당초 연준은 경기 과열로 인플레이션이 다소간 발생하더라도 인내심을 갖고 완화적 정책을 통해 '광범위하고 포용적인' 고용 회복을 추구하겠다는 입장이었다. 하지만 인플레이션이 예상보다 급격하게 치솟으며 걷잡을 수 없는 수준에 이를 징후를 보이자 완전고용 중심의 정책 프레임은 시험대에 올랐다.

인플레이션 감소에 따른 실업률 증가 폭

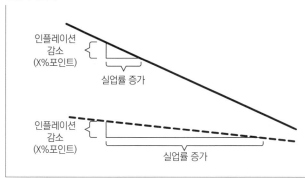

인플레이션율

인플레이션
감소
(X%포인트)
실업률 증가

인플레이션
감소
(X%포인트)
실업률 증가

실업률

인플레이션이 진행되는 시기에 필립스 곡선의 기울기는 경제 정책 운용에 큰 의미를 가진다. 위의 그림에서 인플레이션을 X% 포인트 낮추고자 할 때 감내해야 하는 실업률의 크기를 비교해 보자.

기울기가 평평한 아래쪽 곡선(점선)은 기울기가 가파른 위쪽 곡선보다 실업률을 훨씬 더 큰 폭으로 증대시켜야 한다. 필립스 곡선이 많이 누우면 실업률을 크게 줄여도 인플레이션이 급증하진 않는다. 그러나 이는 동시에 인플레이션을 한 단위 낮추기 위해서는 실업률을 아주 많이 늘려야 한다는 말이 된다.

고용과 성장의 긴밀한 관계를 생각해보라. 물가를 낮추려면 성장을 아주 많이 희생해야 한다는 의미다. 인플레이션과의 전쟁에서 이기더라도 그만큼 불황의 골이 더 깊어질 수 있다.

물가 안정을 위한
통화정책

물가 목표치와 연준 의장의 비싼 입

채권시장과 주식시장에 민감한 이들은 연준이 물가 목표를 2%로 누르려는 것에 대해 반발심이 생기게 된다. 2%의 근거가 도대체 어디에서 나온 것인지 이해할 수 없다며 불평을 늘어놓는다. 오늘날 전 세계 중앙은행이 사용하는 '물가 안정 목표제(inflation targeting)'는 뉴질랜드 중앙은행이 1989년에 처음으로 도입한 제도다. 뉴질랜드는 1980년대 후반 15%까지 치솟은 물가를 잡기 위해 온갖 묘수를 짜냈다. 마침내 물가 수준을 정해 공표하기에 이른다.

돈 브래시(Don Brash) 당시 뉴질랜드 중앙은행 총재는 소비자물가지수가 실제 물가보다 높게 계산되는 이른바 상향 편향(upward bias)이 있다는 사실에 근거해 물가 목표치를 2%로 정했다. 실제 물가상승률이 1%일 때 상향 편향이 약 0.75%포인트라는 대략적인 추정을 감안한 것이다. 이후 캐나다, 영국 등이 2% 물가 목표치를 도입하면서 전 세계 중앙은행의 암묵적인 기준으로 자리매김하게 된다.

1989년 뉴질랜드를 시작으로 캐나다, 이스라엘, 영국, 호주, 스웨덴, 핀란드, 스페인, 미국 등이 물가 안정 목표제를 채택했다. 이 목표제에서는 통화정책을 주관하는 중앙은행이 먼저 중기적 관점에서 적정 물가상승률 목표를 설정 및 공표한다. 이후 통화량, 금리, 환율 등 주요 거시경제 지표를 면밀히 모니터링 및 분석해 향후 인플레이션을 예측하면서 통화정책 기조가 연내 목표치 달성에 적합한지 검토한다.

최근 미국에서는 2% 물가 목표치를 시대에 맞게 바꿔야 한다는 목소리가 높아지고 있다. 노벨경제학상 수상자인 조지프 스티글리츠(Joseph Eugene Stiglitz) 컬럼비아대학교 교수는 2023년 개최된 전미경제학회(AEA)에서, 2% 물가 목표에 도달하는 과정은 연준의 횡포라고 비난했다. 물가 목표치를 3%로 높이는 방안을 검토해야 한다고 주장했다.

물가 안정 목표제는 우선 허용할 물가상승률 목표치를 사전에 설정한다. 금리나 통화량 같은 중간 목표 없이 통화정책 수단(공개시장운영, 재할인율, 지급준비율)을 동원해 목표를 곧바로 달성하는 통화정책이다. 우리는 1997년 말 한국은행법 개정으로 도입해 시행하고 있다.

물가상승률 추이가 목표치보다 높으면 물가 안정을 위해 긴축적 통화정책을, 목표치보다 낮으면 완화적 통화정책을 시행하는 방식으로 운용한다. 통화정책 운용 시 모니터링하는 주요 물가

지표로는 소비자물가지수를 가장 많이 사용한다. 기조적이고 장기적인 물가 흐름을 읽기 위해서, 소비자물가지수에 원자재·곡물류 가격 등 경제의 총공급에 영향을 미치는 외적 요인에 따른 물가 상승분을 차감해 구한 근원물가지수를 별도로 산정한다.

미국 연준이 명확한 인플레이션 목표 수치를 설정한 것은 2006년이다. 당시 벤 버냉키 연준 의장이 인플레이션 목표치의 설정 논의를 시작했다. 현재 연준은 물론 유럽중앙은행(ECB), 영국은행, 일본은행 등 주요국 중앙은행의 물가 목표치는 연 2%다. 2%는 가계와 기업이 물가에 대해 걱정하지 않아도 될 만큼 낮지만 디플레이션(지속적인 물가 하락)과 경기 침체를 유발할 정도는 아니란 게 연준의 입장이다. 물가와 고용, 경제 성장이 안정적으로 유지되는 데 도움을 주는 최적점이라는 것이다.

연준은 2020년 10월에 평균 물가 안정 목표제를 도입했다. 코로나19로 위기에 빠진 경제를 부양하기 위해 도입한 정책이다. 물가상승률이 평균 2%를 넘어도 일정 기간 용인하겠다는 것이다.

문득 이런 생각이 든다. 물가상승률 2%라는 목표는 과학은 아니다. 연준의 정치적인 판단일 뿐이다. 2%가 통계적으로 증명된 수치는 아니다. 중앙은행의 물가 목표치가 2%일 때 물가 안정이 극대화된다는 사실을 뒷받침하는 구체적인 연구나 근거도 없다. 그럼에도 불구하고 연준이 지킨다면 지켜야 하고 연준 의장의 입 때문에 금리와 주식시장은 춤을 추게 된다. 연준 의장의 입은 세상에서 제일 비싼 입이다.

중앙은행의
장기 금리 조정

6개월 만기인 정기예금을 든다고 해보자. 미래 단기 금리에 대한 예상이 6개월마다 각 1%, 2%, 3%, 4%라고 하자. 6개월마다 새로 예금을 하는 게 아니라 2년짜리 예금을 가져가는 경우 금리는 어느 수준이어야 할까? 네 번의 6개월 금리를 단순 평균하면 2.5%다.

장기 금리는 이처럼 미래 단기 금리의 평균일까? 통상적으로 이것보다는 약간 높다. 장기 금리는 미래 불확실성을 감안해 기

미래 단기 금리에 대한 기대(6개월 만기 정기예금 예시)

간 프리미엄을 주는 것이라고 1장에서 설명했다. 여기서는 장·단기 금리 차이를 기대 가설로 설명해보자. 미래에 금리 상승이 예상되어 단기 금리가 상승하는 경우 장기 금리는 더 많이 상승하면서 장·단기 금리 차가 확대되어 수익률 곡선은 우상향한다. 반대로 금리가 하락할 경우에는 장·단기 금리 차가 축소되어 수익률 곡선이 우하향하게 된다.

경제가 성장할 때나 기간에 따른 위험을 고려하는 경우에도 장기 금리가 단기 금리보다 높다. 단기 금리는 단기 자금 수요에 따라 결정되는데, 잔존만기 1년 이내가 단기물 금리다. 1년 이상 돈을 빌릴 때의 금리, 즉 장기 금리를 결정하는 가장 결정적인 요소는 경기다.

단기 금리 수준은 중앙은행의 의지에 달려 있다. 중앙은행이 원하는 방향으로 단기 금리가 움직인다는 의미다. 현재 콜금리가 4%인데 경제가 몹시 좋지 않다고 하자. 이때 한국은행은 1%의 금리만 받고 일반 은행에 돈을 빌려줄 수 있다. 이렇게 되면 일반 은행은 어떤 행동을 하게 될까? 이웃 은행에 4% 금리를 주고 돈을 빌리지 않고 중앙은행에 1% 금리만 주고 돈을 빌려오게 된다. 급전이 필요한 모든 일반 은행이 한국은행으로 몰려가서 돈이 충분히 풀리면 콜금리도 1%로 낮아질 수 있다. 물론 시장이 즉각적으로 반응하지는 않는다. 중앙은행이 돈을 풀어도 당장 금리가 내려가지 않을 수 있지만 결국에 가서는 중앙은행이 원하는 대로 각종 단기 금리가 하락하게 된다.

경제의 불확실성이 커지면 장·단기 금리 차는 커진다. 이것을 2장에서 위험 프리미엄이라고 했다. 단기 금리에 대한 기대보다

한국 금융위기 이후 장·단기 금리 추이(2007~2016)

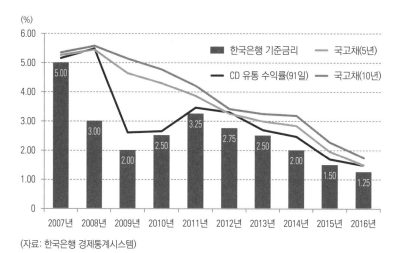

(%)

범례:
- 한국은행 기준금리
- 국고채(5년)
- CD 유통 수익률(91일)
- 국고채(10년)

연도	기준금리
2007년	5.00
2008년	3.00
2009년	2.00
2010년	2.50
2011년	3.25
2012년	2.75
2013년	2.50
2014년	2.00
2015년	1.50
2016년	1.25

(자료: 한국은행 경제통계시스템)

위험 프리미엄이 영향력을 더 발휘하는 기간이 있다는 의미다. 위 그림에서 글로벌 금융위기가 발생한 2008년 이후 몇 년간의 불확실성은 이런 현상을 반영한 것이다.

　다음 쪽 그림에서 보듯이 시중 자금 사정, 채권시장 수급, 각종 경제 지표 변화가 단기적으로 시장금리에 영향을 미친다. 물가 상승률과 경제 성장률은 장기적으로 시장금리에 영향을 미친다. 국내외 경제 상황과 정책 변화도 시장금리에 영향을 미친다. 시중 자금 사정, 채권시장 수급, 경제 지표 발표 같은 단기 요인은 시시각각으로 변해서 전문 딜러가 아닌 일반 개인으로서는 쫓아가기 힘든 영역이다. 채권 딜러는 영향력 있는 재료와 과거 스프레드 경험치 사이에서 깊은 고민을 하며 매매를 한다. 금리 인상이나 추가경정예산 편성 같은 요인은 채권시장에 지대한 영향을 미치는 재료다.

시장금리의 변동 메커니즘

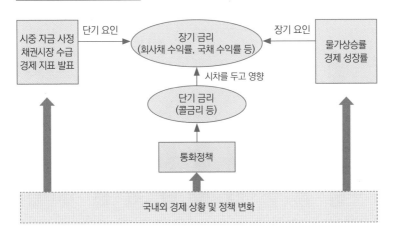

이 글을 읽는 독자라면 장기물에 대한 접근을 어떻게 해야 할까? 과거 스프레드 경험치를 통해서 채권이 과매도 구간인지 과매수 기간인지 파악할 수 있다. 예를 들어 지난 1년 동안 국고채 10년물 대비 3년물 스프레드(금리 차)가 움직인 구간을 구해보라. 평균 스프레드가 정해진 후 현재 스프레드가 평균치보다 높은지 낮은지 가늠해보자. 평균과 비교해 다소 높은 수준의 스프레드가 이어지면 장기물의 금리 상승 폭이 다소 과하다는 의견이 나올 수 있다. 이 경우 과거 기준금리 대비 국고채 10년물 스프레드까지 고려했을 때 장기물은 매수 관점에서 접근하는 것이 바람직하다고 본다.

2장에서 설명한 유동성 프리미엄 이론에 따라 기간이 길어질수록 금리가 높아지는 것이 일반적이다. 자금 차입의 주체는 기업 외에도 국가 또는 정부 기관 등이며 채권을 발행해 필요 자금을 조달하게 되는데, 이렇게 발행되는 채권은 국채, 지방채, 공사채, 은행채 등 발행기관의 특징을 담은 명칭으로 불려서 쉽게 구분할 수 있다. 신용 리스크가 전혀 없는 국가가 발행한 국고채의 기간별 금리가 시장의 대표적인 장기 금리로서 역할을 한다. 시장의 대표적인 단기 금리는 앞에서 본 것처럼 은행 간 거래에 사용되는 콜금리와 CD 금리, CP 금리, 리보 금리 등이 있다. 대다수 상품은 단기 시장금리를 참고하여 금리를 결정한다. 시장금리의 대표 주자는 3년 만기 국채 금리다. 3년물 국채의 만기는 5년물이나 10년물보다 짧지만 1년물보다는 길다. 장기채와 단기채의 성격이 섞여 있고 부도 위험이 낮아 시장금리 지표 역할을 한다.

시장금리에는 여러 가지 의미가 담겨 있다. 우선은 경제의 기초 체력(펀더멘털)이다. 성장률의 선행 지표인 민간 소비나 투자가 금리에 영향을 준다. 소비, 투자, 수출 지표가 양호하다면 금리는 장기물이라도 높은 수준을 유지할 수밖에 없다. 중앙은행의 통화정책 기조의 전환이 없다면 현재의 금리 수준이 유지될 확률은 높아진다. 단기적으로는 어느 시장이든 수급이 중요하다. 국채 수급에 영향을 미치는 주체의 매수 공백이 발생한다면 시장금리 인상은 불가피하다. 발행 물량을 이기는 장사는 없다는 말이다. 재정 적자 확대가 금리 인상으로 이어지는 경우는 매우 흔하다.

장·단기 금리 역전은
경기 침체의 전조인가?

'장·단기 금리 역전'은 단기 채권 금리가 장기 채권 금리보다 높은 것, 즉 단기 금리가 장기 금리를 역전한 것을 뜻한다. 장·단기 금리 역전이 침체의 전조 신호가 된 것은 1970년 침체부터였다. 그 이전 침체기인 1957년과 1960년에는 장·단기 금리 차가 각각 0.34와 0.41 수준으로 금리 역전이 일어나지 않았다.

장·단기 금리 차에서 어떤 금리를 보는 게 맞을까? 앞에서도 다뤘지만 여기서는 시장과 중앙은행의 관점에서 각각 말해보겠다. 시장은 10년물 국채 금리와 2년물 국채 금리 차를 주목한다. 중앙은행은 10년물과 3개월물 국채 금리 차에 주목한다. 결론적으로 명확한 단일한 답은 없다고 하겠다. 긴 채권과 짧은 채권 간의 어떤 금리 비교도 가능하다는 말이다.

좀 더 면밀하게 보자면 1970년 이전에 장·단기 금리가 단 한

번 역전된 적이 있었다. 애초에 장·단기 금리 역전은 물가상승률 하락 또는 물가 하락을 예고하는 전조 지표였다. 지금은 언제부터인지 '물가상승률 하락 = 경기 침체'라는 인식을 공식처럼 받아들인다. 과연 이게 반드시 옳다고 할 수 있나? 결론부터 말하면 그렇지 않다. 왜 그런지 하나씩 따져보자.

우선 물가상승률이 높을수록 장·단기 금리 역전 폭이 가팔라질 수 있다는 점에 주목해보자. 물가상승률이 가장 높았던 1980년 장·단기 금리의 역전 폭이 가장 컸다. 왜 그랬을까? 금리는 기대 물가상승률을 반영하므로 미래 물가상승률이 현재 물가상승률보다 현저히 낮을 것이라는 전망에서 이런 현상이 발생했다. 현재의 단기 금리는 현재의 물가상승률을 반영한다. 미래의 장기 금리는 미래의 예측 물가상승률을 반영한다. 현재 금리가 높다고 여기게 되면 미래의 예측 물가상승률은 낮아져 장기 금리가 하락하게 된다.

기준금리가 인상되면 단기채 금리가 민감하게 반응한다. 반대로 장기채의 금리 인상 속도는 그리 빠르지 않을 수 있다. 실제로 2022년 3월부터 10월까지 미 국채 10년물 금리는 2%에서 4%까지 천천히 오르면서 3개월물 금리에 역전을 허용했다. 10월 말에는 4.25%까지 올라 주식시장과 채권시장을 공포의 도가니로 몰고 갔다. 이후 내리막길을 걸어 2023년 5월에는 3.3%대를 찍었지만 경기 연착륙 기대로 재차 상승하기 시작한 후 전고점을 뚫어버렸다. 마침내 2007년 이후 최고 수준을 유지하게 된다.

2023년 들어와 2년물과 10년물 간의 장·단기 금리는 역전이 유지되었다. 반면 10년물과 30년물 간에는 금리 차가 양(+)의

값이었다. 기간별 금리 차만으로 명확한 경기 시그널을 읽기가 그만큼 힘든 상황이었다. 금리 인상 영향을 강하게 받는 단기 금리의 상승이 역전을 주도하고 있다면 금리 역전 현상만으로 경기 침체를 논하는 것은 지나칠 수 있다.

다음으로 1980년 이후로 장·단기 금리의 역전 폭이 점점 더 작아진 후 경기 침체가 발생했다. 그 이유는 간단하다. 이미 낮은 물가상승률에서는 미래의 물가상승률 하락 우려가 경기에 치명적이라고 판단했기 때문이다. 장·단기 금리가 역전되는 현상이 발생하면 연준은 물가 인상률이 높지 않다는 전제하에 금리 인상을 멈추는 것을 고려하게 된다.

왜 많은 사람은 장·단기 금리가 마이너스로 역전될 경우 일정 시차를 두고 경기 침체가 찾아온다고 볼까? 먼저 경기 둔화가 예상된다면 어떤 일이 벌어질지 상상해보자. 기준금리 인하가 기대되면 장기 금리가 낮아져 단기 금리와 역전되는 경우를 상상할 수 있다. 물론 기준금리 인하가 예상되지 않더라도 기간 프리미엄이 낮아지거나 음(-)의 값을 가지면 장·단기 금리 역전이 발생할 수 있다.

결론적으로 우리는 장·단기 금리 역전과 경기 침체 간에 인과관계가 명확히 밝혀지지 않았다는 점을 기억해야 한다. 장·단기 금리 역전은 주요 금융시장 및 경제 지표 중에서 경기 침체에 대한 예측력이 가장 정확한 지표 중 하나로 알려져 있다. 실제로 미국에서는 1960년 이후에 발생한 모든 경기 침체에 앞서 장·단기 금리가 역전된 바 있다. 그렇다고 그 역의 명제도 진실이라는 것은 아니다. 장·단기 금리가 역전되었다고 경기 침체가 반드시 도래하는 것은 아니라는 말이다.

장·단기 금리 역전은 경기 침체 이외에 단기 채권과 장기 채권의 수급, 안전자산 선호 심리에 따라서도 발생할 수 있다. 장기물의 만기가 길면 길수록 금리에 따라 수익률 차가 크기에, 안정성을 선호하는 사람은 만기가 짧은 것을 선호한다. 60세 넘은 사람의 평균 수명을 생각해보라. 자신을 위해 30년물을 거래하는 경우는 흔치 않을 것이다.

미국의 금리 역전과
한국 경기 침체의 상관성

장·단기 금리 역전의 확대를 경기 침체를 알리는 조기 경보 신호로 인정하더라도 여전히 논쟁거리는 있다. 경기 침체가 현실화되기까지는 수개월에서 수년이 소요될 수 있기 때문이다. 그만큼 경기 침체 시점이 언제인지 정확한 진단을 내리기 어렵다. 예를 들어 2005년 8월 미국 3년물 국채 수익률이 5년물 국채를 상회한 이후 경기 침체가 현실화된 시점은 2007년 12월이었다.

일반적으로 경기 침체는 GDP가 연속으로 2분기 이상 마이너스 성장을 기록한 때로 정의된다. 이는 학문적 의미이고 실제 경기 침체는 전미경제연구소(National Bureau of Economic Research, NBER)가 판단한다. NBER은 1920년에 설립된 미국의 비영리 민간 연구 조직으로서 미국 경제를 전문적으로 연구한다. NBER은 '경제 활동에서 의미 있는 하락이 경제 전반에 퍼져 있고 몇 달 이상 지속되는 상황'을 침체로 정의하고 실제로 외부에 발표한다.

2022년 미국은 두 분기 연속으로 GDP가 마이너스 성장을 했으나 NBER은 경기 침체를 선언하지 않았다. 경제 활동 하락의 깊이, 범위, 지속 기간 등 세 가지 기준이 일정 수준으로 충족되는지가 핵심이다. 2022년 미국은 고용시장이 너무 좋아 경기 침체라고 부를 수 없었다. 반면 2020년 2월은 경제 활동 감소 폭이 매우 크고 파장도 커 경기 침체로 분류됐다.

이 외에도 NBER이 경기 하락을 확인하기 위해 사용하는 지표는 실질개인소득, 고용, 실질개인소비지출, 도소매 판매, 산업 생산 등 다양하다. 지표별 가중치에 대한 별도의 규정은 없다.

미국 장·단기 금리 역전과 경기 침체

장·단기 금리 역전	경기 침체 진입	소요 기간 (개월)	침체 지속 기간 (개월)	주요 원인
1978년 8월	1980년 1월	17	6	2차 오일쇼크
1980년 9월	1981년 7월	10	16	인플레이션 억제 위한 고금리 정책
1989년 8월	1990년 7월	11	8	걸프전, 저축대부 조합 사태
2000년 2월	2001년 3월	13	8	닷컴 버블 붕괴, 9/11 테러
2006월 6월	2007년 12월	18	18	서브프라임 모기지 사태
2019년 8월	2020년 2월	6	2	코로나19

(자료: Fed, NBER)

한미 기준금리 추이(2014~2024)

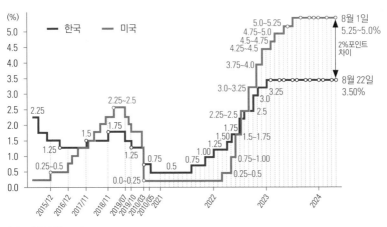

(자료: 한국은행, FED)

NBER과 마찬가지로 2022년에 발생한 장·단기 금리 역전에 대해 연준의 주요 정책 입안자들은 크게 개의치 않는 분위기였다. 주요 투자은행 역시 장·단기 금리 차 축소에 따라 당장 경기 침체가 발생하지는 않을 것이라고 보았다. 연준은 오히려 연쇄적으로 인플레이션을 억제하기 위해 보다 적극적으로 금리 인상을 단행했다. 그 결과 미국과 한국의 금리 차이가 위 그림처럼 2%포인트까지 벌어졌다. 2022년에 나타난 장·단기 금리 역전은 경기 침체나 위기를 무조건 뜻하는 게 아니라 중앙은행의 금리 정책 변화에 따른 일시적인 현상이라고 보는 견해도 있음을 밝힌다.

제2금융권 예금 금리에서 1년 금리가 2년 금리보다 높게 형성된 경우를 생각해보자. 그게 꼭 경기 침체 때문은 아니라는 것은 직관적으로 알 수 있을 것 같다.

　　1970년 이후 2020년까지 경기 침체 이전에 2년물과 10년물 국채 금리의 역전이 7차례 발생했다. 역전 후 평균 17개월이 지나면 침체가 시작되었다. 2006년 2년물과 10년물 국채 금리가 역전된 후 2년 만에 세계 금융위기가 발생했다. 사후 해석이 그렇다는 이야기다.

　　장·단기 금리 역전 현상이 발생하고 경기 침체가 왔을 때 주가는 오르기도 하고 내리기도 했다. 채권 성적은 어떨까? 미국 국채지수는 장·단기 금리 역전이 발생한 후 경기 침체가 끝날 때까지 전부 플러스 수익을 기록했다. 4~21%로 상승률에 차이는 있지만 확실히 수익을 거두었다. 그렇다고 2023년에도 동일한 성적표를 받았을까? 금과옥조로 여긴 사례들이 전혀 들어맞지 않았다. 2023년 30년 미 국채 ETF의 투자 성적은 처절했다. 예외 없는 투자 세계는 없다고 하겠다.

미국 장·단기 금리 차와 경기 침체 간의 관계

(자료: 블룸버그)

이제 결론을 말할 때가 되었다. 앞에서 살펴본 것처럼 만기가 짧은 단기 채권은 기준금리의 영향을 많이 받는다. 금리 인상기에는 단기 채권의 금리가 빠르게 올라간다. 돈을 갚는 기간이 짧다 보니 기준금리에 더 민감하게 반응하는 것이다. 채권에 투자한다면 단기채에 몰두해야 하는 이유다.

장기 채권은 당장의 기준금리 변화보다는 경기 전망에 따라서 서서히 움직이는 게 일반적이다. 돈을 갚는 기간이 10년, 20년 후로 길기 때문에 현재의 기준금리보다는 경기 전망에 따른 채권의 수요와 공급 흐름을 따라간다.

경기 침체가 예상된다면 투자에 필요한 자금 수요가 줄어들고 시장금리가 하락한다. 위험자산보다는 안전자산인 국채에 투자하려는 사람이 많아져 국채 가격은 올라가고 국채 금리는 하락한다. 결국 경기 침체에 대한 예상이 정확해야 장기 국채에 투자해서 수익을 낼 수 있다는 말이다.

장·단기 금리 역전에도 불구하고 미국의 고용 호조로 경기 침체가 오지 않을 수 있다는 이야기가 회자되었다. 이 경우 그저 역전 현상에만 기대어 장기채를 샀다면 금리 인하 시점을 가늠하기 어려워 만기가 길수록 버티기가 어려울 수도 있다.

우리가 미국 장·단기 금리 역전 현상에 주목해야 하는 데는 사실 다른 이유가 존재한다. 미국의 금리 역전이 한국의 경기 침체 시그널로 이어진 경우가 많았다. 그렇지만 2022년 이후의 현상은 과거와 다르다는 것을 인식할 필요가 있다.

금리 인하가 임박하면 단기 국채 금리가 10년물 국채 금리보다 가파르게 내려가 장·단기 금리 역전 현상이 해소된다. 이 경

미국 장·단기 금리 역전이 한국의 경기 침체 시그널로 이어진 경우

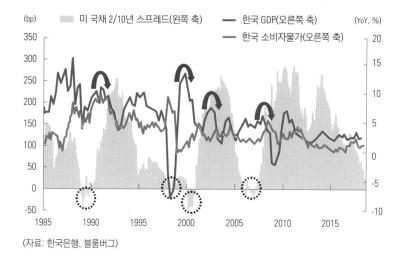

(자료: 한국은행, 블룸버그)

우 금리 인하가 경기 침체에 따른 현상이라면 주식시장에 반드시 호재라고는 할 수 없다. 금리 인하 후의 주식시장은 경제 상황과 밀접한 관련이 있다. 향후 미국의 경제 상황이 어떻게 될지는 많은 가능성을 열어두어야 하겠다.

금리를 매개로 한
중앙은행의 통화정책

재할인율, 지급준비제도 이해

중앙은행이 국채, 기타 유가증권 매매를 통해 금융기관과 민간의 유동성을 변동시켜 단기 시장금리에 영향을 주는 정책 수단으로는 첫 번째로 공개시장운영이 있다.

공개시장운영의 장점은 다양한 경제 주체가 참여하는 금융시장에서 시장 메커니즘에 따라 작동되어 시장 원리에 적합하다는 점이다. 정책 당국의 필요에 따라 실행 시기와 운영 규모, 조건을 수시로 조정할 수 있다. 이에 반해 단점은 국공채 물량을 확보해야 하고, 금융자산의 만기별 금리 체계가 합리적으로 형성되어 있어야 한다는 점이다.

우리나라는 1980년대 국제수지 흑자로 해외에서 통화 공급이 늘어나자 이를 흡수하기 위해 재정증권과 외국환평형기금채권, 통화안정 증권의 발행 규모를 확대해 양적 여건을 확보했다. 이후 경쟁 입찰 방식 도입과 발행기관 다양화로 질적 여건을 개선했다.

공개시장운영은 시중은행의 지급준비를 위한 자금을 조달하는 콜시장에서 유가증권 거래를 통해 통화량을 조절한다. 공개시장 매입으로 중앙은행이 시중은행의 국공채를 매입하면 은행의 지급준비금이 증가해 시장금리는 하락하게 된다. 반대로 중앙은행이 시중은행에 국공채를 매각하면 은행의 지급준비금이 감소하고 금리가 상승한다. 공개시장운영은 결국 은행의 지급준비금 수준을 변동시킨다. 그 결과 은행 시스템에서 대출의 양이 변한다. 대출 규모의 변동은 신용통화 창출의 변화를 의미한다. 이는 중앙은행의 통화량 조절로 귀결된다.

통화정책의 두 번째 유형인 재할인율(再割引率, bank rate)은 일반 은행이 중앙은행에서 돈을 빌릴 때 적용하는 금리를 가리킨다. 재할인율은 은행 간 단기 자금시장의 이자율인 콜금리보다 높은 수준에서 책정된다. 재할인 제도를 이해하려면 할인 제도를 알 필요가 있다. 할인은 기업이 발행한 어음을 예금 은행이 일정한 이자를 감하여 인수하고 대금을 지급하는 것이다. 재할인이란 예금 은행이 고객에게 할인해 받은 상업어음을 중앙은행에 맡기고 자금을 융통하는 제도다.

한국은행이 재할인율을 인상하는 경우를 생각해보자. 일반 은행이 어음을 맡기고 중앙은행에서 돈을 빌릴 때 높은 이자를 부담해야 한다. 높은 금리는 다시 시중은행이 기업이나 가계를 상대로 대출을 해줄 경우 고금리 이자를 받아야 한다는 것을 의미한다. 대출 금리 인상은 고객의 이자 부담을 가중시킨다. 점점 돈을 빌리려는 사람이나 규모가 줄어들게 된다. 재할인율 인상은 결국 통화량 감소로 이어진다. 반대로 한국은행이 재할인율을 낮추게 되면 은행 금리가 하락하고 이자 부담이 감소한다. 나아가 대출과 통화량 증가로 이어진다.

통화정책의 마지막 유형으로 지급준비제도를 살펴보자. 지급준비제도란 금융기관으로 하여금 지급준비금 적립 대상 채무의 일정 비율(지급준비율)에 해당하는 금액을 중앙은행에 지급준비금으로 예치하도록 의무화하는 제도다.

중앙은행은 지급준비율을 조정하여 금융기관의 자금 사정에 변화를 일으켜 유동성을 조절하고 금융 안정을 도모할 수 있다. 예를 들어 지급준비율을 올리면 은행들은 더 많은 자금을 지급준비금으로 예치해야 해서 대출 취급이나 유가증권 매입 여력을 축소한다. 결국 시중에 유통되는 돈의 양이 줄어든다. 이렇게 되면 시중 유동성은 줄고 과도한 대출 증가로 인한 금융 불안 가능성도 방지할 수 있다.

지급준비제도는 1980년대 이후 전 세계적으로 통화정책이 통화량 중심에서 금리 중심으로 전환됨에 따라 활용도가 과거에 비해 떨어졌다. 그럼에도 불구하고 우리나라를 비롯한 주요국에서 여전히 중요한 통화정책 수단으로 자리하고 있다. 금융기관은 중앙은행에 일정 규모의 지급준비금을 당좌예금으로 예치한다. 중앙은행은 이 당좌예금계좌를 이용해 금융기관 간에 지급결제가 원활히 이루어지도록 한다. 단기 시장금리를 안정시킴으로써 금리 정책의 유효성을 제고하는 데 유용성이 크다.

금융위기와
미국의 금리 인하 정책

벤 버냉키와 비전통적 통화정책이 유행한 이상한 세계

2022년 벤 버냉키 전 연준 의장(브루킹스연구소 선임연구원), 더글러스 다이아몬드(Douglas W. Diamond) 시카고대학교 경영대학원 교수, 필립 디비그(Philip H. Dybvig) 워싱턴대학교 경영대학원 교수가 노벨경제학상 수상자로 선정되었다. 누군가는 이를 두고 묘한 느낌을 받을 수 있으리라. 벤 버냉키 같은 저명한 정책 입안자에게 상이 수여되는 것은 이례적인 일이었다.

이들이 노벨상을 수상한 연구의 초점은 어디에 있을까? 자칫 금융 시스템의 붕괴로 인해 값비싼 대가를 치를지도 모를 상황에서 이들 노벨상 수상자는 뱅크런을 피해 시스템 리스크를 방지하는 데 큰 역할을 했다. 그게 수상의 변이었다.

뱅크런은 은행의 대규모 예금 인출 사태를 말한다. 은행이 부실해질 것을 두려워한 예금자들이 돈을 찾기 위해 은행으로 달려간다(run)는 데서 유래됐다. 은행에 돈을 맡긴 사람들은 은행의 재정 건전성에 문제가 있다고 인식하면 그동안 저축한 돈을 인출하려는 생각을 품게 된다.

벤 버냉키는 1930년대에 뱅크런이 대공황의 시간 축을 어떻게 길게 늘였는지, 매사추세츠공과대학교(MIT)에서 작성했던 대공황 연구 박사학위 논문에서 보여주었다. 당시 지도교수는 2009년 타계한 폴 새뮤얼슨(Paul Samuelson)이었다. 이 논문으로 버냉키는 30대에 일약 경제학계의 스타가 되었고 '대공황의 사나이(Depression Man)'라는 닉네임을 얻었다. 그로부터 한참의 세월이 흐른 후 자기실현적 예언은 그에게 글로벌 금융위기 극복이란 시대적 사명을 주었다.

위기를 맞은 미국 중앙은행의 수장은 2006년부터 2014년까지 연준 의장으로서 그가 이전에 깨달은 교훈을 적용했다. 그가 이끈 연준은 위기를 맞이했을 때 시장에 적극적으로 개입하여 금리를 대폭 낮추었다. 정치적으로 논란이 많았던 미국 최대 은행들의 구제금융을 과감히 지원했다. 과거 아시아 금융위기를 겪었던 나라들은 고강도 구조조정과 높은 금리와 실업이라는 대가를 치렀는데 이와 비교한다면 그는 모국에 관대했다.

한국에 혹독한 주문을 했다고 자평한 국제통화기금(IMF)은 왜 미국의 경제 상황에 대해서는 한마디도 하지 않았을까? 버냉키가 사용한 텍스트북은 코로나 팬데믹이 강타할 무렵 여러 나라가 봉쇄에 들어갔을 때 중앙은행들이 경제를 안정시키기 위한 도구로 다시 사용되었으나 모든 나라가 미국처럼 할 수는 없었다. 달러가 기축통화라는 이유로 미국이 천문학적으로 쏟아낸 엄청난 유동성은 불가피한 측면이 있었지만, 그것으로 고통받았던 지구촌의 현실을 생각하면 고개가 절로 흔들어진다.

버냉키는 2008년 글로벌 금융위기를 맞아 연준 의장으로서 과감한 양적완화(quantitative easing, QE) 정책을 폈다. 기준금리가 제로이거나 마이너스가 된 후에도 경제가 잘 작동하지 않을 경우 어떤 조치가 가능할지 많은 말이 오갔다. QE는 비전통적 통화정책으로 어느 정도 설득력을 갖는다. 중앙은행이 국채, 주택저당증권(mortgage-backed securities, MBS), 일반 회사채까지 매입해서 유동성을 시중에 직접 푸는 정책을 뜻한다.

QE는 금리 인하를 통한 경기 부양 효과가 한계에 봉착했을 때 실시한다. 금리를 중시하는 통화정책을 시행하는 중앙은행이 정책 금리가 0%에 근접하거나 다른 이유로 시장 경제의 흐름을 정책 금리로 제어할 수 없는, 이른바 유동성 저하 상황에서 QE에 의존하는 것이다. QE로 유동성을 충분히 공급함으로써 중앙은행은 통화량을 늘린다. 중앙은행이 채권이나 다른 자산을 사들이면 금리를 더 낮추지 않고도 돈의 흐름을 늘릴 수 있으니 전통적인 금리 인하 정책과 차이가 크다.

버냉키가 어떻게 돈을 마구 풀면서 인플레이션을 억제하는 묘수를 진행했는지, 인플레이션이 광범위한 세상에서는 다소 수수께끼같이 느껴진다. 우리는 그를 인플레이션을 억제한 슈퍼맨 같은 금융 전문가로 기억한다. 그는 이런 묘한 말을 했다.

"수십 번의 약한 지진보다 단 한 번의 강진이 지진에 대한 이해를 넓히는 데 훨씬 더 유용합니다."

그러나 그 강진은 팬데믹 이후 인플레이션이라는 악령의 모습으로 나타나 지구를 강타했다. 버냉키는 자신이 노벨경제학상을 받게 될 거라고 전혀 예상하지 못했다. 노벨경제학상 발표 전날 밤 아내와 그는 휴대전화를 끄고 잠자리에 들었다. 시카고에 사는 딸이 집으로 유선 전화를 걸어 수상 소식을 알려줬다. 스웨덴 위원회로부터 전화가 걸려오기를 서성이며 기다리지 않은 그는 참 복 받은 사람이다. 그는 2022년과 2023년을 강타한 인플레이션에 대해 어떤 생각을 할까? 그의 말이 의미심장하다.

"지금 우리가 2008년 글로벌 금융위기 때 겪었던 것과 같은 극심한 곤경에 처해 있는 건 결코 아닙니다."

그는 팬데믹 사태로 촉발된 글로벌 경제 위험은 금융 시스템 안에서 문제가 터졌던 2008년과는 분명히 다르다고 선을 그었다. 우크라이나 전쟁과 글로벌 '킹(King)달러'에 따른 경제의 수축 압력이 점증했기에 각국 정책 당국은 금융 시스템이 얼마만큼 악화하고 있는지 항상 주의를 기울여야 한다고 조언했다.

"비록 금융 부문의 문제가 경제에 특정 사건을 당장 일으키지 않는다고 해도, 시간이 흐를수록 금융 조건을 점차 악화시키고 문제를 가중시킬 수 있다는 사실을 유념해야 합니다."

그의 말이 묵직하게 다가온다.

밀턴 프리드먼이 벤 버냉키에게
건네준 선물

폴 새뮤얼슨 외에 벤 버냉키에게 영향을 끼친 인물은 누구일까? 우리는 버냉키의 스승으로서 밀턴 프리드먼(Milton Friedman)의 면모를 되새기게 된다. 프리드먼은 중앙은행의 신뢰성을 유지하기 위해 K% 준칙을 주장했다. 경제의 흐름과 상관없이 매년 통화량 증가율을 K%로 일정하게 유지해야 사람들의 믿음이 생긴다는 것이다.

프리드먼이 K% 통화 준칙을 제기했던 때와 비교하면 세상이 많이 달라졌다. 오늘날 중앙은행은 통화량보다는 기준금리로 통화정책의 목표를 설정한다. 프리드먼 역시 K% 준칙이란 신뢰의 원칙을 항상 고수하진 않았다.

프리드먼에게도 예외는 있었으니, 바로 헬리콥터 머니다. 이는 경기 부양을 위해 중앙은행이 헬리콥터에서 돈을 뿌리듯 새로 돈을 찍어내 시중에 공급하는 비전통적인 통화정책을 말한다. 헬리콥터를 타고 돈을 뿌리자는 벤 버냉키의 아이디어도 프리드먼의 영향을 받은 것이다.

2008년 글로벌 금융위기 이후 미국의 중앙은행 역할을 하는 연준이 양적완화로 퍼부은 돈은 얼마일까? 6년간 약 3조 7,000억 달러에 달했다. 그 결과 미 연준의 재무상태표 중 국채, 주택저당증권(MBS) 등 보유 자산은 4조 5,000억 달러 수준으로 불어났다. QE 정책으로 경기가 회복되자 2014년 매입 규모를 점진적으로 줄여나가는 '테이퍼링(tapering)'을 실시했다. 2017년부터 2019년까지 양적긴축(quantatative tightening, QT)을 진행해 자산 규모가 3조 9,000억 달러 수준으로 줄었다.

코로나19 팬데믹으로 고용 상황이 악화하자 연준은 일자리 투사로 변신했다. 고용시장 구제를 위해 양적완화로 천문학적 돈이 풀렸고 연준의 재무상태표는 9조 달러(8조 9,700억 달러) 가까이 비대해졌다. 두둑해진 미국 소비자의 주머니가 공급 요인과 결부돼 2022년에는 41년 만에 초(超)인플레이션이 발생했다.

이에 대응하기 위해 연준은 2022년 3월부터 급격하게 기준금리를 올렸고 6월부터 채권 매각으로 본원통화(reserve base, RB)를 환수하는 QT를 단행했다. QT 정책은 보유 자산의 재투자 중단이나 매각을 통해 연준의 자산과 부채를 줄이는 방식이다. 이로써 시중의 유동성을 흡수해 금리 상승과 과열된 경기를 완화시킨다.

양적긴축은 오른쪽 그림과 같이 연준이 자산 항목의 국채와 기타 증권(모기지증권 등)을 매각하는 것으로 보면 된다. 양적완

양적긴축의 영향 경로

(자료: 국제금융센터)

화로 사들였던 자산의 만기가 도래했을 때 회수 금액의 일부를 재투자하지 않을 수도 있다. 혹은 국채를 사들였던 원금의 일부만 국채에 재투자해 재무상태표의 자산과 부채 및 자본 항목을 축소할 수 있다.

통화는 일차적으로 중앙은행의 창구를 통해 공급되고 이를 본원통화라 한다. 본원통화는 아래에 있는 중앙은행의 재무상태표 부채 항목에서 볼 수 있듯이 민간 보유 현금과 금융기관의 지급준비금의 합계다. 민간에 공급된 자금은 상당 부분이 금융기관

중앙은행의 재무상태표

자산(차변)	부채 및 자본(대변)
금융기관에 대한 대출: 재할인 대출 정부에 대한 대출: 정부 대출 해외 및 기타 순자산: 국채 및 기타 증권 등	본원통화 · 민간(개인, 기업) 보유 현금 · 은행 보유 시재금 · 중앙은행 지급준비금 예치금

에 예금 등으로 다시 유입된다. 금융기관은 이 가운데 필요 지급 준비금을 제외한 나머지를 또다시 민간에 공급한다. 이런 과정이 반복돼 금융기관은 본원통화의 여러 배(통화승수)에 해당하는 파생통화를 시중에 공급한다.

통화량은 통화승수와 본원통화의 곱으로 계산할 수 있다. 통화량 지표에서 M1(협의의 통화)은 현금 외에 즉시 현금이 될 수 있는 요구불예금을 포함한다. 광의의 통화인 M2는 M1에 저축성예금과 단기금융펀드(MMF)를 더한 것이다. MMF는 전통적인 예금은 아니지만 가입 고객이 수시로 입출금이 가능하므로 통화량 지표에 포함된다.

양적긴축의 즉각적인 효과는 초과 유동성을 줄이고 장기채 금리를 끌어올리는 것이다. 단기 금리는 기준금리에 연동되어 움직이나, 장기 금리는 양적긴축으로 상방으로 향하는 압력과 마주한다.

다시 헬리콥터 머니로 돌아가서 통화정책의 의의에 대해 생각해보자. 양적완화나 양적긴축은 비전통적 통화정책으로 대차대조표 정책으로 불린다. 비전통적 통화정책에는 보유 자산 만기 연장(operation twist, OT)까지 포함한다. OT는 단기 국채를 매각하고 장기 국채를 매입해서 보유 자산의 만기(duration)를 확대하는 방식이다. 단기 국채를 매각해서 단기 국채 금리를 반등시키고, 장기 국채를 매입해 장기 국채의 금리 하락을 유도한다.

영국에서도 프리드먼의 헬리콥터 머니는 통하는 면이 있었다. 노동당 대표였던 제러미 코빈(Jeremy B. Corbyn)이 그 주인공이다. 그는 '인민을 위한 양적완화(People's Quantitative Easing) 정책'

을 주장했다. 금융위기 이후 2017년 미국이 금리를 올리기까지 세계 경제가 침체를 면치 못해 수요를 견인할 주체가 많지 않았다. 따라서 자산가치를 올리면 간접적으로 수요가 창출될 것이라는 버냉키의 견해보다는, 더 직접적인 효과를 노리며 한층 파격적인 프리드먼의 헬리콥터 머니에 사람들의 관심이 쏠릴 수밖에 없었다. 경제를 살리기 위해서는 대규모 소비가 필요하고, 이 자율 인하가 제대로 말을 듣지 않는 상황이라면 더욱 그럴 수 있겠다는 생각도 든다.

그래서였을까? 팬데믹은 인민을 위한 양적완화를 가공할 만한 수준으로 실시했다. 그 결과 인플레이션의 망령이 부활했다. 2019년 〈블룸버그 비즈니스위크〉가 "자본주의가 인플레이션을 죽였나?"라고 했던 표현은 무덤에 갇혔다. 결국 시장 기능은 고장이 나버렸다. 이런 상황에서 금융의 신뢰성에 대해 우리는 어떤 말을 할 수 있을까?

아무쪼록 통화정책은 대중으로 하여금 은행 부문이 건전하다는 인식을 갖게 하는 한편, 금융기관들이 건전성과 안정성을 계속 유지하게 해야 한다. 통화정책의 변화를 예상할 수 있고 투명한 방식으로 운영해야 한다는 믿음을 대중에게 주는 게 무엇보다 중요하다. 우리는 진정 그런 신뢰의 시대를 살고 있는가!

인플레이션을 억누르기 위해 미국이 가공할 만한 수준으로 금리를 계속 인상하면 기축통화국이 아닌 나라는 은행 부문의 금융 안정성을 걱정할 수밖에 없다. 벤 버냉키의 노벨경제학상 수상을 계기로 각국의 통화정책이 누구를 위해 '금융 건전성과 안정성이란 종'을 울리게 하는지 심각하게 고민해본다.

환율 차익거래,
캐리 트레이드

국가 간에 금리 차가 벌어지면 금리가 낮은 국가에서 대출을 일으켜 금리가 높은 국가의 자산을 사는 게 유리하지 않을까? 그런 유혹이 생기는 건 어찌 보면 당연해 보인다. 국가 간 금리 차이를 이용해 투자하는 방식은 캐리 트레이드(carry trade)라 부른다. 캐리(carry)는 '옮겨둔다'는 뜻으로, 금리가 낮은 곳에서 높은 곳으로 돈을 옮기는 행위를 말한다. 금리가 낮은 곳에서 돈을 빌려 차익거래를 하거나, 수익률이 높을 것으로 예상되는 국가의 주식이나 부동산에 투자해 수익을 추구하는 것을 말한다.

글로벌 금융시장은 완벽하지 않기에 캐리 트레이드가 많이 일어나는 것 같다. 대표적으로는 일본 엔에 적용하는 엔 캐리 트레이드(yen-carry trade)가 있다. 통상 엔화와 다른 통화 사이에는 환율 차에 의한 손실이 날 확률이 낮다는 판단으로 투자자는 엔 캐

캐리 트레이드	· 투자자가 저금리 국가에서 돈을 빌려 상대적으로 금리가 높은 나라의 주식이나 채권 등에 투자하는 거래 형태. 환 위험을 가지고 있음 · 대상: 통화 가치가 안정적이고 금리가 낮은 국가의 통화 (일본 엔화, 스위스 프랑 등) · 종류: 엔 캐리 트레이드, 스위스 프랑 캐리 트레이드, 달러 캐리 트레이드(2004년 이전, 미국 정책 금리 1% 내외 수준)
엔 캐리 트레이드	· 금리가 상대적으로 낮은 일본의 엔화를 빌려 금리가 높은 다른 국가의 통화나 자산 등에 투자하여 이익을 얻는 금융 기법 · 일본에서 적용하는 금리와 다른 나라의 금리 차만큼 수익을 얻을 수 있으나, 엔화를 빌릴 때보다 갚을 때 환율이 높으면 손해가 발생할 수 있음

리 트레이드를 활용한다.

엔을 빌려서 달러로 바꾸면 엔을 사자는 주문보다 팔자는 주문이 우세하다. 이렇게 되면 엔 시세가 떨어지게 되니 달러 강세와 엔 약세 현상이 강화될 수도 있다.

기억의 저편을 소환해보자. 1996년부터 2년 동안 월스트리트에 엔 캐리 트레이드가 유행했다. 1996년 미국의 기준금리는 5.25%였고 일본은행의 목표 단기 금리는 0.25%로 5%포인트 차이가 났다. 1998년 당시 엔은 달러당 147.64엔까지 떨어졌다.

다시 찾아온 인플레이션 시대에 엔저 현상이 만연하게 되었다. 디플레이션(물가의 지속적인 하락)의 늪에서 허우적거리던 일본은 인플레이션을 반겼다. 엔/달러 환율은 1990년 8월 이후 32년 만에 최저치인 150엔을 돌파했다. 엔저는 유행이 되었고 수많은 세계인은 일본 관광을 즐기게 되었다.

일본은 기다리던 인플레이션이 도래하자 -0.1%로 유지하던 기준금리를 2024년 3월 폐지한다. 17년 만의 금리 인상이자 8년 만의 마이너스 금리 탈출이었다. 2022년부터 미국 기준금리가 끊임없이 오른 것과는 상반된 흐름이다.

엔화 약세에 〈니혼게이자이 신문〉은 인재·자금 이탈로 인한 국력 저하로 이어질 위험을 염려했다. 인플레이션 기간 중에 발생한 엔화 약세는 일본과 미국의 통화정책 차이 때문이다. 미국은 금리를 올리며 돈줄을 빠르게 죄고 있는데 일본은 금리를 계속 누르고 있어서다.

일본 당국이 외환시장에 개입한들 엔화의 추락을 진화하기 어려운 상황이 이어졌다. 엔화 약세가 왔다고 해서 과거만큼 수출은 늘어나지 않았다. 높은 원자재 가격으로 수입 비용은 늘어났다. 그래도 2023년 세계적으로 교역량이 감소하는 추세 속에서 수출이 증가한 그룹에 미국과 일본이 포함되었다. 2024년 세계 교역의 회복 속도가 완만한 가운데서도 두 나라는 좋은 성과를 보이고 있다.

전 세계가 인플레이션을 겪는 와중에 일본은 완화적인 통화정책을 실시했다. 마이너스 금리와 양적완화 제도를 유지한 일본을 보면 많은 이들이 의아해할 수도 있다. 그러나 상당히 심각한 일본의 국가 부채를 감안한다면 막대한 이자 부담으로 인해 금리를 플러스로 쉽게 올리지 못한다는 사실이 쉽게 이해될 것이다.

엔저 시기일 때 자주 들려오는 이름이 있다. 금리가 낮은 일본에서는 '와타나베(渡邊) 부인'이 엔 캐리 트레이드를 감행하는 사람을 상징한다. 와타나베는 일본에서 제일 흔한 성(姓)의 하나다. 와타나베 부인은 원래 고수익을 찾아 국경을 넘나드는 일본 주부 투자자를 의미했다. 이후에는 일본의 개인투자자나 자금을 대표하는 용어로 개념이 바뀌었다. 이들은 일본에서 낮은 금리로 엔화를 빌려서 외화로 환전한 뒤 해외 고금리 자산에 투자하는 엔 캐리 트레이드의 숨은 주역이다.

2005년 시작된 엔화 약세 시기엔 호주 달러와 뉴질랜드 달러가 인기였다. 당시 호주와 뉴질랜드의 기준금리는 6~7%로 제로 금리인 일본과는 금리 차이가 벌어졌다. 이런 상황을 적극 활용해 일본 개인투자자들은 앞다투어 해외에 투자했다. 이들은 엔화를 호주 달러, 뉴질랜드 달러로 환전해 적극적으로 국경을 넘어 투자를 시작했다. 이들이 엔화 가치를 20엔 정도 떨어뜨리는 것으로 분석되기도 했다.

2007년에는 엔 캐리 트레이드 규모가 23조 4,000억 엔으로 사상 최대치를 기록했다. 우리나라에서도 엔화 부채가 인기였다. 2007년 즈음 한국의 사업가들은 엔화로 자금을 끌어들여 투자했고, 부동산 투기꾼들은 엔화로 빚을 내 아파트를 샀다.

헤지펀드 같은 투기 세력은 엔 캐리 트레이드를 자극하는 큰손이다. 미국상품선물거래위원회(CFTC)는 투기 세력의 엔화 포지션을 따로 집계한다. 엔 캐리 트레이드의 전성기에는 이들의 엔화 매도 포지션이 기록적인 수준에 도달하기 때문이다. 2008년 글로벌 금융위기와 2020년 코로나19 확산으로 와타나베 부인의 위세도, 엔 캐리의 위력도 크게 위축되었다. 주요국 중앙은행들이 경기 침체를 막기 위해 금리를 대폭 낮췄기 때문이다. 일본과의 금리 차이가 줄어들어서 엔 캐리 트레이드의 매력은 크지 않게 되었다.

최근에는 다시 찾아온 41년 만의 높은 인플레이션으로 미·일 간에 금리 차가 벌어졌다. 엔화 가치가 급격히 떨어졌고 엔 캐리 트레이드는 되살아났다. 해외로 빠져나간 엔화가 상대적으로 단기적인 금리 차익을 노리기 위한 것인지, 다른 나라로 자산을 옮겨두려는 중장기 거래인지는 전문가들도 명확히 구분하지 못한다. 문제는 엔화 약세가 지속되어야 캐리 트레이드에서 수익을 볼 수 있다는 점이다. 엔화 가치의 변동성이 크다면 금리 차이로 얻는 수익보다 환 손실 리스크가 더 커질 수 있다. 이 글을 쓰던 중 2024년 8월 1일 일본이 단기 정책금리를 기존 0.1%에서 0.25%로 인상했다. 엔 캐리 트레이드 청산 가능성이 다시 높아졌다.

일본의 와타나베 부인에 상응하는 미국 투자자는 '스미스 부인'으로 불린다. 만약 미국 금리가 다른 나라보다 낮다면 달러를 빌려서 금리가 높은 다른 나라에 투자해 돈을 벌어들이려 하니 원리는 같다. 2000년대 중반엔 와타나베 부인의 활동이 왕성했으나 2008년 금융위기 이후 한때 스미스 부인(달러 캐리)의 한국 증시 사랑이 각별했다. 여기에 '왕씨 부인'으로 불리는 차이나 머니(중국계 자금) 등 바깥 나라 '부인'들이 우리 증시를 기웃거리는 경우가 더 빈번해지고 있다.

금리 차익거래의
위험

엔 캐리 트레이드가 청산될 때, 엔화로 돈을 많이 빌렸는데 엔화 가치가 급등하면 심각한 문제에 봉착한다. 엔화 자금이 급히 회수되는 과정에서 국내 주식시장과 환율시장이 요동칠 수 있다. 일각에서는 2024년 8월 2일과 5일 국제적으로 주요 주식시장들이 급격하게 붕괴한 것이 엔 캐리 트레이드 청산 때문이라고 보았다.

누군가는 캐리 트레이드를 통해 성공의 단맛을 보았겠지만, 불행을 맞이한 사람도 당연히 존재했다. 2011년 내가 기획재정부 대외경제총괄과장을 하던 시기였다. 동일본 대지진이 발생했던 때는 지금 생각해봐도 아찔하다. 계속될 것만 같았던 엔저가 느닷없는 사건 때문에 엔고로 돌변했다.

그때 일본인들의 대응은 어떠했는가? 2008년 글로벌 금융위기가 발생해 한마디로 미국에서 불이 난 형국이 되자, 불을 끄기 위해 달러가 미국으로 회귀한 것과 같은 이치였다. 안전자산인 달러나 엔화는 소방수 역할을 하는 데 필요한 호스였다. 일본인들은 버블경제 때 싸게 대출해 외화로 사들였던 해외 자산을 팔아서 엔화로 바꾸었다. 바꾼 엔화는 재건에 사용되어 엔고 현상이 발생했다. 그 결과는 엉뚱한 곳에서 폭탄으로 변했다.

엔 캐리 트레이드를 실행했던 병원과 개인들이 파산했다는 소식이 여기저기서 들려왔다. 병원들은 대출 이자 부담을 조금이라도 줄이기 위해, 국내 은행에서 대출받는 대신 엔 캐리 트레이드를 사용했다. 원/엔 환율이 두 배 수준으로 오르면서 원화로 환산한, 갚아야 할 돈이 두 배로 치솟는 일이 벌어졌다. 결국 중소 병원들이 줄줄이 파산하고 말았다. 2024년 8월 1일 일본이 정책금리를 0.25%로 올리자, 한때 100엔당 800원대였던 환율이 960원(8월 5일 기준)까지 올랐다. 800원대에 엔화를 빌린 엔 캐리 트레이더들은 부담이 커졌다. 남의 나라 돈을 쓰는 것은 무척 어려운 일이다. 언제 환율과 금리의 역습을 당할지 모른다.

전례로 보아 엔 캐리 자금은 어느 시점이든 급격히 청산될 수 있다. 이는 글로벌 금융시장에 충격으로 돌아올 수 있다. 미국이 예상보다 빠르게 긴축 기조를 풀거나 인플레이션 압박으로 인해 일본이 긴축 기조로 전환한다고 생각해보자. 급증했던 엔 캐리 자금이 신흥국에서 유출될 가능성은 언제나 있다. 미국이 금리를 인상하면 신흥국에서 자금 이탈이 빠르게 진행될 수도 있기에 항상 위험 요인을 생각하는 조심스러운 행보가 필요하다.

금리 차익거래로 파산한
롱텀캐피털

천재도 못 피한 금리 차익거래의 불행

이런 위험은 노벨상을 탄 천재에게도 다가왔다. 1998년 8월 러시아는 자체적인 문제에 더해 아시아 외환위기 파고까지 겹쳐 더는 돈을 갚기 힘들다고 모라토리엄(지불 유예)을 선언했다. 러시아 모라토리엄에 놀란 헤지펀드들은 엔 캐리 트레이드를 청산하고 안전자산인 달러와 엔화로 회귀했다. 엔화는 3일 만에 13%가 올랐고, 두 달 만에 달러당 148엔에서 112엔까지 올랐다.

이 파국적인 사태에서 자주 거론되는 헤지펀드가 있다. 자본금의 30배가 넘는 1,400억 달러를 운용하던 당시 세계 최대 헤지펀드 롱텀캐피털 매니지먼트(Long-Term Capital Management, LTCM)이다. 이들의 파산도 공교롭게 러시아 모라토리엄 때 발생했다. 당시 LTCM은 만기가 30년인 신규 발행 국채와 29년 6개월인 기존 국채 간의 미묘한 금리 차에 주목했다. 신규 발행 채권이 유동성이 크고 인기가 높아, 이미 발행된 채권보다 금리가 다소 낮고 가격이 조금 비싼 것에 한마디로 목숨을 걸었다. 이 차익거래에 원금의 약 30배나 되는 엄청난 레버리지를 사용했다.

엄청난 수익을 올리는 기법(무위험 아비트리지, 무위험 수익 거래 기법)은 그들에게 세상을 다 줄 것 같았을까? 낮은 가격에 사서 높은 가격에 파는 차익거래를 '아비트리지(arbitrage)'라고 한다. 시장이 효율적이라면 동일한 채권이 지역에 따라 수익률이나 가격이 다를 경우, 이들 채권을 매매하여 수익을 지속적으로 얻게 되어 결국 지역별 수익률이나 가격이 동일해진다.

그런 수익을 얻을 수 있다는 기쁨도 잠시, 의기양양해진 LTCM에 신은 저주의 화살을 쏘았다. 시장 불안과 함께 변동성이 커져서, 1997년 노벨경제학상을 받은 마이런 숄스와 로버트 머튼이 합류해 천재들의 헤지펀드로 불렸던 LTCM의 높은 수익률 파티는 끝났다. 한순간에 LTCM은 파산했고 투자했던 자산은 물론 평생 쌓은 명성까지 다 날려버렸다.

차익거래는 늘 예기치 않은 결과를 초래한다는 사실을 금과옥조로 새기며 명심해야 한다. 환율이 경제 펀더멘털과 괴리를 일으킬 경우 캐리 트레이드는 매우 위험하다. 엔 캐리 트레이드 속성상 최초 거래 시점의 엔화 수준보다 약세가 되면 환차익이 발생한다. 반면 최초 거래 시점보다 강세가 되면 환차손이 발생하는 게 일반적인 구조다. 급격한 엔화 강세는 엔 캐리 트레이드를 청산하도록 유인한다. 그래서 우리는 금리와 환율의 관계를 제대로 살펴봐야 한다. 4장에서 이를 본격적으로 다룰 것이다.

양적완화의 원조는 일본이다. 일본은행은 2001년부터 양적완화 정책을 시행했다. 2016년부터는 장·단기 금리(수익률)를 조절하는 수익률 곡선 제어 정책(yield curve control, YCC)을 도입했다. 양적으로 질적으로 금융 완화 정책을 실시한 것이다. YCC란 10년물 국고채 금리의 변동 상한을 설정하고, 시장금리가 이보다 높으면 중앙은행이 10년물 국고채를 무제한 사들여 금리가 더 오르는 것을 억제하는 일본은행 특유의 통화정책이다.

2022년 12월 일본은행의 금융정책결정회의는 10년물 금리의 변동 허용범위를 0%±0.25%에서 0%±0.50%로 확대했다. 2023년 7월 30일에는 일본은행이 10년물 국고채 금리가 0.5%를 넘기는 내용의 YCC 수정을 결정했다. 10년물 국고채 금리가 1%까지 상승하는 것을 허용한 것이다. 한때 시장은 금리 상승으로 인해 바닥에 있던 엔화가 급격하게 강세로 바뀌었고 일본 국채 금리가 상승하면서 엔 캐리 트레이드의 청산 가능성이 제기될 수 있음에 촉각을 세웠다.

시장에서 거래되는 일본의 10년물 국고채 금리가 1%대까지 올라간다는 건 가계에서 주택담보대출을 받거나 기업에서 투자 자금을 조달할 때 발생하는 여신 금리도 높아진다는 것을 의미한다. 일본은행이 YCC 정책을 수정한 가장 큰 이유는 0.5%에 10년물 국고채를 무제한 매입했을 때 나타나는 부작용 때문이다. 일본은행이 10년물 국고채 금리 상한선을 0.5%로 한정 짓고 이를 무제한으로 매입하면 시장에서 납득하는 금리 수준과의 격차가 크게 벌어질 수 있기 때문이다. 금리를 너무 엄격하게 억제하려고 들면 채권시장에 악영향을 미칠 수 있다.

일본 정부는 당시 지속적인 금융 완화를 위해 노력할 것이라

며 엔화의 급격한 변동을 원하지 않는다는 발언을 했다. 그도 그
럴 것이 2023년 일본 경제는 엔화 약세로 33년 만에 최고의 주
식시장과 높은 경제 성장률을 달성했으니 당연한 입장 표명이라
하겠다. YCC 정책 변화가 본격적인 엔 캐리 트레이드 청산의 시
발점으로 보기에는 시기상조라는 시각은 일본의 경제 상황과 정
부의 정책을 보면 납득이 된다. 일본이 마이너스 금리를 폐지하
며 YCC 정책도 공공연하게는 역사적으로 사라졌다. 일본은행
의 상장지수펀드(ETF) 매입도 중단했다. 국채 매입 방식은 장기
금리의 변동이 현저하게 나타날 경우 수익률 목표치를 지정해서
그에 부합하는 수준까지 사들이는 방식으로 바꾸었다.

그런데 미국 월스트리트에서는 수십 년 동안 지속돼온 '엔 캐
리 트레이드' 선호가 '위안 캐리 트레이드'로 옮겨가고 있다는 소
식이 들려온다. 달러에 대한 위안화 가치가 역사적 약세 국면이
기 때문이다. 중국 통화 가치의 초약세에 '위안 캐리 트레이드'가
유행한다는 이야기에 너도나도 귀가 솔깃하다. 월가에서는 위안
화를 빌려 인도와 브라질, 멕시코, 콜롬비아 통화에 투자할 것을
권했다. 2023년 7월 남미 브라질의 기준금리는 연 13.25%였다.

그렇다고 엔 캐리 트레이드의 인기가 완전히 사그라질까? 그
렇지 않다. 2023년 브라질 헤알화, 멕시코 페소화 등으로 구성된
통화바스켓에 대해 엔 캐리 트레이드를 구사한 투자자들은 엄청
난 수익률을 얻었다. 중국 인민은행이 외환시장에 적극적으로
개입할 가능성이 있으므로 위안 캐리 트레이드가 좋은 전략이
아니라는 평가도 있다. 문제는 세상은 돌변한다는 점이다. 부지
불식간에 비정상적인 것의 정상이 일어날 수 있다.

흔들리는 부의 공식 3

단기 금리는 연준의 기준금리에 영향을 받고,
장기 금리는 경기 전망을 따르는가?

반드시 그렇지는 않다. 우리는 이 장에서 채권 금리와 가격은 서로 역의 관계를 갖는다는 것을 알았다. 연준이 시장에 채권을 팔면 가격이 하락하니 금리가 상승하게 되고, 반대로 채권을 사면 가격이 상승하니 금리가 하락하게 된다.

연준이 단기채를 많이 팔면 단기채 가격은 낮아지고 단기 금리는 상승한다. 연준이 장기채를 계속 산다면 장기채 가격은 오르고 장기 금리는 하락할 수도 있다. 높은 기준금리 수준에도 불구하고 인플레이션율이 계속 높아지면 연준은 수익률 곡선의 모양을 만드는 데 개입할 수 있다.

연준의 시장 개입에 따라 장·단기 수익률 곡선의 움직임은 달라질 수 있다. 장기 금리는 경기 전망을 담게 돼 경기 침체가 우려될 경우에는 단기 금리보다 낮아진다. 그러나 경기 전망과 무관하게 연준이 개입하면 얼마든지 장기 금리가 단기 금리보다도 낮아지는 모양새를 띨 수 있다는 말이다.

시중은행은 낮은 단기 금리로 예치한 돈을 장기 고금리로 빌려주는 게 상식이다. 만약 연준이 의도적으로 장·단기 금리 역전을 만들어내는 경우라면 어떤 일이 발생할까? 은행은 역마진 구조에 직면해 자금 운용의 어려움에 처할 수 있다. 높은 인플레이션 상황에서 연준은 단기 금리가 장기 금리보다 오르는 걸 선호한다. 장기 금리가 오르면 은행이 자금 운용을 하는 데 큰 문제가 없어 돈이 더 잘 돌아 인플레이션이 고착화할 여지가 있기 때문이다. 단기 금리의 경우 애초에 연준 기준금리의 영향을 가장 크게 받기 때문에 시장의 영향력보다는 연준의 영향력이 크다. 연준이 빠르게 기준금리를 올리면 단기 금리도 덩달아 빠르게 오른다. 2022년 0.5%포인트 인상(빅 스텝), 0.75%포인트 인상(자이언트 스텝)이 실행되었다.

연준은 단기 금리 속도를 매우 빠르게 만들고 장기 금리 속도는 늦춰서 장기 금리가 단기 금리보다 낮아지도록 인위적으로 조정한 것이다. 2022년보다 2023년 기준금리가 높아지니 단기 금리는 상승했다. 2023년 많은 투자자가 미 국채 30년물을 ETF로 샀다. 10년물 이상 장기 국채의 가격은 2022년 하반기 급등하다가 2023년 하락한 후 미국 경제 연착륙 신호로 다시 상승했다.

경기 침체를 예상하고 미 국채 30년물에 투자하는 것은 상당히 위험하다. 미국의 경제 성장세가 견고하다고 가정해보자. 인플레이션을 제외한 실질 금리가 정상적이라면 장기 금리가 높아야 한다. 다시 말하면, 투자자의 기대와 달리 인위적으로 조정된 장·단기 수익률 곡선은 다시 정상화될 수 있다. 경기 침체 위험이 완화되면서 기준금리가 더 높게 더 오랫동안 유지된다면 장기 국채를 매입한 투자자들은 긴 시간 싸움을 해야 할 수밖에 없다.

4장

금리와
외환시장

고정환율제도와
변동환율제도의 이해

> 금리와 환율 관계를 이해하는 출발점

USD/KRW(원/달러)=1,250원[*]이라고 하자. 그러다가 1달러의 가치가 1,200원으로 변경된다면 어떤 의미일까? 원화 가치가 절상했고, 환율은 하락했다고 보면 된다. 반대로 USD/KRW(원/달러)=1,300원이 된다면, 원화 가치가 절하했고 환율은 상승했다고 말한다.

금리가 대내적인 돈의 가치라면 환율은 대외적인 돈의 가치다. 즉 환율은 다른 통화와의 비교로 드러내는 상대적 가치다. 전 세계 환율은 기축통화인 달러를 기준으로 삼고 있다. 환율의 급

---

* '원/달러=1,250원'이란 미국의 1달러를 사려면 원화 1,250원이 필요하다는 뜻이다. 세계 표준으로는 USD/KRW=1,250원으로 표기한다. 'USD/KRW'가 국제관례에 맞는 표기다. 참고로 유로, 파운드, 뉴질랜드 달러, 호주 달러의 환율은 예외적으로 €/USD, £/USD 등으로 표기한다.

등락은 자국 경제를 불안정하게 만들기에 각국 정부와 금융당국은 환율의 추이를 면밀히 살피게 된다. 환율이 일정 수준을 유지해야 각 경제 주체는 안심하고 경제 활동을 한다.

자국 화폐와 외국 화폐가 교환되는 추상적 공간을 외환시장(foreign exchange market)이라고 한다. 환율은 바로 외환시장에서 외환에 대한 수요와 공급에 의해 결정된다. 환율이란 외환시장에서 거래되는 외환의 가격이다. 국가 간의 모든 거래는 달러나 원화 같은 화폐 이동을 수반한다. 이 과정에서 환율은 물가 수준, GDP, 국제수지 등에 큰 영향을 미친다.

> 원/달러 환율의 상승 = 달러 가치 상승 = 원화 가치 하락
>
> 원/달러 환율의 하락 = 달러 가치 하락 = 원화 가치 상승

외환시장에서 외환에 대한 수요는 언제 발생할까? 외국 제품을 수입하고 결제 대금을 지불하는 경우가 있다. 국제 투자를 할 때도 원화를 투자국 통화로 바꾸어야 한다. 해외에 체재하는 가족에게 송금을 할 경우 체재국 통화로 환전해야 한다. 이처럼 다양한 원인이 존재한다. 외환 공급을 결정하는 요인은 반대로 생각하면 될 것 같다. 수출하고 받은 대금을 국내 통화로 환전할 수 있다. 해외 거주자의 국내 투자도 원인이 될 수 있다.

외환시장에서 외환을 필요로 하는 수요자와 외환을 국내 통화로 교환하고자 하는 공급자의 교환 의지가 일치하는 수준에서 환율이 결정된다. 외환의 초과 수요는 환율 상승으로, 외환의 초과 공급은 환율 하락으로 이어진다. 균형점에서는 외환의 초과

브레턴우즈 체제와 킹스턴 체제

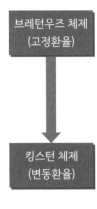

브레턴우즈 체제
(고정환율)

- 1944년 미국 뉴햄프셔주의 도시인 브레턴우즈에서 각국 간에 합의된 환율제도
- 미국 달러와 금의 교환 비율을 일정하게 고정
  → 다른 모든 나라의 환율을 미국의 달러에 고정
- 국제통화기금(IMF)과 세계은행(IBRD) 창설
  → 고정환율제도를 관리, 세계의 중앙은행 역할 수행

킹스턴 체제
(변동환율)

- 1976년 자메이카의 수도 킹스턴에서 각국 간에 합의된 환율제도
- 우리나라: 1990년 변동환율제도를 도입(시장평균환율제도), 1997년 말 외환위기 이후 그해 12월 환율의 변동폭 제한을 폐지하여 완전 자유 변동환율제도로 이행

수요나 초과 공급은 없다.

변동환율제도를 채택하는 경제에서는 외환시장의 수급 상황에 따라 환율이 자유롭게 변동된다. 만일 국내의 국민소득이 증가한다면, 국내에서 생산된 재화에 대한 수요가 증가함은 물론 외국에서 생산된 재화에 대한 수요, 즉 수입도 증가할 것이다. 수입이 증가하면 해외로 지불해야 할 수입 대금이 증가하게 되어 외환 수요가 늘어날 것이다.

반면 중앙은행이 외환시장에 개입해 주요 국가들의 통화와 자국 통화의 교환 비율을 일정하게 유지하는 제도를 고정환율제도라고 한다. 1970년대 초까지 세계 대부분의 국가는 고정환율 성격의 환율제도를 채택했다. 1973년 브레턴우즈 체제 붕괴 이후 서방 선진국을 중심으로 킹스턴 체제인 변동환율제로 변화해나 갔다.

고정환율제도와
1997년 아시아 외환위기

정부가 개입해서 환율을 달러에 고정하면 환율 변동이 생기지 않아 환위험이 제거된다. 이런 고정환율제에서는 자국의 환율을 특정 수준으로 유지하는 것이 최우선 과제다. 환율이 고정되어 있으니 무역을 하는 사람이나 자본 거래를 하는 사람이나 환율 변동에 신경을 쓰지 않아도 된다. 소위 말하는 환 헤지가 필요 없다. 갑작스러운 환율 변동으로 손해를 입을 염려도 없다.

환율에 관한 불확실성이 없어 국제 무역과 국가 간 자본 거래가 활발하게 행해질 수 있는 여건이 조성된다. 환율이 변동하지 않기에, 환율 변동성을 노리는 투기성 단기 자본의 이동도 크게 문제되지 않는다. 물론 아시아 외환위기처럼 통화가 과대평가되어 있다면 투기자본의 타깃이 될 수도 있다.

그렇다면 왜 세계 외환시장은 변동환율제로 옮겨갔을까? 어느 나라가 고정환율제도를 채택했는데 환율이 변동하지 않아 만성적으로 수입이 수출을 초과하는 국제수지 불균형이 생긴다고 생각해보라. 환율이 고정되어 있다면 이런 국제수지 불균형이 발생해도 자동적인 시장 조정이 이루어지지 않는다. 만성적인 국제수지 적자 상태에서 당국이 개입해 환율을 고정시키는 비용은 막대하다.

환율을 일정 수준으로 유지하기 위해서는 중앙은행이 충분한 외화준비금(외환 보유액)을 확보해야 한다. 외화준비금이 넉넉하지 않다면 국제자본의 먹잇감이 될 수 있다. 고정환율을 유지하려면 정부가 시장에 적절히 대응해야 하며 관리에 실패하면 외환시장이 요동칠 수 있다. 상황에 따라 통화 가치 하락 압력이 급격히 커질 때를 생각해보자. 자국 통화 가치를 방어하기 위해 정책당국은 외환시장에서 자국 통화를 엄청나게 사들여야 한다. 이 경우 고정환율제도 채택에 따른 유지비용이 커진다.

고정환율제도를 채택할 경우에는 수입이 늘어 국제수지 적자가 계속 발생하는데도 환율이 변할 수 없다. 정부는 수입 억제를 위해 긴축 정책을 사용할 수밖에 없다면 얼마나 불행한 일인가! 이는 자칫 경제 불황과 실업을 야기할 수 있다. 수입을 통제한다면 자유무역에 위배되고 장기적으로는 자원 배분을 왜곡해 경제의 효율적인 발전을 저해할 수 있다. 지난 1997년 아시아의 외환위기 상황은 고정환율제도의 단점을 이야기하는 대표적 사례다.

그때의 상황을 좀 더 세부적으로 파악해보자. 태국에서 발생한 외환위기가 싱가포르, 인도네시아, 말레이시아, 필리핀 같은 주변 동남아 국가로 전염되었다. 발단은 태국 밧(baht)화가 고평가되어 있다는 인식에서 출발했다. 태국 당국은 자본 통제와 주변국과의 협조를 통해 1996년 12월, 1997년 2월, 1997년 5월 세차례 투기자본의 공격을 막아내려 했다. 환율 방어를 위해 사용한 외환 보유고는 고갈되었고 마침내 태국 정부는 백기를 들고 변동환율제로 옮겨갔다. 이후 필리핀, 말레이시아, 인도네시아도 같은 길을 따르게 되었다.

이어서 대만의 뉴타이완 달러(NTD)도 공격을 받았다. 이미 변동환율제를 채택했던 대만 중앙은행은 환율 방어를 쉽게 포기했다. 연이어 홍콩이 공격을 받고 홍콩 증시가 폭락했다. 이로 인해 홍콩발 단기 부채에 크게 의존하고 있던 한국에 불이 옮겨붙게 된다. 여기서 그치지 않고 다음은 인도네시아가 위기의 중심이 되었다.

이런 연쇄적인 사건들로 인해 아시아 지역의 경기가 침체된 것은 물론이다. 이들 위기 지역에 자원을 수출했던 러시아와 남미의 무역수지도 악화했다. 러시아는 끝내 모라토리엄을 선언했다. 위기는 동유럽과 남미로 확산되었고 세계 경제는 침체일로에 들어섰다.

자국 통화의 환율을 기축통화인 달러에 고정시키는 일명 '페그(peg)제' 국가는 여전히 존재한다. 페그는 못이나 말뚝을 뜻한다. 많은 나라가 1997~1998년 아시아, 남미, 러시아 같은 신흥국에서 통화 위기가 몰려오자 달러에 대한 페그를 포기했지만, 산유국인 사우디아라비아, 아랍에미리트연합(UAE), 카타르는 여전히 달러 고정환율제를 채택하고 있다. 중계무역 국가인 홍콩과 싱가포르는 일정 범위(밴드) 내에서 달러화에 대한 환율을 유지하는 준페그제를 실시하고 있다.

이들 나라가 달러 페그제를 채택하는 데는 나름의 이유가 있다. 산유국은 국제 석유시장의 결제 통화가 달러이기 때문에 자국 통화를 달러에 고정할 필요가 있다. 홍콩과 싱가포르도 무역 거래 대금이 주로 달러로 결제되므로 국내 통화시장을 안정시키기 위해서 달러와 연동해 환율을 운영한다.

페그제를 폐지한 국가로는 스위스가 있다. 2015년 1월 스위스 중앙은행(SNB)은 유로화에 대한 환율 하한선을 포기했다. 이는 유로화와 연동된 환율전쟁에서 사실상 패배했음을 인정한 것이다. 스위스 프랑의 강세를 방어하는 과정에서 통화량이 늘어나며 자산 가격도 상승했다. 스위스 당국은 무역 흑자와 외화 자금 유입으로 통화가 절상되어 인위적인 환율 방어에 부담을 느꼈다. 유로든 달러든 페그제 국가는 고정환율제도의 운명을 어느 정도는 따라가게 된다.

변동환율제도와
환위험

변동환율제는 국제수지 불균형이 발생하면 그에 따라 환율이 변동하는 방식이다. 환율이 자동 조정되는 것이다. 이렇게 이론상으로는 각국 정부가 국제수지 불균형에 대한 염려 없이 재정 정책과 금융 정책을 자유자재로 실시할 수 있다. 반면 끊임없는 환율 변동은 국제 무역과 자유로운 자본 이동에 참여하는 이들에게는 환위험 노출이라는 숙명을 안고 살게 한다. 확실성과 예측성이 불가능하다는 점에서 고정환율제와 비교할 때 단점이라 하겠다. 이는 국제 무역과 국제 투자를 위축되게 하는 속성으로 경제 교과서에서 흔히 거론된다. 그러나 자유무역으로 교역이 늘어나고 있는 상황에서 이를 변동환율제의 단점으로 꼽기는 한계가 있다.

현실에서는 정책당국의 개입이 없는 완전한 자유 변동환율제도를 채택한 나라는 미국 말고는 없을 것이다. 변동환율제에서도 적정한 외환을 보유하는 것은 소규모 개방 국가인 우리나라 같은 나라에는 숙명과도 같다.

대개의 나라들은 환율 변동성을 줄이기 위해 외환시장에 직간 접적으로 개입한다. 환율이 상승하든 하락하든 변동성이 크지 않은 게 중요하다. 환율이 폭등하거나 폭락한다면 당국이나 국 민은 경제 상황을 우려하고 환율에 적응할 시간이 없어 난감해 질 수 있다. 이때는 정부가 나서서 환율을 진정시켜야 한다. 정책 당국이 외환시장에 수시로 구두 개입을 하는 이유다. 구두 개입 은 정부가 입으로 "환율 변동성을 좌시하지 않겠다"라고 엄포하 는 것이다. 그 덕분에, 급격히 변동하던 환율이 한 템포 쉬어갈 수 있다. 그렇게 잠시 호흡을 가다듬고 냉정을 찾아 환율이 제자 리를 찾게 되면 천만다행이다.

기획재정부 외화자금과나 한국은행이 외환시장에 직접 뛰어 들면 외환시장 직접 개입에 해당한다. 환율이 폭등하면 정부는 그동안 모아둔 달러를 매도해 외환시장을 안정시키려 한다. 시 중에 달러가 넘쳐 환율이 무섭게 하락한다면 달러 매수 개입을 하는데 달러를 사서 한국은행 외환 보유고에 쟁여두게 된다.

우리는 환율이 시장 기능에 따라 변동하는 세상에 살고 있다. 그렇더라도 정부의 스무딩 오퍼레이션(smoothing operation)은 불가피하다. 외환시장에서는 환율이 한 방향으로 지나치게 급하 게 움직이는 경우가 종종 발생한다. 흔히 쏠림 현상이 일어났다 고 한다. 과도한 쏠림 현상을 완화하려면 정부나 중앙은행이 시 장에 개입하지 않을 수 없다. 변동환율제를 채택하고 있더라도 환율이 급격하게 변동하는 것은 바람직하지 않다. 어느 정도의 변동 폭을 유지하려는 노력을 기울이는 것은 외환당국의 숙명과 도 같다. 환율이 상승하고 하락할 때의 효과는 통상적으로 아래 그림과 같다.

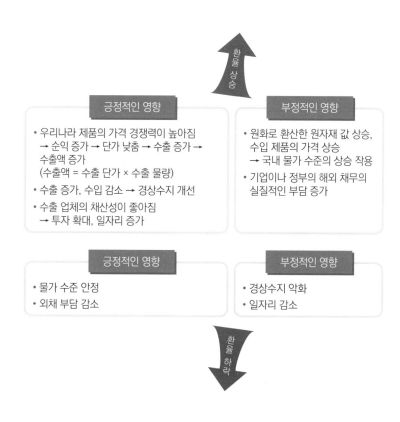

환율이 오르면 수출이 늘어난다. 외국 입장에서는 한국 기업 들의 제품이 싸져서 많이 살 수 있기 때문이다. 반대로 우리나라 는 수입을 줄이게 된다. 수출이 늘고 수입은 줄어 자연스레 경상 수지가 개선된다. 이는 수출 기업의 채산성 향상, 경상수지 개선, 투자 확대와 일자리 증가라는 선순환을 일으킬 수 있다. 최근에 는 환율과 수출의 관계가 점점 약화하고 있다는 분석도 자주 제기된다. 한편 우리나라는 석유나 원자재를 대부분 수입한다. 환율이 오르면 이들을 웃돈을 주고 사야 하기에 물가가 오른다. 기업이나 정부가 끌어다 쓴 원화 환산 부채도 증가한다.

이처럼 환율이 인상되면 좋은 점과 좋지 않은 점이 있음을 함께 고려해야 한다. 원화 가치가 하락하면 외국인들은 한국 기업에 투자하는 것을 망설일 수 있다. 한국에서 투자로 수익을 내도 환율이 오르면 원화를 달러로 바꾸는 과정에서 수익이 감소할 우려가 있기 때문이다. 연이은 환율 상승은 국내 주식시장에는 재난이다. 외국인은 환차손을 입는 것을 싫어한다. 환율과 주가는 반대로 움직이는 경향이 있다. 물론 과도한 상승으로 한국 주식 가격이 싸 보이면 외국인이 어느 순간 주식을 사들일 수도 있다. 원화가 강세로 돌아설 것이란 확신이 있기 때문이다.

그렇다면 환율을 상승시키는 요인은 무엇일까? 머리가 아프니 3가지 정도만 기억하자. 전쟁이나 질병, 자연재해, 글로벌 금융위기 같은 상황이 벌어지면 달러 같은 안전자산에 대한 수요가 증가한다. 우리나라 경제 상황이 좋지 않아 금리를 내리면 원화 가치가 상대적으로 하락한다. 외국의 경제 상황이 좋아져서 금리를 올리면 원화 가치가 상대적으로 약화될 수 있다. 미국의 고물가로 인해 미국 기준금리가 한국 기준금리를 초과하니 원화 약세가 실현된다. 우리나라는 수출이 부진하면 외화 공급이 부족해지고 환율은 오르게 된다.

환율이 하락하는 요인은 반대로 생각하면 되는데 우리나라의 경쟁력이 좋아지는 요인들을 거론할 수 있다. 한국 기업의 생산성이 향상되면 제품이나 서비스의 가격이 하락해도 경쟁력을 갖추게 되니 환율이 하락한다. 미국의 기준금리가 낮아지면 환율이 하락하게 된다. 달러 가치가 하락하면 투자자들은 신흥국으로 눈을 돌릴 수 있고 우리나라에 투자를 늘려 외화 공급이 늘어나 환율이 하락한다. 참고로, 우리나라는 채권시장과 주식시장에서는 여전히 신흥 시장으로 분류되고 있다. 환율이 하락하면 수입에 유리해진다. 해외여행을 할 때도 낮은 환율로 환전할 수 있어 이득이다. 반대로 수출 기업에는 불리한 조건으로 작용한다. 환율이 인상됐을 때와는 반대의 결과가 벌어진다.

중국의 독특한 환율제도

중국인민은행이 기준 환율을 정할 때 고려하는 요인은 무엇일까? 최근 역내외 시장 환율과, 주요국 통화 가치의 묶음인 통화바스켓이 준거가 된다. 인민은행이 기준 환율을 정한다는 것은 정부가 환율에 개입할 여지가 있다는 뜻이다. 중국은 2005년 환율제도를 개혁하면서 달러당 8.27위안이었던 고정환율제도를 폐지하고 관리변동환율제를 도입했다. 선진국 통화 외에 신흥국 통화도 포함하는 복수통화바스켓을 적용해서 일중 변동 폭을 제한했다. 2008년 글로벌 금융위기 때와 2014~2015년 중국 금융시장 붕괴 위기 때 달러 페그제로 회귀한 적도 있다. 위안화 가치의 급격한 하락을 방어하기 위한 긴급 조치였다.

환율의 예측은
거의 불가능하다

실생활을 파고든 환율, 강력한 미국 파워

연초가 되면 각종 언론은 올해의 환율을 예측하기 바쁘다. 하지만 거의 매번 설 무렵에 읽은 환율 예측 기사와 추석 무렵의 실제 환율을 대조해보면 그게 얼마나 헛된 기사인지 쓴웃음이 날 때가 많다. 그럼에도 불구하고 환율 예측은 나라 살림살이는 물론 수출 기업의 수익성 확보를 위해 매우 중요하다. 팍팍한 살림살이에 환율까지 오르면 수입 물가가 상승해 서민의 지갑은 얇아진다.

내가 정부에서 일하던 초창기인 1990년 초에서 이후 2008년 글로벌 금융위기가 터지기 전까지, 환율은 어느 정도 높아야 한다는 게 높은 분들의 신념이었다. 소위 고환율론자가 득세했다는 말이다. 우리나라는 원천 기술이 없으니 가격 경쟁력이라도 있어야 한다는 게 그분들의 주장이었다.

"달러당 1,100원대 중반은 수출 기업 채산성의 마지노선이다. 발권력을 동원해서라도 환율을 방어하겠다."

이에 대해 독자들의 견해는 저마다 다를 수 있겠다. 처한 상황이 다르니 말이다.

위기 국면도 아닌데 1,300원대, 1,400원대를 오르내리는 환율을 보고 있노라면 마음이 무거워진다. 고환율이 항상 좋은 것은 아니다. 적정 환율을 유지하는 게 바람직하다. 그렇다고 환율이 너무 내려가도 우리 기업의 수출 경쟁력을 떨어뜨리니 좋지 않은 면이 있다고 생각한다. 우리나라 환율은 그동안 1,100원에서 1,250원 사이에서 움직이는 게 일반적이었다. 그 정도면 우리 경제 현실을 제대로 반영하고 있다고 본다. 수출을 늘리고 경제 성장률을 높이는 것도 중요하지만 물가 안정 기조 역시 긴요하다.

내가 국제금융 업무를 하는 동안 '환율 조작국의 딜레마'라는 멍에는 마음 한구석을 불편하게 했다. 미국 정부는 우리나라를 비롯해 다수 국가를 환율 관찰 대상국으로 지정했다. 중국, 일본, 독일, 이탈리아, 인도, 말레이시아, 싱가포르, 태국, 대만, 베트남, 멕시코 등이 해당 리스트에 포함되었다. 이런 리스트를 만든 미국의 변을 한번 들어보자.

"(미국) 정부는 세계 경제 회복을 위해 주요 무역 대상국들이 주의 깊은 정책 수단을 사용하기를 강력 권고한다."

미국 재무부는 수출 경쟁력을 유지하기 위해 각 나라 외환당국의 개입을 환율 조작이란 개념으로 규정하며 맞서왔다. 이는 '교역촉진법(Trade Facilitation and Trade Enforcement Act)'과 '종합무역법(Omnibus Trade and Competitiveness Act)'에 근거한 것이다. 미 재무부는 반기별로 환율 보고서를 작성해 연방 의회에 제출한다. 주요 교역 상대국의 경상수지, 대미 무역수지, 외환시장 개입 경향성을 분석한 내용이다. 이는 외국이 수출 경쟁력 제고를 위해 인위적으로 자국 통화를 평가절하하는 행위를 규제하는 장치로 활용된다. 두 법에 명시된 기준에 따라 환율 조작 여부를 판단한다.

2015년 무역촉진법의 기준을 살펴보자. 지난 1년간 200억 달러를 초과하는 대미 무역 흑자, GDP의 2%를 초과하는 경상수지 흑자, 12개월 중 6개월간 GDP의 2%를 초과하는 외환을 순매수했다면 외환시장 개입에 해당한다. 이 3개 항목 가운데 2개에 해당하면 관찰 대상국이고 3개를 모두 충족하면 심층분석국으로 분류된다.

2021년부터 무역 흑자 기준을 상품뿐 아니라 서비스를 포함해 150억 달러로 조정했다. 경상수지 흑자는 GDP의 3% 기준으로 바뀌었다. 외환시장 개입도 12개월 중 8개월로 변경했다. 조사 대상을 대미 교역액 기준 상위 20개 국가로 한정했다. 특정국이 환율 조작국으로 지정되면 미국 정부는 법률에 따라 해당 국가에 경제적 불이익을 가할 수 있다.

제재 수단은 미국 기업이 해당 국가에 투자할 때 금융 지원 금지, 미국 연방정부 조달시장에 참여 금지, IMF를 통한 환율 압박이 있다. 한국의 경우는 대미무역 흑자와 경상수지 흑자에 해당돼 관찰 대상국으로 지정된 게 한두 번이 아니다.

이처럼 모든 게 미국 중심으로 돌아가는 세상에서 환율을 바라보는 마음은 늘 편치 않다. 수출로 먹고사는 나라에서 환율의 영향은 막대하다. 그렇다고 환율을 신성불가침한 절대가치라고 치켜세울 필요는 없다. 기술 경쟁력을 갖춘다면 그게 더 우위가 될 수도 있다. 수출 경쟁력 유지와 물가 안정을 모두 감안하는 조화로운 시각에서 환율을 바라봐야 한다.

국가 공무원이었을 때 나 역시 환율의 가치 방어를 중요하게 바라보았다. 그럴 때마다 문득 이런 생각이 들었다. 미국은 다른 나라를 관찰하는데 도대체 세상은 미국을 어떤 근거를 토대로 관찰하고 있는 것일까? '미국의, 미국에 의한, 미국을 위한' 세계에서 도대체 이 거대한 나라를 견제하는 기능은 과연 작동하는지 늘 궁금했다.

가끔 나는 환율의 방향성에 대한 질문을 받는다. 2022년 연합뉴스경제TV '조원경의 이슈피디아'에서 진행자가 내게 이런 질문을 던졌다.

"환율이 1,400원을 넘을 거라고 전망하시나요?"

"네."

그때 내 답은 그랬다. 이후 얼마 후 같은 프로그램에서 다시 질문을 들었다.

"환율이 1,500원을 넘을까요?"

"잘 모르겠습니다."

그렇게 대답하고 돌아오는데 며칠 뒤, 기획재정부를 퇴사하고 삼성전자에서 임원으로 승승장구하던 국제금융국 출신 지인이 카톡을 보냈다. 환율이 1,500원을 넘을 것 같으냐는 동일한 질문이었다. 나는 그냥 감으로 답신을 보냈다.

"아니."

환율은 의외로 많은 사람의 삶에 영향을 끼친다. 해외여행이나 출장을 갈 때 환전은 필수다. 일정 금액은 달러로 가져가는 게 환율 변동에 신경을 쓰지 않아도 되어서 좋다고 생각한다. 나는 해외 근무를 길게 해 환율과 관련한 개인적인 에피소드가 많다. 누구는 IMF 외환위기 이전에 유학을 가서 차를 샀는데, 외환위기가 터져서 차를 팔고 한국 돈으로 환전했더니 구입 가격보다도 많아서 고환율 덕을 크게 보았다고 했다. 2022년 이후 고환율이 지속되자, 미국에 유학생 자녀가 있는 부모는 미국으로 송금할 때마다 환율이 호환 마마처럼 무섭다는 것을 절감했다.

2005년에 내가 워싱턴 D.C.로 갈 무렵 환율은 평균적인 수준이었다. 얼마 지나지 않아 원화 강세가 발생했다. 나는 괜히 많은 돈을 환전했다고 후회했다. 2009년 2월 귀국을 전후로 해서는 수중의 돈을 무조건 재빨리 환전했다. 글로벌 금융위기로 인한 환율 급등은 단 몇 달 진행되는 이상 현상이었기 때문이다. 그냥 원화로 바꾸는 게 상책이라 믿었다.

2008년 글로벌 금융위기가 터진 직후 한국은행과 연준 간에 한미 통화스왑이 급박하게 체결된 상태였다. 통화스왑이 체결되면 약정 기간 중 어느 시점에 실제 상대국 통화가 필요한 경우에만 마이너스통장처럼 한쪽이 자금 인출을 요청할 수 있다. 상대(연준 등)는 계약 조건에 따라 인출과 사용을 허용해준다. 연준 통화스왑 자금은 2008년 12월 4일부터 2009년 1월 22일까지 5차례에 걸쳐 163억 5,000만 달러가 공급되었다. 한미 통화스왑 계약은 위기 상황을 반영해 2009년 2월 4일과 6월 26일 각각 6개월과 3개월씩 연장되었다. 환율은 통화스왑과 위기 진정으로 급속도로 안정을 찾아갔다.

환율을 대할 때 우리는 예측 불가능성을 받아들여야 한다. 그저 운이 좋아 얻은 결과는 겸허하게 받아들여야 한다고 믿는다. IMF 외환위기도, 글로벌 금융위기도 엄청난 고통을 준 사건이다. 그런 위기 시에 환율로 돈을 조금 벌었다고 떠드는 것은 옳지 않다고 생각한다. 외환시장에 개입하는 공무원이나 한국은행 직원도 환율의 변동성을 줄이는 데 목적이 있지, 가격을 조작하거나 예측하는 능력은 없다는 것을 독자들이 알았으면 한다. 고물가, 고금리, 고환율은 한 몸처럼 채무자나 사업자의 목을 죄기에 환율에 대한 이야기는 가급적 삼가는 것이 좋다고 믿는다.

달러는 어떻게
세계의 통화가 되었나?

양차 세계대전 이후 막대한 금을 보유하게 된 미국

21세기 초반까지 전 세계 무역·금융시장을 장악하고 있던 돈은 영국의 파운드화였다. 제1차 세계대전 이후 파운드화가 급속도로 힘이 빠지면서 국제 통화시장은 혼란에 빠졌다. 파운드화를 대체할 만한 통화가 없었던 만큼 글로벌 무역시장에서는 또다시 금이나 은이 오가기 시작했다. 이후 미국은 제2차 세계대전 중인 유럽을 대상으로 군수 물자를 공급해 막대한 금을 축적했다. 이를 바탕으로 달러의 힘을 키우기 시작했다. 그리고 마침내 1944년 44개국 지도자들이 미국 뉴햄프셔주 브레턴우즈에 모여 '통화정책 조정을 위한 국가 간 협약'(브레턴우즈 협정)에 서명했다.

이후 금 1온스는 35달러로 고정됐고, 미국 달러가 금을 대신할 수 있는 유일한 통화 지위를 얻게 되었다. 당시 미국은 세계 금

보유량의 80%나 갖고 있었기 때문에 44개 국가는 미국의 지급 능력을 의심하지 않았다. 이를 바탕으로 미국은 전 세계에서 정치·경제적으로 큰 이득을 차지했다. 금을 앞세워 패권을 차지한 것이다.

그러나 이때까지만 해도 달러는 단지 무거운 금을 대신할 뿐, 그 이상도 그 이하도 아니었다. 그렇다 보니 전후 재건에 나선 국가들이 급속히 경제 발전을 이루면서 달러의 지위가 흔들리기 시작했다. 설상가상 미국은 달러를 쉬지 않고 찍어내 가치 하락을 부추겼다. 결국 1971년 8월 15일 리처드 닉슨 미국 대통령은 달러-금 태환 중단을 선언했다.

그렇다고 달러가 파운드화처럼 한순간에 국제 통화시장에서 사라진 건 아니었다. 전후 재건 이후 경제 대국으로 부상한 영국과 유럽 국가들, 일본 등이 세계 무역·금융시장에서 미국이 갖고 있던 힘을 나눠 갖기 시작한 것이다. 이전까지 미국 '1강' 체제였다면 그 이후에는 '1강 3중' 혹은 '2강 2중'으로 통화를 앞세운 글로벌 패권 싸움이 치열하게 전개됐다.

킹(King)달러는 연준이 금리를 계속 올리던 시기에 달러 가치 상승세를 두고 흔히들 쓴 표현이다. 상승률만 보면 달러보다 더 큰 폭으로 뛴 통화가 없지 않아 '1강'을 근거로 한 '킹'이라는 표현은 바람직하지 않다는 견해도 있다. 그러나 세계적으로 통용되는 통화 가운데 달러는 단연 '1강'이다. 달러와 함께 세계 무역·금융시장을 분할하고 있던 엔, 파운드, 유로화의 가치는 과거보다 큰 폭으로 떨어졌다.

미 달러 강세를 둘러싼
세계 경제

미국의 경제학자 로버트 트리핀(Robert Triffin) 교수의 이름을 딴 '트리핀의 딜레마(Triffin's dilemma)'는 오늘날에도 여전히 유효하다. 금본위제가 폐지된 후 달러가 기축통화로서의 역할을 한 지도 오랜 시간이 흘렀는데도 말이다.

트리핀의 딜레마란 기축통화는 신뢰할 수 있고 공급도 충분해야 하는데 현실에서는 이 두 가지 목표가 상충됨을 지칭한다. 예를 들어 미국이 무역 적자를 내야만 기축통화인 달러가 충분히 공급된다. 그런데 미국이 지속적으로 무역 적자를 내면 미국 경제에 대한 회의감이 커지면서 달러에 대한 신뢰가 깨지고 기축통화의 지위가 흔들린다. 반대로 미국이 무역 흑자를 낸다면 다른 나라들이 무역 적자 부담을 져야 하고, 세계 경제는 달러 부족으로 자금이 돌지 않게 되어 불황에 빠질 수 있다. 트리핀의 딜레마가 심화하면 위기 요인으로 작동될 수 있다.

거시경제학에는 '삼위일체 불가능 이론(impossible trinity)'이라는 것이 있다. 이론적으로 어떤 나라에서도 자유로운 자본 이동, 고정환율제(환율 안정성)와 독립적인 금융 정책, 이 세 가지 목표를 동시에 달성할 수 없다는 것이다. 오히려 이들 사이에는 갈등 관계가 존재한다.

예를 들어 자유로운 자본 이동이 보장된 상황에서 개별 국가가 독립적으로 금리를 올려보자. 그러면 금리 인상으로 자본이 유입되면서 환율이 절상되고 환율 안정성이 훼손된다. 자국 환율의 안정성 유지를 원한다면 외국 자본이 들어오는 것을 원천적으로 봉쇄하는 자본 통제(capital control) 정책을 쓰고 싶은 욕구가 생긴다. 문제는 이런 극단적인 자본 통제는 IMF나 경제협력개발기구(OECD)가 추구하는 자유로운 자본 이동의 목표를 훼손한다는 것이다.

통상 자본 통제는 한 나라의 정부가 자본 계정을 통해 자본의 유입과 유출을 규제하기 위해 사용할 수 있는 모든 형태의 조치다. 이에 비해 IMF는 자본의 유입과 유출에 영향을 끼치도록 고안된 모든 조치를 자본 유출입 관리 조치(capital flow management measures, CFM)의 관점에서 정의 내리고, 허용 가능한 자본 규제인지 판단하는 기준을 갖고 있다. 어느 나라에서 새로운 조치가 들어가면 이게 허용될 CFM인지를 유심히 관찰한다.

자본시장의 개방과 글로벌화는 신흥국의 경제 발전에 크게 기여한 면이 있다. 반면 금융위기에 대한 취약성을 높이는 부정적인 효과도 초래했다. 1997년 동아시아 금융위기, 2008년 글로벌 금융위기는 신흥국의 금융 취약성과 국제 금융 시스템의 문제점이 드러난 사건이다. 이에 따른 국제자본 이동에 관한 새로운 금융 규제 체계의 수립이 요청되었다.

2008년 금융위기 후 환율 안정을 중시하는 흐름이 나타나면서, 이전에는 금기시되던 자본 유입과 유출 관리 조치에 대해서 IMF도 인정하게 되었다. 과도한 자본 유입과 높은 자본 변동성이 존재한다면 국가가 방어적인 조치를 취하는 것은 당연하다.

많은 신흥국이 단기성 투기자본이 밀물처럼 들어와서 금융시장의 안정성을 훼손하고 썰물처럼 빠져나가는 것을 꺼린다. 브라질의 경우는 단기 자본 유입에 대하여 세금(일명 토빈세, 현재는 폐지됨)을 물리기까지 했다. 신흥국 입장에서 자본 차익을 노리는 하이에나에게 물어뜯긴 과거 전력을 생각하면 이해가 가는 대목이다. '불가능한 삼위일체'의 목표 중 하나를 희생해서라도 자국 자본시장의 급격한 밀물과 썰물을 막아내고자 하는 몸부림이었다. 미국이 호경기로 자국 금리를 인상하자 신흥국이 자본 유출이라는 몸살을 앓았다.

코로나19 팬데믹이 강타하자 그동안 미국을 비롯한 전 세계 중앙은행의 막대한 유동성 공급으로 초대형 밀크셰이크가 만들어졌다. 역사는 반복된다는 말이 자본시장에서 헛말은 아니다. 코로나19로 늘어난 유동성을 흡수하기 위해 미국은 2022년 베이비 스텝(0.25%포인트 인상), 빅 스텝(0.50%포인트 인상), 자이언트 스텝(0.75%포인트 인상)을 차례로 단행했다. IMF는 미국의 금리 인상은 결국 환율의 흐름과 연동되기 때문에 신흥국은 자본 유출과 통화 가치 하락에 처할 수 있다고 우려했다.

왜 끊임없이 달러를 찍어내는데 달러 가치는 상승할까? 궁금하지 않은가? 어떤 마법이라도 존재하는 게 아닐까? 미국의 투자자 브렌트 존슨(Brent Johnson)은 연준이 금리를 인상할 경우 달러 가치가 상승하고, 달러 강세는 전 세계의 투자 자금을 미국으로 빨아들일 것이라고 예상했다.

그동안 연준은 유동성이라는 밀크셰이크를 과도하게 공급했다. 인플레이션이라는 괴물 앞에서 연준이 큰 빨대를 꽂아 밀크셰이크를 흡수하고자 하니 전 세계가 몸서리를 친다. 연준이 금리를 인하하고 양적완화를 시행하면 신선한 우유가 밀크셰이크 병에 주입된다. 그 결과 글로벌 유동성이 신흥 시장의 고위험 채권과 주식시장으로 몰려간다.

코로나19 이후 넘치는 유동성으로 부동산, 주식, 채권, 비트코인에 이르기까지 전방위에 걸쳐 자산 가격 버블이 나타났다. 연준은 물가 불안을 막고 금융 안정성을 높이기 위해 전례 없이 큰 빨대를 꽂고 금리 인상을 단행하며 밀크셰이크를 들이마셨다. 달러화 자금은 미국 본토로 회귀하고, 금리 인상으로 위험이 커진 신흥 시장의 고수익 채권, 주식시장에서 자금이 빠져나와 안전자산인 미국의 국채시장으로 달려갔다. 달러화 강세가 이를 더욱 부채질했다.

달러 강세가 계속된다고 상상해보자. 우선 전 세계의 달러 기반 부채 총액을 감안하면 높아진 이자만으로도 부담이 커진다. 나아가 여전히 달러는 전 세계 무역에서 차지하는 비중이 압도적으로 높다. 유로, 엔, 위안화 등을 모두 합쳐도 달러의 3분의 1도 안 된다.

이 와중에 미국 국채에 대한 수요는 여전히 높다. 미국 국채의 이자율이 지속적으로 상승하면 그 매력은 더욱 강렬해진다. 미국이 전 세계 자본에 빨대를 꽂아 유동성을 흡수한다니 섬뜩함이 밀려온다. 미 달러화는 세계의 기축통화다. 미국 중앙은행의 통화정책은 미국뿐만 아니라 전 세계 경제에 영향을 미칠 수밖에 없다. 완화적 통화정책을 실시한 준기축통화국의 화폐보다 미 달러화가 그나마 가장 때가 덜 탄 셔츠라고 세계가 간주하면 어쩔 수 없이 그 셔츠라도 입어야 하기 때문이다.

달러화가 세계 각국의 외환 보유액에서 차지하는 비중은 미국의 경제 규모(25%)보다 월등히 높은 60% 안팎을 유지하고 있다. 세계 무역에서 달러화의 비중은 점점 줄어들고 있긴 하지만 여전히 약 40~45%를 차지한다. 채권시장에서도 달러화의 비중은 전체의 60%다. 이래저래 달러 밀크셰이크의 주입과 흡입에 세상은 격렬히 흔들릴 수밖에 없다. 미국 주식시장이 좋을 때 달러 밀크셰이크 이론이 힘을 발휘할 수 있었다. 만약 미국 시장이 불안한데도 달러 밀크셰이크 이론이 여전히 유효하다면 믿을 건 달러뿐이라는 안전자산 선호 심리 때문이다.

2008년 글로벌 금융위기 때 불이 난 곳은 미국이었다. 이후 희생양은 구조조정에 더딘 신흥국의 몫이었다. 팬데믹 이후에도 마찬가지 현상이 발생했다. 가끔 억울한 기분에 미국의 특권은 영원할까 하는 생각을 해보지만, 억울하면 G1(세계 1위 국가)이 될 수밖에 없지 않을까.

코로나 팬데믹 이후
강대국들의 화폐전쟁

G4 국가(미국, EU, 일본, 영국)의 광의의 통화(M2)량은 코로나19 팬데믹 기간에 급증했다. 통화 지표에는 '현금 + 요구불예금'을 지칭하는 M1이 있다. 요구불예금은 이자를 포기하고 일반적으로 즉각 현금화할 수 있어서 현금통화에 포함해 통화량을 측정한다. M1에 유동성이 조금 낮은 만기 2년 이내의 적금까지 포함하면 '광의의 통화'라 불리는 M2가 된다.

통화량이 늘자 연준은 수년간의 양적완화를 종식시키면서 금리를 계속 인상하고, 양적긴축을 단행해 인플레이션을 진정시켜야 했다. 그런데 미국과 달리 영국, 일본, EU의 조치는 느렸다. 뚜껑을 열어보면 인플레이션의 질도 달랐다. 미국은 주거비와 서비스 요금이 문제인 반면 영국과 EU는 식품과 에너지가 문제다. 주거비 문제는 금리 인상으로 어느 정도 해결할 수 있지만,

에너지는 공급 측면의 문제여서 러시아-우크라이나 전쟁이 종식되지 않는 이상 통화정책만으로 제압하기는 어렵다.

그 결과로, 당시 지배적인 전망은 미국은 물가상승률을 목표치로 되돌리는 데 빠른 진전이 예상되는 반면, EU와 영국은 당분간 인플레이션을 겪을 것이란 예상이었다. 이후 미국의 소비자물가지수(CPI)는 계속 하향했으나 영국, 일본, EU는 상승 추세를 이어갔다. EU와 영국의 CPI는 미국보다 높고 전망도 좋지 않았다. 킹달러가 이어질 수밖에 없었다.

준기축통화국들이 미국을 따라 발 빠르게 금리를 올리지 못한 데는 저마다의 경제 사정이 있다. 일본의 경우 자동차 산업을 제외하고 이렇다 할 산업이 없는 실정이다. 제조 강국 일본에서 자동차 산업은 세계적인 경쟁력을 보유한 마지막 보루다. 일본 전체 취업 인구의 8.2%, 수출의 20.5%를 자동차 산업이 담당한다.

당시는 그럭저럭 버틸 수 있었지만 문제는 앞으로였다. 30년 뒤면 일본의 자동차시장이 반토막 날 것이라고 전망했다. 미즈호은행이 2022년 4월 펴낸 보고서 "2050년의 일본 산업을 생각한다"에서는 2018년 430만 대였던 일본의 신차 판매가 2050년 225~275만 대로 36~48% 줄어들 것으로 예측했다. 디지털화의 가속과 재택근무로 인해 이런 현상이 발생한다는 것이 골자였다. 내수 시장이 그러한데, 해외 시장이라고 달랐을까? 적극적인 수술을 통해 현재 산업 구조를 바꾸는 것이 일본 경제에 필요하다는 지적이 나오고 있는 이유도 여기에 있다. 그만큼 일본 경제가 과거와 같지 않다는 것을 상징적으로 보여주는 사례였다.

이러한 우려와 달리 일본 경제는 2023년 한국 경제성장률을 능가하는 호조를 보였다. 2023년 일본의 명목 GDP가 1년 전보다 5.7% 늘어난 591조 5,820억 엔(한화 5,235조 원)으로 집계되었다. 2024년 일본 경제는 내수를 중심으로 완만한 회복세를 이어가고 있으나 극심한 엔저로 국민들은 물가 상승의 고통을 감내해야 하는 상황에 놓였다. 주식시장은 사상 최고의 역사를 썼다.

영국은 어떤가. 브렉시트(Brexit, 영국의 EU 탈퇴) 이후 경제가 수렁에 빠져들고 있다. 파운드화의 약세는 사실 국민 투표로 브렉시트가 확정된 2016년 시작되었는데, 이를 해결해나갈 정부 정책은 실패를 거듭했다.

특히 높은 국가 부채가 지속해서 골칫거리다. 정부가 보조금을 퍼붓기 시작하면서 부채가 급증했고, 영국 예산책임국(OBR)은 장기적으로 국가 부채가 GDP의 250%까지 불어날 거라고 예상한다. 이 때문에 영국 국채 금리는 한때 이탈리아, 그리스 같은 '부채 과다' 국가를 웃돌기도 했다. 이는 금융시장에서 영국의 국가 부도 위험이 이탈리아와 그리스보다 더 높다고 본 것으로, 그만큼 영국의 상황이 심각하다는 얘기다. OECD는 2024년 보고서에서, 영국이 국가 부채를 줄여야 할 대표적인 국가라고 발표했다.

이를 극명히 보여주는 사례가 또 있다. 국제 금융시장에서 오랜 전통과 권위를 자랑했던 리보(LIBOR, 런던 은행 간 금리)가 2023년 7월 사라졌다. 리보는 한때 전 세계 금융 거래의 기준 지표 역할을 했다. 금융 산업이 발달한 영국이 전 세계 금융의 중심지였기 때문이다. 이 같은 리보가 사라졌다는 건 영국이 더는 세계 금융의 중심지가 아니라는 것을 뜻한다. 2022년 파운드화는 달러 대비 가치가 37년 만에 최저치를 기록해서 달러-파운드 패리티(1파운드 = 달러)에 근접하는 수모를 겪기도 했다.

EU의 경제 상황도 어렵기는 매한가지였다. EU 경제의 부흥은 에너지 안보와 에너지 전환에 성공할지 여부와 밀접한 관련이 있는데, 러시아-우크라이나 전쟁의 대가를 톡톡히 치렀다. 에너지 전환은 유럽인의 삶과 일자리 그리고 산업 경쟁력이 걸린 문제이고, 선도국 역할을 하고자 하는 EU의 대외 이미지가 달린 문제이기도 하다. 그런 중차대한 에너지 전환 계획이 러시아-우크라이나 전쟁으로 차질이 생겼다.

이들 나라와 달리 미국은 코로나19 팬데믹의 충격 이후 크게 반등하며 경제대국으로서의 면모를 확실하게 보였다. 애플, 구글, 아마존, 마이크로소프트, 엔비디아 등 빅테크로 대변되는, 경기 민감도가 낮고 코로나19에 따른 공급망 대란에서도 비교적 자유로운 소프트웨어 중심의 정보기술(IT) 산업이 경쟁력을 유지한 덕분이다.

2022년에는 '바이 아메리칸(Buy American)' 기치 아래 제조업까지 빨아들였다. 항공모함 갑판부터 고속도로 가드레일용 철강까지 모두 미국산을 쓰자는 것이었다. 이런 다짐은 이후 '반도체 칩과 과학법(반도체지원법)'과 '인플레이션 감축법(IRA)' 시행으로 현실화되었다. 미국산 철강만을 쓰도록 한 '인프라 투자와 일자리법' 가이드라인까지 포함하면 미국산을 강조한 연두교서를 착착 실행한 셈이다.

미국 정부는 리쇼어링(reshoring), 즉 해외로 나간 제조업을 국내로 불러들이는 정책을 과감히 추진했다. 2024년 현재 해외 기업의 미국 직접투자(FDI)로 미국에 많은 일자리가 창출되었다. 그중 기업 투자로 인한 일자리 창출 기여도 1위는 한국이다.

결과적으로 2022년 미국과 영국·일본·EU의 경제·정치적 상황이 코로나19 등을 거치면서 사뭇 다른 방향으로 움직였고, 이것이 연준의 기준금리 인상과 만나 킹달러를 만들었다. 이 같은 달러 1강 체제는 생각보다 오래 이어졌다. EU는 전반적으로 재정이 취약하고 상이한 경제 구조를 가진 국가의 연합으로, 재정·경제·군사 면에서 미국에 한참 못 미친다. 유럽중앙은행 역시 그동안 자유롭게 통화를 찍어내 후유증이 크고 유로화는 통화로서의 매력이 크지 않다.

엔화는 일본 경제를 고스란히 반영한다. 엔화는 이제 국제적으로 거의 사용되지 않는다. 이런 추세는 미국이 금리를 올리는 상황에서도 일본은 과도한 정부 부채로 금리를 올리지 못하고 한동안 마이너스 금리를 유지했다는 점에서 더욱 분명해졌다. 부채가 과도하고 이자율이 낮을 뿐 아니라, 경제는 중간 수준에 불과하고 군사력도 약한 편이다. 2024년 8월 1일 단행한 금리 인상이 이런 기조를 바꿀 수 있을지 두고 볼 일이다.

파운드화 역시 경제의 펀더멘털이 약하고 정치가 시대에 뒤처져 신뢰를 잃고 있다. 파운드화 위기를 해결하기 위해 영국이 IMF에 구제금융을 신청했던 1976년 사태가 재연될 가능성도 대두되면서 영국과 파운드화의 위상은 곤두박질치기도 했다. 비록 2022년보다는 달러에 대해 절상되었으나 파운드화가 신뢰를 회복하는 데 상당한 시간이 걸릴 것으로 보인다.

이제는 킹달러라는 표현은 사라졌고, 강달러 현상은 지속되고 있지만 미국 금리 인하에 따라 다소 완화될 것으로 보인다. 달러 역시 남발되면서 신뢰가 낮아진 것은 매한가지다. 이러한 상황에서 달러인덱스나 주요국의 통화 가치는 그때그때 상황에 따라 오르락내리락할 수밖에 없다.

2008년 글로벌 금융위기 이후 미국의 대규모 재정 적자와 무역 적자가 지속되었을 때나 미국의 국가신용등급 강등, 경기 침체가 지속되었을 때는 기축통화로서의 달러 지위가 흔들리기도 했다. 그 결과 IMF에 따르면 지난 20년간 글로벌 각국의 외환 보유고에서 달러화의 비중은 최고 73%에서 2023년 58% 수준까지 낮아졌다.

그러나 분명한 건 미국이 의도를 했든 안 했든, 코로나19 이후 인플레이션 와중에 벌어진 새로운 화폐전쟁에서는 미국이 패권을 차지하는 양상으로 흐르고 있다는 것이다. 글로벌 금융위기 이후 달러의 빈자리를 중국 위안화를 중심으로 한국 원화, 호주 달러, 캐나다 달러 등이 차지한 적이 있지만 달러를 대체할 적당한 통화가 눈에 띄지 않는다. 달러와 경쟁할 만한 매력적인 기축통화가 없는 상황에서 강달러 현상이 약해진다고 해도 달러의 위상은 크게 흔들릴 것 같지 않다.

달러 보유 최적의 시점, **달러 스마일 이론**

환율에 관한 분석 중에 특이하게 '스마일'이 들어가는 이론이 있다. IMF의 경제학자이자 모건 스탠리의 이코노미스트였던 스티븐 젠(Stephen Jen)은 '달러 스마일(dollar smile)' 이론을 통해 환율에 대한 이해를 도모하기로 한다.

스티븐 젠은 세계 경제가 신용경색 같은 경제난이나 지정학적 긴장 상황에 봉착하면 기축통화인 달러의 매력이 커진다고 본다. 금융위기이든 지정학적 리스크가 고조된 시기이든 충격이 있을 때마다 자본은 위험을 기피하기 때문에 보다 안전한 자산으로 흘러간다는 것이다. 그게 자본이 흐르는 일반적인 경로다.

다음은 세계 경제의 각 국면에서 달러의 움직임을 나타낸 것이다.

달러 스마일 이론

1국면: 달러 강세
위험 회피

3국면: 달러 강세
상대적인 미국 경제 강세

2국면: 달러 약세
위험 회피 완화, 미국 이외 지역의 경제 강세

	세계 경제	금융시장	통화 선호
1국면	불안정	위험 회피	달러 선호(강달러)
2국면	불안정 또는 회복 초반 (혹은 미국 경제의 상대적 부진)	위험 회피 완화 (위험 선호 회복)	달러 이외 통화 선호 (약달러)
3국면	안정 (그리고 미국 경제의 상대적 강세)	위험 선호	달러 선호(강달러)

1국면: 위험 회피 성향으로 달러 가치 상승

투자자들은 세계 경제가 불안한 시기에는 미국의 경제 상황과 상관없이 안전한 피난처를 찾아서 미 달러화를 선호한다. 세계 경제 상황이 좋지 않을 때는 투자자 대부분이 부를 지키기 위해, 위험한 통화보다는 기축통화나 준기축통화를 보유하는 데 매력을 느낀다. 위 그림 달러 스마일의 1국면에서는 미국 달러가 위험을 회피하는 이들에게 이익이라는 것을 보여준다. 2008년 세계 금융위기를 생각해보면 이때 달러가 절상되었다.

2국면: 미국 경기가 둔화되고 다른 국가의 경기가 상대적 우위인 경우 달러 가치 하락

달러 스마일의 중간에 있는 2국면에서는 미 경제가 어려움을 겪으면서 달러가 시장에서 바닥을 친다. 이 상황에서는 미 연준의 잠재적 금리 인하가 달러를 추가로 떨어뜨릴 가능성이 있다. 투자자는 달러 매입에서 손을 떼고 고수익 통화를 선택한다. 2009년 3월 주식시장이 바닥에 가까워졌다는 확신을 심어주자 투자자들은 달러 매입에서 철수하기 시작했다. 동시에 고수익 통화 표시 주식 등에 투자했고 미국 달러는 하락했다.

달러 약세 시기에는 세계 경제 성장이 둔화되고 미국 경제는 이보다 더 둔화된다. 또는 세계 경제가 회복 초기에 접어든다. 이 시기에는 세계 경제가 미국보다 상대적으로 높은 경제 성장률을 보인다. 미국보다 국채 수익률(금리)이 높은 국가가 다수 존재할 가능성도 높다. 금융시장에서는 위험 선호가 회복되는 경향을 보여 미국 외에 경제 성장이 유망한 국가의 주식시장이 인기를 끈다. 이들 국가에 투자하려는 유인이 증대되면서 미국 이외 국가의 통화에 대한 수요가 증가한다. 이는 달러 매도로 이어져 달러 가치를 하락시키는 압력으로 작용한다.

3국면: 미국 경제가 매우 강세인 경우 달러 가치 상승

미국의 강력한 경제 성장은 더 많은 외국인 투자자를 끌어들이고 많은 자본을 유입시킨다. 이에 따라 연준은 금리 인상을 단행하고, 미국 경제는 낮은 실업률, 강한 소비자신뢰지수, 강한 GDP라는 지표에 직면한다. 달러가 활짝 웃는 단계다.

2021년 코로나19 백신 접종 프로그램이 시행되며 미국 내 봉쇄가 풀리고 수조 달러의 경기 부양 지원에 힘입어 경제가 강세를 보였다. 이는 위험 선호 심리를 촉발해서 주식 같은 미국의 위험자산 수요를 증가시켰다. 나아가 미국 달러화 수요가 증가해 달러화 가치 상승을 유도했다. 미국 경제는 기준금리 인상이 무색하게 호조를 보였다.

이런 상황에서는 누구든지 금리 인상이 누적되어 세계 경제가 침체되면 어떤 일이 벌어질지 걱정할 수밖에 없는 분위기가 조성되었다. 세계 경제가 침체되면 3국면으로부터 2국면 없이 바로 1국면으로 직행하는 상황이 일어날 수 있다.

달러인덱스의 이해와
1985년 플라자합의

달러가 강한지 약한지를 판별할 때는 어느 한 통화만을 기준으로 삼아서는 신뢰도가 떨어진다. 그래서 달러인덱스(지수) 개념이 고안되었다. 달러인덱스는 2017년 이후 100의 벽을 오랫동안 넘지 못했으나 2022년에는 115에 근접하게 상승했다. 2023년에도 달러 강세는 등락이 있었으나 전반적으로 유지되었고 세계 통화는 달러 앞에 무릎을 꿇는 형국이었다.

2022년 달러는 유로화와 엔화 대비 20년 만의 최고 강세를 보여 1달러에 1유로를 기록하기도 했다. 이를 달러-유로 패러티(parity)라 한다. 2022년 파운드화도 파운드화-달러 패러티까지는 아니지만 약세를 기록했다.

달러인덱스는 6개의 준기축통화, 즉 유로(57.6% 반영), 일본 엔(13.6%), 영국 파운드(11.9%), 캐나다 달러(9.1%), 스웨덴 크로나

달러인덱스의 통화 비중

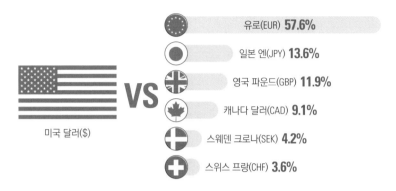

미국 달러($)

VS

유로(EUR) **57.6%**

일본 엔(JPY) **13.6%**

영국 파운드(GBP) **11.9%**

캐나다 달러(CAD) **9.1%**

스웨덴 크로나(SEK) **4.2%**

스위스 프랑(CHF) **3.6%**

(4.2%), 스위스 프랑(3.6%)에 대한 달러 가치를 각국의 무역 비중을 고려해 계산한 값이다. 유로화가 절반 이상의 비중을 차지하기 때문에, 달러 대비 유로화의 가치가 상승하면 달러인덱스가 하락하는 구조다.

우리는 외환시장에서 달러가 주식처럼 매일 거래되는 상황에서 살고 있다. 어떤 국가에서는 해당 통화 대비 달러의 교환 가치인 환율이 오를 수도 있다. 다른 국가에서는 환율이 내릴 수도 있다. 달러 환율은 국가마다 다르다. 달러의 가치가 전반적으로 올랐는지 내렸는지 파악하기가 쉽지 않다. 예를 들어 오늘 달러가 유로화에 비해 5% 하락했고 엔화에 비해서는 5% 상승했다고 가정해보자. 달러의 가치는 상승인가, 하락인가?

달러인덱스를 사용하는 것은 미국 달러의 평균적인 가치가 상승했는지 하락했는지를 쉽게 파악하기 위해서다. 달러 가치가 하락했다는 말은 결국 주요 6개국 통화와 비교했을 때 가치가 하락했다는 의미다.

달러인덱스 추이(1972~2024)

(자료: 블룸버그)

달러인덱스는 1973년 3월을 기준점(100)으로 해서 미 연준에서 발표한다. 가중치는 각 국가의 경제(무역) 규모에 비례한다. 달러인덱스 200은 달러 가치가 1973년에 비해 2배로 상승했다는 의미다. 달러인덱스 50은 달러 가치가 1973년에 비해 절반밖에 되지 않는다는 이야기다. 최초의 달러인덱스에는 10개국 통화로 독일 마르크화, 프랑스 프랑화, 이탈리아 리라화, 네덜란드 길더화, 벨기에 프랑화가 포함되었다. 이후 유로존 통합에 따라 6개 통화로 좁혀졌다. 이 국가들은 미국의 국제 거래 대부분을 차지하고 외환시장이 잘 발달했다는 공통점을 지니고 있다.

1985년은 달러인덱스가 160을 넘어 가장 높았다. 그때까지 미 달러화는 세계 시장을 좌지우지했으나 달러 강세로 인해 미국은 수년간 대외 무역에서 적자를 냈다. 1985년에 미국은 달러가 약세로 돌아서는 역사적인 계기를 만들어내는데, 당시 가장 큰 무역 상대국이던 일본을 플라자합의(달러 대비 엔화 가치 폭등)로 이끈 것이다. 이로 인해 일본은 대미 수출에서 막대한 피해를 입게 된다. 플라자합의 이후 달러인덱스는 급격하게 낮아져 불과 3년 만에 100 이하 수준이 된다.

1985년 미국, 프랑스, 독일, 일본, 영국 등 G5 재무장관이 뉴욕 플라자 호텔에 모여 외환시장에 개입했던 장면을 회고해본다. 당시에 미국은 국제 경쟁력이 약화됨에 따라 자국 화폐 가치의 하락을 막기 위해 외환시장에 개입할 필요가 있었다. 다른 선진국들은 미 달러화에 대한 자국 화폐 가치의 하락을 막기 위해 과도한 긴축 통화정책을 실시해야 했다. 환율로 인해 세계 경제가 침체되는 상황을 맞게 되자 합의를 이끄는 게 무리수는 아니었다.

1985년 9월 뉴욕의 플라자 호텔에서 회동한 5개국 대표들은 미 달러화의 가치 하락을 유도하기 위해 공동으로 외환시장에 개입하는 데 이르렀다. 일본 엔화와 독일 마르크화에 대한 미국 달러화의 가치를 절하하기로 합의한 이 상징적인 사건은 오랫동안 회자되고 있다. 그만큼 환율은 세계 경제사를 움직여온 힘이다.

플라자합의 이후 2년간 엔화와 마르크화는 달러화에 대해 각각 65.7%와 57% 절상됐다. 엔화와 마르크화에 대한 달러화의 가치 하락에도 불구하고 미국은 경상수지 적자를 개선하지 못했다. 독일과 일본은 국제 경쟁력 상실을 우려해 자국 화폐의 절상에 주저했다. 플라자합의는 더 이상 이행될 수 없는 운명에 이르렀다. 엔화 가치의 상승(엔고)은 일본 기업의 수출 경쟁력을 약화시켰다.

한국의 3저 호황이
정말 그립다

저유가, 저금리, 저달러는 어떻게 경제 성장의 기회가 됐나?

우리나라는 1980년대 중반, 단군 이래 최대 호황기라는 경제적 풍요를 누릴 수 있었다. 고금리, 고환율, 고물가의 3중고라는 암울한 현재와 대조적이던 당시를 회상해본다.

대외 의존적인 우리 경제는 강대국 간 패권 경쟁의 영향을 크게 받는다. 1980년 미국이 소련에 대해 취한 저유가 정책으로 인해 국제 유가는 배럴당 36달러에서 1986년 13달러까지 폭락했다.

당시 우리 경제를 호황으로 이끈 국제적 요인을 더 꼽자면 저금리 추세였다. 세계 각국 정부는 두 차례의 석유 파동 이후 침체에 빠진 경기를 끌어올리기 위해 저금리 정책을 경쟁적으로 실시했다. 금리가 낮아지자 기업이 투자와 생산에 적극적으로 나설 수 있었다. 가계 부채 부담도 낮아져 더 많이 소비하고 투자할 수 있어 시장에 돈이 많이 돌았다. 소위 1980년대 중반 3저(저유가, 저금리, 저달러) 호황이 이루어지면서 우리나라 경제는 연평균 10% 이상 급속히 성장하는 기회를 만났다.

세 번째 요인은 '저(低)달러'였다. 당시 저달러의 배경에는 플라자합의가 있었다. 플라자합의가 무엇인지는 앞에서 설명했다. 여기서는 금리 관점에서 미국과 일본의 정책을 살펴보기로 한다.

1970년대 말 미국은 재정 적자와 경상수지 적자라는 쌍둥이 적자 문제로 시달렸다. 주요 선진국은 달러 위기의 재발을 두려워할 수밖에 없었고, 달러화 평가절하라는 플라자합의는 고육지책의 결과였다. 1980년부터 1985년 사이 미국 달러가 일본 엔, 독일 마르크, 프랑스 프랑, 영국 파운드 대비 약 50% 평가절상된 상황도 고려되었다.

플라자합의 이후 미 달러화 가치는 하락했고 일본 엔화와 독일 마르크화 가치는 상승했다. 발표 다음 날 엔/달러 환율은 달러당 235엔에서 약 20엔 하락했다. 1년 후에는 달러 가치가 거의 절반으로 떨어져 120엔대에 거래가 이뤄졌다. 이 과정은 연준의 정책에 따른 환율 변화도 한몫했다. 미국은 국제 유가 하락에 따른 인플레이션 심리 완화로 금리를 인하했다. 그 결과 달러 가치가 급속히 하락했다. 결국 달러 가치 하락은 플라자합의 외에도 미 연준의 금리 인하라는 정책 조합의 결과물이었다.

혹자는 플라자합의를 일본의 잃어버린 20년의 원인으로 지목한다. 하지만 이는 일련의 역사적 사건을 무시한 발언이다. 플라자합의로 일본에서 '엔고 불황' 발생 우려가 제기된 것은 사실이다. 정작 문제는 일본 정부의 정책 실패였다. 일본은행은 기준금리를 인하하지 않고 5%로 동결시켰고, 무담보 콜금리는 6% 미

만에서 8%로 올렸다. 이후 엔고로 인한 우려가 불황이라는 현실로 나타난 뒤에서야 저금리 정책으로 기조를 틀었다. 이로 인해 부동산과 주식 가격은 급상승해 거품 경제를 초래하고 말았다. 엔고로 반값이 된 미국 자산 구입, 해외여행 붐, 자금이 싼 나라로의 공장 이전 등이 이어졌다.

결국 1990년에 들어와 자산 가격 버블은 터지고 만다. 리처드 쿠(Richard C. Koo)의 저서 《대침체의 교훈(Lesson from Japan's Great Recession)》을 인용하면 1990년 버블 붕괴 후 날아가 버린 자산가치가 1,500조 엔으로 이는 당시 일본의 3년 치 GDP 규모다.

IMF는 일본의 잃어버린 20년의 원인으로 거대한 버블과 일본 정부의 잘못된 정책 대응을 꼽는다. 그 배후에는 금리 정책이 있었다. 일본 정부는 거품 붕괴 징후가 보이기 시작한 이후에도 사태를 낙관하고 즉각적인 대응을 하지 않았다. 1997년 소비세 인상과 2000년대 초 닷컴 버블 시 금리 인상도 타이밍이 좋지 않았다. 통화 가치 상승의 영향을 일률적으로 말할 수 없다. IMF의 지적처럼 중요한 것은 제대로 된 정책 대응이다.

1995년 4월 엔/달러 환율 80엔이 무너지자 선진 7개국(G7)은 달러 가치 부양에 합의했다. 이런 역플라자합의의 결과는 어떠했을까? 계속된 달러 약세에도 미국 경상수지 적자가 줄지 않아, 경상수지 균형 목표를 포기하고 자본수지 흑자를 통해 경상수지 적자를 보전하는 정책을 취한다.

그 후 약달러는 강달러로 바뀌고 후폭풍이 이어졌다. 태국을 시작으로 인도네시아, 필리핀, 우리나라 등 아시아 국가들의 외환위기를 불러오는 계기가 되었다. 고금리로 대내외 환경과 금융 불안 요인에 대한 선제 대응이 세계적으로 중요해졌다.

이제 환율은 플라자합의처럼 인위적인 합의로 조정이 되지 않고 경제 기초 여건(펀더멘털)에 따라 시장에서 결정되고 있다. 혹자는 자본 자유화도 중요하나 자본시장의 급격한 쏠림 현상의 부작용을 국제 사회가 인식해야 할 시기라고 말한다.

외부 변화에 무엇보다 중요한 것은 우리나라의 제대로 된 정책 대응이다. 한국의 거시경제 여건을 우선 고려해 우리 실정에 맞게 금리를 운용할 수밖에 없다. 미국 금리에 동조하는 정책보다는 국내 물가와 경기 여건에 따라 운용하는 독립적인 통화정책의 효용이 더 클 수 있다는 주장도 있다. 그렇다고 연준의 정책 기조와 동떨어진 정책을 실시하는 것은 무리수이긴 하다.

달러 강세에도
미국의 수출이 늘어나는 기현상

2022년 6월 소비자물가지수(CPI) 상승률이 41년 만에 최고인 9.1%를 기록했다. 이런 높은 인플레이션은 세계를 긴장하게 만들었다. 러시아-우크라이나 전쟁이 지속됨에 따라 달러 같은 안전자산 선호 현상이 계속되었다.

미 연준의 긴축 정책으로 달러화가 강세를 보이면서 월가는 주가 하락이라는 심한 고통을 겪었다. 매출의 상당 부분을 국경 밖에서 벌어들이는 미국 기업이라면 달러 강세가 반갑지 않다. 해외에서 벌어들이는 수익이 달러로 환전하는 과정에서 감소하기 때문이다. 그럼에도 불구하고 국가 경제 측면에서 물가 안정을 위해서는 달러가 높은 것이 좋다.

미국 정부는 그린에너지로 에너지 전환이 발생함에 따라 발생하는 그린플레이션(greenflation)을 방지하기 위해 인플레이션 감축법(Inflation Reduction Act, IRA)을 시행했다. 법안의 주요 내용은 온실가스 감축을 목표로 '친환경 에너지 생산'과 '기후변화 대응 정책'에 재정을 투입하는 것이다.

인플레이션 감축법은 4차 산업 분야인 태양광 패널, 전기차, 배터리 등에서 중국의 기술 굴기를 막고, 미국이 기술 패권을 갖겠다는 것이다. 종국에 가서는 미국에서 생산하고 중국산 핵심 광물과 부품을 사용하지 않아야 보조금을 받을 수 있다는 게 골자다. 이런 법 덕분에 미국 제조업이 부흥하고 외국 기업의 미국 투자가 늘어났다. 미국 기업의 리쇼어링도 증가했다. 이러한 가운데 달러 강세에도 미국 수출이 증가하는 기현상이 벌어졌다. 미국은 재정 적자와 경상수지 적자라는 쌍둥이 적자를 겪고 있지만 수출과 투자가 증가한 덕분에, 미국 경제는 소비가 다소 위축된다 해도 고금리에 버틸 힘이 생겼다는 것이 일반적인 시각이다.

높은 인플레이션을 진정시키고자 연준이 금리를 높이고 양적긴축에 임하자 금융위기가 아닌데도 환율이 높은 수준으로 올라갔다. 전 세계가 수입 물가 급등으로 인한 인플레이션 고통에 신음하는 상황에 처해 있다. 이전에는 자국 통화를 평가절하(환율인상)하여 수출을 증가하려 했다. 이를 환율전쟁이라 일컬었다. 하지만 인플레이션이 만연한 세계에서는 반대로 대응하려 한다. 물가상승률이 너무 높아지니 자국 통화 가치를 높여 물가를 안정시키기 위한 조치가 불가피하다고 믿게 된 것이다.

세계는 바야흐로 환율을 끌어내리는 역(逆)환율전쟁을 벌이고 있다. 높은 인플레이션으로 인해 기존의 '고환율 = 수출 증가'라는 공식도 약화되었다. 이제는 물가를 내리기 위해서 자국 통화

가치를 상승시켜야 한다. 환율을 낮추면 수입품 가격이 내려가 물가 상승을 막을 수 있다. 원자재를 수입해서 제품을 생산하는 입장에서는 원가를 낮추는 게 무엇보다 중요하다. 원가가 높은데 수출해서 이익이 남으려면 가격을 높게 쳐서 받아야 하는데 각국 통화 가치가 낮아진 지금 구매력이 커지기엔 구조적으로 어렵다.

환율을 끌어내리기 위해 각국의 외환당국은 보유 중인 달러화를 시장에 내다 판다. 물가를 안정시키기 위해 안간힘을 쓰는 것이다. 환율 방어를 위해 달러를 내다 팔면 외환 보유액이 감소한다. 높은 환율로 수출을 늘려 경제 활성화를 이루기보다는 높은 인플레이션을 막아 물가 안정을 유지하는 정책에 우선순위를 부여할 수밖에 없다.

기술 경쟁력이 중요한 상황에서 환율이 수출에 미치는 영향은 과거보다 작아졌다. 각국 정부는 물가 안정을 위해 자국 통화의 가치를 올리려 한다. 세계 각국이 경쟁적으로 달러를 팔고 금리를 올리는 진풍경은 사실 미국이 자초한 것이다. 수출을 증가시키기 위해 환율을 높이려 하는 풍경은 지금 같은 높은 인플레이션하에서는 볼 수 없는 노릇인가 보다. 통화 가치가 높은 자원 부국들은 상대적으로 한결 나은 물가 안정 효과를 누리긴 한다.

물가 안정이라는 목표는 미국도 마찬가지여서 달러화 강세를 용인할 수밖에 없는 처지였다. 세계 경제 전망이 어두운 데다 연준이 인플레이션과 싸우는 대규모 금리 인상을 단행한다는 기대가 높았던 결과 달러 강세는 피할 수 없는 숙명이었다. 글로벌 공급망 문제 등 팬데믹 이후 수많은 요소가 물가의 급격한 하락을 어렵게 만들었고 궁극적으로 약달러에 대한 기대가 희박해졌다.

환율과 금리를 이용한 투자 전략, **이자율 평형 이론**

이제 본격적으로 환율과 금리 간의 관계를 설명해보려 한다. 환율을 결정하는 변수는 무수히 많다. 환율은 한 나라의 경제 상태에서 지대한 영향을 받는다. 외환 보유액이 적거나, 무역 적자가 심하거나, 정부의 재정 적자와 국가 부채가 많거나, 화폐를 많이 찍어낸 경우에는 환율이 급등(통화 가치 하락)한다. 정치가 불안하거나 전쟁이 발생한 경우에도 환율이 급변할 수 있다. 환율에 영향을 미치는 요인은 많지만 대표적인 거시경제 변수로 이자율을 들 수 있다.

이자율이 높은 국가의 화폐는 높은 가치(낮은 환율)를 보이며 강세 통화가 된다. 선진국 금리가 신흥국 금리보다 오르는 경우를 생각해보자. 이 경우 선진국으로 자금이 유출되고 환율에도 악영향을 미치는 게 맞다. 국가가 부도날 확률이 낮은 선진국 채권이 수익률까지 높다면 투자자 입장에서는 신흥국 채권을 보유하고 있을 이유가 전혀 없다. 선진국 채권을 사기 위해 투자자는 보유하고 있던 신흥국 화폐를 선진국 화폐로 바꾸고 이 과정에서 신흥국 화폐 가치는 떨어지게 된다.

이자율과 환율 간의 관계를 밝히는 대표적인 이론은 '이자율 평형 이론(interest rate parity)'이다. 이는 국가 간에 자본 이동이 자유롭다는 가정하에 국가 간 이자율 차이가 생기면 자본이 국경을 넘어 이동함에 따라 환율이 조정된다는 이론이다.

물론 이런 주장이 얼마나 현실적일지 의구심은 든다. 물가, 경제 성장 등 다른 거시경제 변수들이 변하지 않는다는 가정하에 어떤 나라의 금리 변동만 따지는 것은 한계가 있다. 하지만 환율을 움직이는 주요 요인으로 이자율이 있다는 것을 부정하기는 어렵다.

여기 어떤 투자자가 있다. 그는 독일에서 펀딩해서 독일에 투자할 수도 있고 일본에 투자할 수도 있다. 일본에서 펀딩해서 독일에 투자하거나 한국에도 투자할 수 있지만 어떤 선택을 했든 수익률이 같아야 한다는 게 이자율 평형 이론의 가정이다.

좀 더 쉽게 예를 들어 설명해보자. 한국의 1년 채권 금리가 5%, 미국의 1년 채권 금리가 2%, 환율이 1,200원이라고 가정하자. 미국인 스미스가 1만 달러로 투자를 하려고 한다. 신용 위험은 없고 금리 수준만 다르다고 가정하자. 자금 이동이 완전히 자유롭다면 스미스는 어디에 투자하는 게 합리적일까? 한번 계산해보자.

미국에 투자하는 경우: 10,000달러 × (1 + 2%) = 10,200달러

한국에 투자하는 경우: 12,000,000원 × (1 + 5%) = 12,600,000원

= 10,500달러

같은 환율을 가정하고 두 선택에 따른 수익률 결과를 비교해보면 한국에 투자하는 편이 금리 차 때문에 더 유리하다. 그러나 실제 미래 환율(FX forward rate)에는 양국의 금리 차이가 반영된다.

스미스의 투자 사례에 이자율 평형 이론을 적용하면 1년 후 환율은 1,235.29원으로 상승해 1,260만 원이 1만 200달러 가치만 갖게 된다. 이 경우 스미스는 미국에 2%로 투자하나 한국에 5%로 투자하나 차이가 없다. 한국 금리가 높았던 만큼 이자율 평형 이론에 따라 선물 외환시장에서 원화가 평가절하(환율 상승)되어 차익거래 기회가 발생하지 않기 때문이다.

이자율 평형 이론은 자본의 국제적인 이동이 자유로운 자본시장 개방을 전제로 하기 때문에, 자본시장 개방도가 낮은 경제에 적용하는 것은 무리다. 국제적인 자본 이동에 필연적으로 수반되는 거래 비용이나 금융자산의 위험도 이자율 평형 이론에는 반영되지 않는다. 이자율 평형 이론을 수식으로 간단히 표현하면 다음과 같다.

국내 이자율 ≒ 해외 이자율 + (기대)환율 변화율

무위험 이자율 평형 이론으로 돌아가서 두 국가 간 자본 이동에 제약이 없고 국가 간 투자 이동에 따른 거래 비용과 비경제적

위험이 존재하지 않는다고 생각해보자. 이런 전제 조건에서 이자소득에 대한 과세 기준이 서로 같다면 양 국가의 무위험 이자율이 동일한 수준을 유지해야 한다.

국가 간의 선물 환율은 양국의 이자율 차이에 의하여 결정된다는 게 이자율 평형 이론의 핵심이었다. 한국의 이자율이 4%, 미국의 이자율이 3%이고, 현재 원/달러 환율이 1,200원일 경우, 이론상 1년 후의 환율은 약 1,212원이 되어야 한다.

1년 후 선물 환율 = 1,200원 × (1.04/1.03) = 1,212원

미국의 고금리와
한국 자본 유출의 상관관계

이자율 평형 이론이 현실과 들어맞지 않는 경우를 살펴보자. 통상 한국 금리는 미국 금리보다 높다. 하지만 역사적으로 항상 그랬던 것은 아니다. 한미 정책 금리가 역전됐던 과거 사례를 보더라도 외국인의 증권(주식 + 채권) 자금이 순유입된 경우는 많았다. 2023년은 한국과 미국의 금리 차가 사상 최대로 벌어졌으나 외국인의 대규모 자본 유출 가능성이 경제를 어렵게 만든다고 잘라 말할 수는 없었다.

미국과 금리가 역전된 다른 나라에서도 이 같은 현상이 나타나는 것을 보면 금리가 자본 유출을 일으키는 유일한 요인이 아님을 알 수 있다. 한편 중국은 내외 금리 차 역전과 외국인 채권 자금 간에 높은 상관관계를 보여 다른 나라와 대조적이다. 그렇다면 미국과의 금리 역전이 외국인 자본 유출을 더 이상 초래하지 않게 된 이유는 뭘까?

우선 투자 국가에 대한 믿음을 들 수 있겠다. 대외 신인도가 높아지면 내외 금리 차만으로 자본이 유출된다고 판단하는 것은 오산이다. 우리나라는 대외순자산이 순부채보다 많은 국가다. 환 헤지에 의한 초과 수익, 향후 금리 전망, 한국의 신용등급도 주요 요인이다.

외국인 투자자들은 해외 채권에 투자할 때 환위험을 헤지한다. 환 헤지 관련 수익과 비용이 주요 고려 사항인데 한국은 국내 금융기관의 외화 자금 수요가 크다. 외환시장에서 달러 조달 비용이 높고, 외국인 투자자들은 환 헤지를 하면서 추가로 이익을 얻을 기회가 생긴다. 이 수익을 고려한 외국인 투자자들의 한국 국채 투자 기대수익률은 미국 국채보다 올라갈 수 있다. 즉 파생 거래를 감안한 수익률이 여전히 좋다면 내외 금리 차에도 불구하고 한국 채권을 살 수 있다. 채권 투자는 주식 투자보다 추세적이기에 외국인의 추세적인 채권 매매를 유심히 살펴야 한다.

금융시장은 미래를 반영한다. 환율도 마찬가지다. 금리가 인상됐다는 사실 자체도 중요하다. 그렇더라도 향후 금리가 더욱 인상될 것인지, 아니면 인상을 멈추고 인하로 돌아서게 될지를 생각해보자. 그런 미래 전망이 환율에 녹아들 수 있다. 한국이 미국보다 빠르게 금리 인하를 시작한다고 생각해보자. 이를 통해 채권 가격 상승에 따른 이익도 더 빠르게 거두리란 기대감도 한몫한다.

한국의 높은 국가신용도와 풍부한 국채시장 유동성은 투자 대상으로서 매력을 높이는 요소다. 아울러 기준금리와 시장금리 차는 다를 수 있고 장기 금리만 비교할 때는 금리 차가 크지 않을 수 있다. 우리가 아프리카 어느 나라에서 금리를 많이 준다고 해서 무작정 그 나라에 투자하는 것은 아니다. 금리는 환율을 결정하는 여러 요소 중 하나일 뿐이다. 물론 매우 중요한 요소임에는 틀림없다.

2024년 상반기
고환율이 다시 나타난 이유

더딘 물가 하락과 달러인덱스 상승

2023년 말 미 국채 금리가 하락하고 원/달러 환율이 1,300원을 깨고 내려갔으나 2024년 상반기 이란과 이스라엘 전쟁 등을 계기로 환율이 장중 1,400원을 넘기도 했다. 이후 환율은 반락했으나 상당히 높은 수준을 유지해 모든 이의 예상을 빗나가게 만들었다. 그 이유를 몇 가지로 생각해보기로 한다.

첫째, 미국 물가 불안에 따른 금리 인하 전망이 지연되어서다. 2023년 12월 연방공개시장위원회(FOMC) 후에 발표된 미 연준의 경제 전망 요약(SEP)에 따르면 연준 위원들은 2024년에 금리를 3번 인하할 것으로 예상했다. 제롬 파월 연준 의장도 금리 인하 시기를 특정하지 않았으나 이전에는 3번의 금리 인하 가능성은 열어뒀다. 2024년 물가가 만만치 않자 그런 말을 삼가게 되었으며 시장도 금리 인하를 하반기로 돌렸다. 일각에서는 물가가 불안하면 2024년에는 금리 인하를 하지 않을 가능성까지 열어 둬야 한다고 했으나 그럴 가능성은 높지 않아 보인다. 2% 물가 수준으로 가는 여정이 순탄치만은 않을 수 있지만 미국 대선을 앞두고 있어 고용 둔화를 명분으로 삼을 수 있어 보였다.

2024년 들어 물가 지표는 금리 인하 전망을 무색하게 만들었다. 다만 4월 미국 소비자물가지수(CPI)가 2023년 같은 기간에 비해 3.4% 올랐다. 2024년 처음으로 시장 예상 기대치에 상응한 수치였다. 미 CPI 상승률은 2023년 12월 이후 계속 시장 예상치를 넘다가 처음으로 부합한 것이다. 2024년 상반기 연준의 금리 인하에 대한 투자자들의 기본적인 전망 자체가 흔들렸다. 기본적으로 미국의 중립금리가 높아졌다는 것이다. 앞에서 다룬 것처럼 중립금리는 인플레이션과 디플레이션을 발생하지 않는 잠재 성장률 수준의 금리다. 더딘 집세 둔화, 높은 임금 압력 지속으로 서비스물가 흐름이 경직적이었다. 유가는 등락이 있으나 전쟁 리스크나 OPEC+의 감산 조치에 따라 출렁거렸다.

물가뿐 아니라 그간 고용지표도 금리 인하 전망을 도외시하게 만들었다. 제롬 파월 연준 의장은 "경제 전망이 불확실하며 여전히 인플레이션 위험에 매우 주의를 기울이고 있다"면서도 고용시장이 예상과 달리 약해지면 금리를 인하할 수 있다고 말했다. 그는 일각에서 제기한 금리 인상설을 일축했다. 미국 노동부는 4월 비농업 부문 고용이 17만 5,000명 증가한 것으로 집계됐다고 발표했다. 〈월스트리트저널〉이 집계한 전문가 예상치 24만 명 증가를 밑돌았다. 4월은 보통 고용이 계절적으로 강세를 보이는데, 계절적 요인에도 4월 고용이 예상치를 하회한 것이다. 고용 둔화로

미국 국채 금리가 정점에서 내려오고 달러 강세도 살짝 둔화되는
등 금융시장에서 변곡점이 발생했다.

둘째, 이런 와중에 미국 이외 주요국의 금리 인하 실시와 조기
금리 인하 가능성이 대두된 점도 상대적으로 달러 강세에 영향
을 주었다. 3월 스위스 중앙은행(SNB)이 기준금리를 깜짝 인하
했다. 주요 중앙은행 중에서 기준금리를 내린 곳은 스위스가 처
음이었다. SNB가 3월 기준금리 0.25%포인트 인하라는 갑작스
러운 결정을 하면서 스위스 프랑 가치는 유로화 대비 8개월 만
에 가장 낮은 수준으로 떨어졌다. 스위스의 2월 소비자물가상승
률은 1.2%를 기록해, SNB가 목표로 하는 0~2%대 수준을 9개월
연속 충족했다. 유럽중앙은행(ECB)이 미국보다 이른 시점에 기
준금리 인하를 단행할 것이라는 관측이 잇따랐다.

크리스틴 라가르드 유럽중앙은행 총재를 비롯한 유럽의 주요
통화 당국자들이 금리 인하를 시사하고 나섰다. 라가르드 총재는
2024년 4월 미국 CNBC 방송과의 인터뷰에서 "디스인플레이션
(물가 둔화) 과정을 관찰하고 있다"면서 "2025년 중반까지 소비자
물가상승률이 2%에 도달할 것"이라고 했다. "디스인플레이션이
예상대로 진행되고 큰 충격이 없다면 제한적 통화정책을 완화할
시기로 향하고 있다"면서 "상당히 짧은 시간 안에 그렇게 될 것"
이라고 덧붙였다. 당시 시장은 유럽중앙은행이 2024년 6월 처음
으로 기준금리를 내려 연내 세 차례 통화 완화에 나설 것으로 보
았고, 실제로 유럽중앙은행은 6월 금리 인하를 단행했다. 이어서
영국도 8월 1일 기준금리를 0.25%포인트 내려 5%로 조정했다.

스위스와 유럽이 미국보다 금리를 먼저 내리는 것은 달러인덱

스 상승으로 달러 강세 요인이 되었다. 다행히 전쟁 리스크 완화, 고용 둔화, 연준의 양적긴축(QT) 규모 축소에 따른 시장금리 둔화로, 크게 오르던 달러인덱스가 반락했다. 연준은 미국 국채 월별 상환 한도를 600억 달러에서 250억 달러로 감축하고 주택저당증권 상환 규모는 기존대로 월 350억 달러를 유지하기로 했다.

셋째, 이런 와중에 디플레이션(물가 침체) 상황인 중국은 지속해서 금리를 인하해왔다. 일본은 반기던 인플레이션 상황을 맞이하여 3월 마이너스 금리를 폐지한 후 제로 기준금리를 유지했다. 위안화와 엔화가 달러 대비 초약세인 상황에서 한국 통화가 강세일 수 없다. 오히려 이런 상황에서 원화가 강세이면 수출에 부담을 줄 수 있다. 높은 가계 부채, 막대한 부동산 PF 대출 부실도 금리 제약 요인이나 이웃 나라의 금리와 환율 정책이 우리나라의 거시경제 정책을 제약한다고 보는 것이 옳다.

원화 약세가 길어지면서 환율 상승으로 수출 기업 가격 경쟁력이 좋아지는 측면도 있지만 엔화 등 다른 통화도 약세를 보이고 있어 효과가 제한적이다. 전체적으로는 원자재 수입 부담 등 부정적 영향도 무시할 수 없다. 예상보다 고금리 상황이 장기화되면서 가뜩이나 힘든 가계와 기업이 한계상황으로 몰리고 있다. 금융 부실마저 눈덩이처럼 불어나 경제에 부담을 줄 것이라는 우려가 높다. 미국이 금리를 인하하더라도 당분간 한국 경제는 고환율, 고물가, 고금리의 '3고'가 장기화할 가능성을 열어두어야 한다. 나아가 물가 및 금융시장 안정, 다양한 정책 조합으로 위기를 대처해나가야 할 운명이다.

김치본드, 아리랑본드 등
각국 채권의 별명과 의미

금융상품에 붙는 재미있는 별명들

국제 금융시장에는 앞서 말했던 '와타나베 부인' '스미스 부인' 같은 투자자 별칭 외에도 재미난 명칭이 많다. 금융상품에도 재미있는 별명을 붙이는 경우가 흔한데, 특히 세계 각국에서 발행하는 채권에 그런 별명이 자주 붙는다.

다음 쪽 표에서 김치본드는 우리나라에서 외화를 조달하기 위해 달러 같은 외화로 발행한다. 이때 발행자가 국내 기업이든 외국 기업이든 상관은 없다. 아리랑본드는 외국 기업이 원화 조달을 위해 원화로 발행한다. 결론적으로 둘 다 국내에서 발행되는 채권이지만 김치본드는 (발행자가 국내, 외국 상관없이) 액면 금액이 '1천만 달러'처럼 외화로 표시된다. 아리랑본드는 '100억 원'처럼 원화로 표시되면서 발행자가 외국 기업이다.

김치본드는 한국 기업이 국내에서 편리하게 외화를 조달할 수

주요 국제 채권

채권 이름	발행국	표시 통화	발행 주체
김치본드	한국	달러 등 외화	국내외 기업 (외국 채권)
쇼군본드	일본	달러 등 외화	
아리랑본드	한국	원화	외국 기업 (외화표시채권)
사무라이본드	일본	엔화	
양키본드	미국	달러	
불독본드	영국	파운드화	
딤섬본드	홍콩	위안화	
판다본드	중국	위안화	

있다는 장점이 있다. 외화가 필요한 기업들에는 요긴한 자금 조달 수단이다. 해외에 투자를 하거나 수입 물품 대금을 지급해야 하는 기업은 김치본드 발행을 고려해볼 수 있다.

우리나라 금리가 미국보다 높다면 어떤 채권이 좋을까? 국내 기업들이 일반 원화 채권이 아닌 김치본드를 발행해 원화보다 금리가 낮은 달러를 조달할 수 있다. 이후 원화로 바꾸는 캐리 트레이드를 진행할 수 있다. 이렇게 달러를 조달하면 달러 차입 규모가 늘어나 자연스럽게 우리나라의 단기 외채가 증가한다. 국내 금융시장에서 달러가 늘어난 만큼 환율은 떨어지고 원화가 강세가 되는 현상이 발생할 수 있다. 금융당국은 늘 이런 현상을 예의주시하며 주목한다.

외화 예금과 달러에 투자할 때 **유의할 사항**

국내외 경제가 불안할수록 달러에 대한 선호도가 높아진다. 투자자 입장에서 원화보다는 세계에서 가장 안전하다고 인정하는 미국 달러를 사고 싶은 건 어쩌면 당연한 일인지 모른다. 특히나 미국 기준금리가 한국보다 높은 경우, 환율 문제만 생각하지 않는다면 달러 외화 예금에 돈을 예치하는 편이 여러모로 유리하다. 달러 대비 원화 가치가 급격히 하락한다면 비슷한 자산 포트폴리오라도 원화만 들고 있는 사람과 얼마라도 달러를 갖고 있는 사람의 자산 차이는 크게 벌어진다.

부자들 중에는 자산의 일정 비중을 달러로 분산하여 두는 이가 많다. 이렇게 하면 글로벌 경제가 휘청거리더라도 자산의 균형을 맞출 수 있다. 2023년 시중은행은 외화 예금에 원화 예금보다 높은 금리를 주고 환율 우대 폭도 크게 해서 외화 예금 유치 경쟁을 벌였다. 문제는 환율 수준이 비정상적으로 높은 편이어서 달러화 가치의 방향성을 면밀히 따져봐야 했다는 점이다.

일반적으로 달러 예금 금리는 원화 예금보다 낮았다. 미국 기준금리가 높아지는 것처럼 달러 강세가 발생하면 5,000만 원까지 예금자보호한도를 생각해 접근하는 것도 나쁘지 않다. 외화 예금 이자에 환차익까지 생각하면 좋은 투자다. 외화 예금의 이자 수익은 일반 예금처럼 과세(15.4% 원천징수)된다. 반면 환차익은 비과세되니 좋다. 외화 예금의 이자 수익과 다른 금융소득을 합해 연간 2,000만 원 이하인 경우에는 원천징수로 종결(분리과세)된다. 다른 금융소득과 합한 금액이 연간 2,000만 원을 초과하는 경우에는 종합소득세로 합산 과세된다.

외화 예금은 웬만한 시중은행에서 모두 취급하는데 통장을 개설하면 달러든 엔화든 다 살 수 있다. 달러를 사면 그날 환율 시세에 따라 달러로 환전돼 통장에 찍힌다. 추후 달러가 오르면 매도해서 원화로 받을 수도 있고 달러로 출금할 수도 있다.

외화 예금의 수익은 환율의 변동성과 이자에 따라 결정되므로 원금 손실 위험이 있다는 점에 각별히 유의해야 한다. 가입 시점 이후 환율이 내리면 환차손이 난다. 중도 해지하면 원금 손실을 막을 수 있지만, 중도 해지 이율을 적용받아야 한다. 따라서 환율에 대한 판단이 가장 중요하다.

한번 달러로 바꾸고 남은 돈을 그냥 습관처럼 외화 예금에 넣는 습관도 좋다고 생각한다. 글로벌 시대에 언제든 해외여행을 가거나 사업차 외화가 필요할 때가 있다. 주요 통화는 남으면 외화 예금에 적립하는 것도 나쁘지 않다.

강달러 시기에 고려할
외화 RP 투자

외화 예금 이자도 일반 예금처럼 금융기관마다 다르고 매일 변동하므로 이자율이 높은 금융기관과 예금 기간을 선택할 필요가 있다. 외화 환매조건부채권(RP)도 좋은 선택지다. RP는 증권사가 나중에 되사는 조건으로 파는 채권을 말한다. 증권사가 망하면 원금을 건질 수 없다. (RP에 관한 자세한 설명은 116쪽 참조)

어떤 경우에 외화 RP를 사면 좋을까? 해외 포트폴리오를 구성할 때 주가가 너무 올라 있어서 매수가 망설여질 때가 있다. 그때는 외화 RP를 사서 이자를 받는 방법이 있다. 또 이런 경우도 있다. 해외 주식 투자를 하고 남은 금액을 환전하기에는 환율이 너무 떨어졌을 때다. 남은 달러로 조금이나마 이자를 받을 수 있는지 따져보고 외화 RP에 투자해볼 만하다.

시장의 변동성이 커서 불안할 때 달러는 투자 자금이 몰리는 대표적인 안전자산이다. 미국 금리가 올라 달러 가치가 오른다고 가정해보자. 이후 인플레이션이 정점을 찍은 뒤라도 금리 인상이 지속된다면 달러에 대한 투자 전망은 긍정적이다. 강달러 시기에 외화 RP는 금리도 좋아서 매력적인 상품이다.

증권사는 달러로 표시된 안전한 국공채나 우량 회사채에 고객 돈으로 투자한 뒤 수익이 나면 이를 돌려준다. 짧게는 일주일에서 길게는 1년까지 투자할 수 있다. 단기 자금을 예금이나 자산관리계좌(cash management account, CMA)에 묶어두기 아까운 사람들에게 좋은 상품이다. 물론 CMA 통장에 돈을 넣어둘 수 있지만 이자는 외화 RP에 못 미칠 수 있다. CMA는 내가 신경 쓰지 않아도 자동으로 국공채, 어음 같은 단기 금융상품에 매일 투자한다. 그 수익을 고객에게 나눠주는 고금리 자유 입출금 상품이다.

외화 RP에는 약정형(기간형)과 자유 약정형(수시형)이 있다. 약정형은 정해진 기간 동안 달러를 맡기고 이자를 받는다. 자유 약정형은 하루만 맡겨도 이자를 받을 수 있고 자유롭게 입출금이 가능하다. 약정형의 경우 기간을 다 채우지 못하고 중도 해지하면 어떻게 될까? 약정 수익률보다 낮은 금리가 적용되며 중도 환매 수수료가 부과된다.

원화와 위안화의
동조화 현상

외환시장에서 원화와 위안화는 '프록시(proxy)' 통화로 간주된다. 프록시란 '대리인'이나 '대리하는 것' 등을 뜻하는 말로, 두 통화 가치가 같은 방향으로 움직인다는 의미다. 이런 동조화 현상은 한국 경제가 중국과 긴밀하게 얽혀 있기 때문에 발생한다. 그 원인은 우리 경제의 높은 중국 수출 의존도에 있다. 1980년 이후 수출 역사를 보면 특정 국가에 대한 수출 의존도는 34~40%가 임계치였다. 한국의 대(對)중국 수출은 2018년이 피크아웃 시점이었다.

2023년 들어 한국의 대중 수출 의존도는 20% 아래로 떨어졌다. 그럼에도 우리 경제는 중국과 밀접하게 연결되어 있다. 2006년 이후 수출입 합계에서 미국과 일본을 제치고 교역 1위를 지키고 있다. 한·중은 1위 교역 관계이면서 첨단 산업 분야에

한국의 중국 수출 의존도(2018~2023)

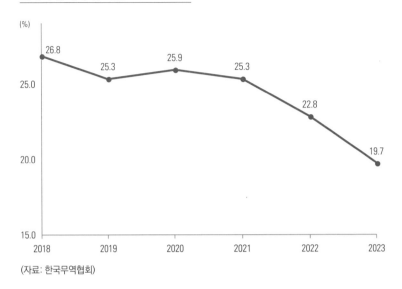

(%)

26.8
25.3
25.9
25.3
22.8
19.7

25.0

20.0

15.0

2018 2019 2020 2021 2022 2023

(자료: 한국무역협회)

서는 수출 경합도가 크게 높아졌다. 이런 산업 구조가 양국 통화에 대한 밀접한 방향성에 영향을 미치고 있다.

환거래 위험을 분산(헤지)하는 데 위안화보다 원화가 수월하다는 점도 동조화를 가속했다. 외국인 투자자는 위안화보다 원화를 선호한다. 신흥국 자산에 투자할 때 중국에서는 자본 거래 제약이 많다. 자본의 유입과 유출이 비교적 자유로운 원화 파생상품을 헤지 수단으로 선호하게 된다. 또 다른 이유도 있다. 외환시장 참가자들은 위안화 가치의 방향성을 원화 가치 향방을 결정하는 참고 변수로 생각한다.

어떻게 해야 위안화와 동조화하는 원화 가치 왜곡 현상을 완화할 수 있을까? 우리 기업의 수출을 다른 지역으로 다변화하는 전략을 지속적으로 추구해야 한다. 이렇게 해야 외환시장 참가자들이 원화 방향성에 참고하는 위안화 위상이 약화할 수 있다. 이는 미국과 중국의 패권전쟁이 계속되는 한 장기적이지만 전략적으로 나아가야 할 방향이다.

한·중의 동조화는 달러의 공급 강도 차이에 따라 디커플링될 수 있다. 외국인의 중국 내 자산 취득 비중이 중국인의 해외 자산 취득보다 큰 경우를 생각해보자. 이런 경우에는 위안화는 원화에 견줘 강세 흐름을 보일 수 있다. 동조화보다는 각자 길을 가는 게 좋다.

스타벅스지수와
빅맥지수를 생각하다

　이 장에서 살펴본 내용을 상기하며 환율을 결정하는 여러 요인을 정리해보자. 먼저 금리는 환율을 움직이는 절대적으로 중요한 요인이다. 금리를 결정하는 통화정책도 결국 환율에 영향을 준다. 재정 정책과 통화정책으로 이자율이 변하면 환율도 변화한다. 기준금리 인상으로 시중금리가 상승하면 환율은 하락한다. 반대의 경우라면 환율은 상승한다. 기준금리 변경은 환율에만 영향을 주지 않고 자산 가격, 신용 규모, 소비자와 생산자의 기대 심리에도 영향을 준다.

　금리 이외에 다른 요인은 없을까? 우선 물가다. 소비자물가의 차이가 환율에 영향을 준다. 만약 한국의 물가만 10% 뛰고 미국의 소비자물가는 변함이 없다면 원/달러 환율은 10% 절하된다. 물가는 금리처럼 환율에 영향을 주는 절대적인 요소는 아니다.

통화정책 효과의 파급

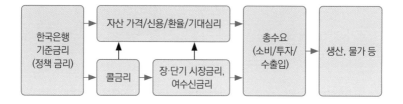

그러나 큰 틀에서 환율의 방향을 예측하는 데 도움이 된다.

인플레이션 = 물가 상승 = 원/달러 환율 상승 = 달러 가치 상승 = 원화 가치 하락

디플레이션 = 물가 하락 = 원/달러 환율 하락 = 달러 가치 하락 = 원화 가치 상승

물가는 구매력에 영향을 주고 환율은 구매력과 밀접한 관련이 있다. 환율의 변동은 수입 물가를 통해 구매력에 지대한 영향을 끼친다.

이자율 평형 이론 외에 환율을 결정하는 이론으로 구매력 평가설(purchasing power parity)이 있다. 이 이론에 따르면 적정 환율은 '하나의 통화로 환산한 세계 각국의 물가 수준이 같아지게 하는 환율'이다. 장기적으로 각국의 환율 수준은 상품이나 서비스에 대한 구매력에 따라 결정된다.

구매력 평가설은 국가 간 교역이 항상 자유롭게 이루어진다는 자유무역의 개념에 바탕을 두고 있다. 동일한 물건의 가격이 나라마다 다르다고 하자. 무역에 종사하는 상인은 가격이 싼 국가에서 물건을 사서 가격이 비싼 나라에 팔아 이득을 볼 수 있다. 이런 식으로 국가 간에 차익거래가 발생해 근본적으로 국가 간

물건값 차이가 커질 수 없다는 것이 구매력 평가설의 기본 가정이다.

국가 간에 교역이 자유롭게 이루어지기 때문에 하나의 물건에는 하나의 가격만 존재한다는 일물일가의 법칙(law of one price)이 성립하는 것이다. 하지만 사실은 그런 이상적인 이야기는 경제학 교과서에나 나오는 것이다.

어디에나 있는 햄버거로 이야기를 이어나가 보자. 국가별로 구매력이 상이하기에 전 세계 맥도날드 매장에서 팔리는 햄버거 가격은 상이하다. 빅맥 가격을 달러로 환산한 각국의 빅맥지수(Big Mac Index)는 각국의 구매력 차이를 보여주는 예다. 빅맥지수는 영국의 유력 경제 전문지 〈이코노미스트〉가 1986년에 고안했고 이후 다양한 기관에서 이 지수를 매년 발표하고 있다. 가격 비교는 각국 수도를 기준으로 이뤄진다. 빅맥지수가 높을수록 물가가 높다고 해석하면 된다.

2024년 1월 기준 한국 빅맥 단품의 가격은 5,500원이고 미국에서는 5.69달러였다. '5,500원 = 5.69달러'의 가치다. 이 경우 1달러는 966.61원이어야 한다. 그러나 조사 당시 실제 환율이 1,338.90원이어서 다음과 같은 결론에 도달한다. 한국 원화는 빅맥지수의 관점에서 보면 27.8% 저평가되어 있다.

2023년에는 미국의 온라인 대출업체 캐시넷USA가 전 세계 76개국을 대상으로 빅맥지수를 조사했다. 살인적인 물가로 악명이 높은 스위스가 압도적인 1위를 차지했다. 맥도날드 본고장인 미국은 세계 19위였다. 파키스탄의 빅맥이 가장 저렴했다.

비슷한 논리로 전 세계 매장에서 팔리는 스타벅스 커피의 가

빅맥지수로 계산한 국가별 화폐 가치(2024년 1월)

국가	화폐	화폐 가치(%)
스위스	프랑	43.5
노르웨이	크로네	25.5
우루과이	페소	23.7
유로존	유로	3.1
스웨덴	크로나	3.1
코스타리카	콜론	0.4
영국	파운드	0.4
덴마크	크로네	0.0
미국	달러	기준
스리랑카	루피	0.0
캐나다	캐나다 달러	-2.4
호주	호주 달러	-10.8
싱가포르	싱가포르 달러	-12.9
한국	원	-27.8
중국	위안	-39.0
일본	엔	-46.5
대만	뉴타이완 달러	-58.0

(자료: 이코노미스트)

격으로 산정한 스타벅스지수(Starbucks Index)를 생각해보자. 스타벅스 커피 체인점은 지금도 전 세계적으로 확산하고 있다. 스타벅스가 인기인 이유는 뭘까? 세계 어디서든 일정한 커피 맛을 유지하는 커피 관리 노하우에 있다. 성공적인 마케팅 전략도 한 몫할 것이다. 그러고도 다른 이유를 들자면 스타벅스지수에 있을지도 모르겠다.

주요국 스타벅스지수(2023년 12월)

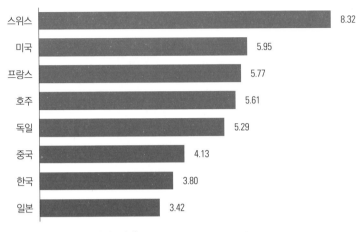

스위스	8.32
미국	5.95
프랑스	5.77
호주	5.61
독일	5.29
중국	4.13
한국	3.80
일본	3.42

(자료: 글로벌프로덕트프라이스닷컴)

스타벅스지수는 인기 제품인 카페라테 톨 사이즈 가격을 기준으로 산정한다. 라테지수, 카페라테지수로도 불린다. 빅맥지수처럼 스타벅스지수도 세계 물가와 환율을 비교하는 개념이다. 이번에도 경제 이론에서 말하는 일물일가 원칙, 즉 같은 제품은 같은 가격이어야 한다는 원칙은 현실에 적용되지 않는다.

한국에서 스타벅스 카페라테가 5,000원이라 하자. 구매력 평가설에 따르면 미국 스타벅스 카페라테의 원화 환산 가격도 5,000원이어야 한다. 이런 가정에 따라 적정 환율을 추정해볼 수 있다. 만약 스타벅스 카페라테가 한국에서 5,000원, 미국에서 4달러라면 적정 원/달러 환율은 1,250원이다.

구매력 평가설에 따라 환율을 계산하는 공식은 $e=P/P_f$이다. 여기서 e는 명목 환율, P는 자국 물가, P_f는 외국 물가다. 이 공식은 국내 물가가 외국 물가에 비해 크게 오르면 국내 통화 가치는

하락(환율 상승)한다는 의미다. 국내 물가가 안정되면 통화 가치
는 상승(환율 하락)한다. 미국과 한국의 스타벅스 카페라테 가격
차이는 곧 환율 차이가 된다. 이를 통해 한국 원화가 미국 달러
대비 고평가인지 저평가인지 알 수 있다. 가격 자체는 물가를 보
여주기에 우리는 상대적으로 구매력이 좋은 국가에서 산다면 더
만족한 삶을 살 확률이 높다.

　물가는 환율에 영향을 미치는데 이번 장에서는 환율을 다루면
서 환율 상승이 물가에 끼치는 영향을 살펴보았다. 해외여행을
가지 않거나 해외로 송금할 일이 없다면 환율과 서민의 삶 사이
에는 접점이 없을까? 실상은 그렇지 않다는 것을 이 장 전체를
통해 알아보았다. 환율은 물가를 뒤흔드는 가장 강력한 변수다.
환율 상승이 천정부지로 치솟고 있는 소비자물가상승률을 더 자
극할 수 있다. 환율 상승으로 인해 각종 수입 가격이 올라서 생산
자물가와 소비자물가를 자극한다.

　우리는 이 장의 처음에서 환율에 미치는 요인으로 무역 결제
의 수요와 공급을 살펴보았다. 상품이나 서비스뿐만 아니라 주
식, 채권, 실물 투자 수요의 변화도 환율에 영향을 미친다. 예를
들어 외국인이 한국 주식을 살 때 먼저 달러를 팔고 원화를 사들
이면 원화 가치가 상승(환율 하락)한다. 환율은 주가와 반대로 움
직이는 경향이 높다. 높은 환율은 우리나라 주식시장의 적이다.
외국인이 채권을 팔고 떠난다면 반대의 현상인 원화 가치 하락
(환율 상승)이 발생한다. 결국 우리는 다음과 같은 결론에 이른다.

　원화 가치가 상승해야 주식, 부동산, 채권 가격이 상승할 여
지가 있다. 이들이 원화 자산이기에 달러 자산과 반대로 움직인

다. 환율이 상승하면 금리는 비슷한 움직임을 보인다. 미국 국채 10년 금리가 상승한다고 하자. 미국 모기지시장에만 영향을 주는 게 아니라 미국 주식시장과 연동된 한국 주식시장에 악영향을 준다. 미국 채권으로 수요가 몰리면 원/달러 환율이 상승하고 한국 채권 금리가 상승하는 악순환이 이어진다.

과거에는 원/달러 환율이 1,200원을 넘으면 자본 이탈로 인해 우리 경제가 큰 충격을 받았다. 지금은 고물가, 고환율, 고금리에도 그런 조짐은 없다. 코로나 팬데믹 이후 미 연준의 금리 인상에 따라 한·중·일 통화가 약세를 함께 시현하고 있어서다. 미국보다 낮은 기준금리를 올려 환율을 방어할 여력이 우리에겐 없다. 세계적으로 높은 가계 부채와 낮은 경제 성장률 때문이다.

생활인으로서 공무원으로서 교수로서 환율의 중요성은 아무리 강조해도 지나치지 않다. 환율은 복잡계다. 그 복잡계를 읽어내는 힘은 경제학 공부뿐 아니라 실물 경제에도 밝아야 길러진다. 국내외적으로 발생하는 개별 사건(이벤트)에도 환율은 수시로 변동하기 때문에 단기적으로 환율을 정확하게 예측하는 것은 무리다.

나는 G20 국제금융체제(International Financial Architecture, IFA) 공동의장을 역임하면서 글로벌 금융안전망을 촘촘히 하는 게 국가 경제와 환율 안정을 위해 무엇보다 중요하다는 것을 체감했다. 글로벌 금융안전망은 외환 보유액, IMF 자금에 대한 한국의 지분, 양자 간 다자 간 통화스왑을 포괄하는 개념이다.

흔들리는 부의 공식 4

환율이 상승하면
수출이 진짜 늘어날까?

대체로 환율이 상승하면 달러 표시 수입 원자재는 가격이 상승하고 수출 제품의 가격은 하락하는 효과가 있다. 후자가 전자를 압도하기에 교과서에서는 통상적으로 환율이 상승하면 수출이 증가한다고 이야기한다. 그러나 실제로는 반드시 그렇다고 말하기 어렵다.

우선 환율이 뛰어도 수출이 생각만큼 증가하지 않는 경우가 있다. 환율 상승은 수출품의 가격이 떨어지는 효과인데, 가격이 떨어져도 사람들이 먹고살기 급하면 제품을 구입할 수가 없다. 환율이 수출에 중요한 영향을 미치는 것은 사실이지만 환율보다 수출에 더 큰 영향을 끼치는 것은 세계 경제 상황이다. 전 세계적으로 인플레이션이 발생하면 환율 급등으로 인해 소비 위축으로 이어질 수 있다. 소비자의 지갑이 얇아지면 소비 심리가 저하되고 기업의 판매 부진으로 연결되는 악순환에 빠질 수 있다.

다음으로는 글로벌 밸류체인의 영향이다. 환율이 올라서 수출품의 가격 경쟁력이 좋아진다 해도 수입 원자재의 비용 부담이 늘어나면서 가격 경쟁력이 떨어진다. 수입 원자재를 구매할 때 달러로 결제해야 하니 환율 상승으로 인한 원가 상승과 수익성 악화에 시달릴 수 있다. 팔아도 큰돈이 안 된다면 가격이라도 올려 받아야 하는데 외국의 구매력이 받쳐주지 않을 수 있다. 환율이 올라가도 판매 물량이 그대로면 수출업자가 달러로 받는 수출액은 그만큼 줄어든다. 수출 가격의 변동 방향은 해당 산업의 특성에 따라 달라질 수 있다. 총비용 중 원자재 수입 비중이 큰 산업에서는 원자재 가격 상승 효과가 수출품의 가격 하락 효과를 압도할 수 있다.

이런 경우는 어떨까? 해외 바이어가 협상 단계에서 환율이 올랐으니 수출 가격을 깎아달라고 요구할 수 있다. 이에 기업 측에서도 환율 상승으로 수출 이윤이 커졌으니 물건을 더 팔기 위해 수출가를 깎아줄 수 있다. 이게 현실이라면 수출액은 그대로이거나 줄어들 수도 있다.

환율이 수출에 미치는 영향이 과거에 비해 작아졌다. 한국은행은 우리의 경상수지 흑자에서 환율을 비롯한 금융 요인의 기여도는 2010년 이후에는 거의 0%에 수렴하고 있는 것으로 분석한다. 대외경제정책연구원 분석에서는 환율 하락으로 인해 중소기업 수출은 크게 감소하지만 대기업 수출은 의미 있는 영향을 받지 않는다고 한다. '마셜-러너 조건(Marshall-Lerner Condition)'에서도 이 사실을 확인할 수 있다. 이는 환율 상승이 무역수지를 개선하기 위해서는 외국과 자국의 수입수요에서 가격탄력성의 합이 1보다 커야 한다는 조건이다.

자국 통화가 10%만큼 평가절하됐다고 하자. 달러 표시 수출 가격은 10% 하락하고 자국 통화 표시 수입 가격은 10% 상승한다. 자국 통화가 10% 평가절하될 때 무역수지가 개선되려면 수출량 증가분과 수입량 감소분의 합이 10% 이상 돼야 한다. 이 조건을 충족하지 못할 때는 평가절하에도 불구하고 무역수지는 악화한다.

'J곡선 효과(J curve effect)'도 환율 상승이 수출 증가로 바로 이어지지 않음을 짚어낸다. 이에 따르면 환율이 오를 때 초기에는 무역수지(수출액 - 수입액)가 악화한다. 시간이 지나면서 무역수지가 개선되는데, 무역수지가 변동하는 모습이 영문자 J를 닮아서 J곡선 효과로 부른다.

이웃 나라인 일본의 원/엔 환율도 중요하다. 원화 약세에도 불구하고 엔화가 더 약세라면 수출 경쟁력에서 일본과 경쟁 구조인 자동차 같은 업종에서 우위를 점하지 못할 수도 있다.

금리와
주식시장

금리가 낮을 때
주가가 상승한다지만…

주가를 결정하는 요인은 펀더멘털, 시장 분위기(센티멘트) 등 여럿이 있다. 그중 유동성도 한몫을 한다. 금리가 매우 낮은 상황에서 유동성이 풍부한 경우에는 주가가 상승하는 경향이 높다.

주식 투자자라면 미국, 유로존과 전 세계 주요 10개국(신흥국 포함)의 통화량(M2)을 달러화로 표시해 합산한 글로벌 통화 공급 지표를 점검해야 한다. 글로벌 자산 가격 상승을 지지하는 유동성의 절대 수준이 달라지고 있는지를 살펴봐야 한다. 이는 경기 사이클과도 긴밀한 관계가 있다.

글로벌 달러 유동성을 보여주는 전 세계 외환준비금(world total reserves excluding gold)의 증가율도 유동성과 관련해 점검할 사항이다. 전 세계 외환준비금의 증가율은 글로벌 증시 상승률과도 유사한 흐름을 보인다.

금리가 낮을 때 주가가 상승하는 이유는 할인율 개념을 생각하면 된다. 주가가 미래 이익의 함수라고 할 때 미래 이익을 금리로 할인하면 이익의 현재가치가 산출된다. 은행의 예금 금리가 1% 수준인 경우 낮은 금리 때문에 은행의 인기는 떨어진다. 더 높은 수익을 주는 대상으로 눈이 갈 수밖에 없다. 그래서 주식시장으로 달려간다.

이런 부분만 살펴보면 주가와 금리의 관계는 부(-)의 관계다. 이를 배당할인모형(dividend discount model, DDM)이라고 하는데 주가는 미래 배당금을 적정 금리로 할인한 현재가치로, 금리가 하락할 경우 기업의 금융 부담은 줄어들고 기대 이익(미래 배당 현금)은 증가해 주가 상승으로 이어진다. 금리가 낮은 경우 주식 투자에 돈이 몰리는 이유다.

바닥에서 빌빌거리던 금리가 상승하는 시기에도 주가가 오를 수 있다. 금리가 오른다는 것은 호황을 뜻한다. 기업 이익이 증가하니 주가가 오르는 것이다. 금리가 오르면 기업의 이자 부담이 커지므로 기업의 이익이 줄어들고 주가가 하락할 것 같다. 하지만 이자로 빠져나가는 돈보다 경제가 좋아져서 벌어들이는 돈이 더 많아진다면 주가가 상승하는 게 타당하지 않은가.

금리가 고공행진을 하면 주가는 하락하고 만다. 은행 예금 금리가 8%라고 하자. 사람들은 기꺼이 은행 예금을 선택할 것이다. 물론 더 큰 수익을 원해서 주식 투자를 계속하는 사람도 있을 테다. 하지만 주식은 위험자산이다. 대부분의 사람은 주식 대신 예금이나 단기 채권을 선택할 것이다. 사람들이 주식을 팔고 은행 예금을 선호하면 주식시장에 돈이 줄어드니 주가가 하락한다. 금리가 높아지면 기업의 이자 부담이 증가한다. 고금리 부담을 버티지 못하는 기업이 늘어난다. 미래 이익의 할인값인 현재가치도 줄어들어 주가가 상승하기 어렵게 된다. 은행의 시중금리가 높을 때는 채권 금리도 높다.

자산 선택에서 주식과 채권은 서로 대체성이 있다. 이를 '자산대체 효과(wealth substitution effect) 모델'이라고 한다. 이에 따르면 금리가 상승하면 채권 기대수익률 상승으로 채권 수요가 증가해 상대적인 주가 기대수익률은 하락한다. 그 결과 주식 수요는 감소하고 주가는 하락한다.

이론적으로 주가와 금리의 부의 관계는 주가가 경기에 선행하는 문제를 감안하면 실제 현실과는 차이가 날 수 있다. 앞에서 설명한 것처럼 경기 저점에서 경기 정점으로 가는 길목에서는 주가와 금리가 동시에 오른다. 이는 아래 그림으로도 설명이 된다.

주의할 점은 이 그림의 경기 회복기와 후퇴기에 주가와 금리

경기-금리-주가 간의 시차 관계

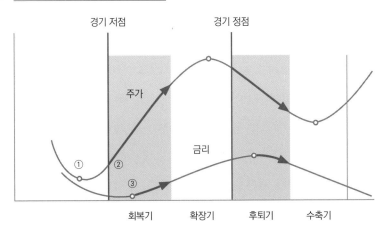

는 정(+)의 관계를 갖는다는 점이다. 주가는 기업 이익에 선행해 움직인다. 회복기인 ②와 ③에서 주가와 금리는 동반 상승한다. 경기가 회복하기에 앞서 ①에서 보듯이 주가는 이미 경기 바닥이 오기 전에 움직인다.

기업의 자금 수요 변화와 통화당국의 정책 기조 변화에는 시차가 존재한다. 주가는 선행지수이지만 금리는 통상 후행지수다. 기업의 투자 계획은 경기 상황에 따라 단시일 내에 탄력적으로 변경되기 어렵다. 투자 계획 변경이 실제 자금 수요 변화로 이어지기까지는 어느 정도 시간이 소요된다. 경기 전환점을 통과했는지 확인하는 데도 어느 정도 시간이 소요된다. 통화당국은 국면 전환 이후에도 종전의 통화정책 기조를 유지하는 경향이 있다.

주가와 금리가
동반 하락할 수도 있다

금리 추이로 본 주식 매수 신호

　주가와 금리의 관계를 경기 측면에서 분석해보자. 일반적으로 말하는 '주가 하락 – 금리 상승'의 모습은 경기 정점을 지난 경기 후퇴기 초반에 나타나는 현상이다. 경기가 후퇴기 중반에 접어들게 되면 주가와 금리는 동반 하락한다. 주가는 경기 회복세가 뚜렷해지기 이전에 상승세로 전환하지만, 금리는 경기 회복이 상당히 진전될 때까지는 하락세를 이어간다.

　경기민감주인 삼성전자 주가가 반도체 업황이 최악인 바닥에서 가격이 이미 상승하기 시작하는 것도 같은 원리다. 반도체 주가의 업황 선행성, 역사적 평균 주가순자산배수(price to book value ratio, PBR)를 밑도는 저가 매력으로 인해, 반도체 실적은 적자인데도 외국인 순매수는 계속되었다. 반대로 반도체 경기가 최호황인 국면에서는 주가가 하락하기 시작한다.

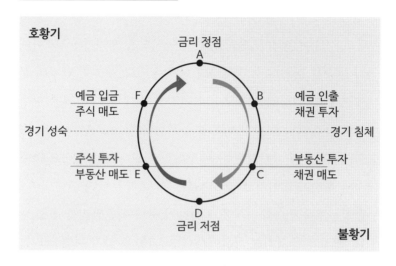

과거 데이터로 주가와 금리 관계를 실증적으로 분석해보자. 2000년 닷컴 버블 이후나 2008년 글로벌 금융위기 이후 같은 대표적인 약세장에서 주가와 금리는 함께 떨어졌다. 반대로 2003년부터 2007년까지의 강세장에서 주가는 금리와 함께 뛰었다. 미국 주식시장이 역사상 가장 길게 상승한 2009~2021년은 주가와 금리의 관계가 약했다.

하지만 2018년 4분기 금리 인상이 고조되었을 때 주가가 떨어졌다는 점을 인식할 필요가 있다. 10여 년간 금리는 박스권에 갇혀 있었고 대신 경기와 기업 이익이 좋았다. 보통 주가 거품이 심했던 경우나 통화 긴축의 막바지 국면에서는 주가가 금리에 더욱 민감한 반응을 보인다. 이후 금리가 안정되면서 주가가 돌아서는 패턴을 보였다.

기준금리 인상이나 인하 가능성이 높게 판단되면 주식시장은 이를 먼저 반영한다. 주식시장은 정보 전달이 빨라서 투자자들이 금리 향방과 타이밍에 베팅하기 때문이다.

금리 상승이 경기 호전의 신호로 인식되는 시기가 있다. 이때 금리 상승은 오히려 주식 투자의 신호가 된다. 물가가 안정된 상태에서 금리 인상에도 불구하고 여전히 절대 금리가 낮은 상황이라면 주식시장은 경기 회복과 풍부한 유동성을 함께 누릴 수 있다. 이 경우 주식시장은 다른 자산과 비교해서 상대적으로 매력적인 투자 수단이라고 볼 수 있다.

중앙은행은 인플레이션을 억제하기 위해 기준금리를 올릴 수 있다. 경기가 좋아지는 상황에서 경기 과열을 막기 위해 금리를

코스톨라니의 주식 투자 달걀 모형

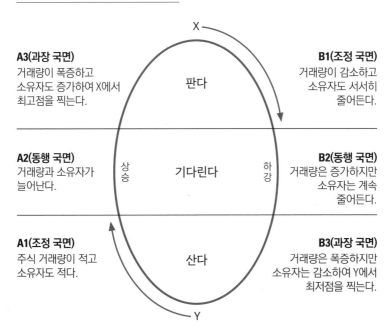

A3(과장 국면)
거래량이 폭증하고 소유자도 증가하여 X에서 최고점을 찍는다.

B1(조정 국면)
거래량이 감소하고 소유자도 서서히 줄어든다.

판다

A2(동행 국면)
거래량과 소유자가 늘어난다.

상승 · 기다린다 · 하강

B2(동행 국면)
거래량은 증가하지만 소유자는 계속 줄어든다.

A1(조정 국면)
주식 거래량이 적고 소유자도 적다.

산다

B3(과장 국면)
거래량은 폭증하지만 소유자는 감소하여 Y에서 최저점을 찍는다.

인상하는 것이다. 이 두 가지 사례와 맨 처음 얘기했던 사례를 분명히 구분해서 기억해두자.

앙드레 코스톨라니는 주식시장의 순환 과정을 또 다른 달걀 모양으로 도식화해서 A1~B3의 국면으로 설명한다. 왼쪽 그림에 따르면 주식 매수 구간은 B3와 A1 국면이다. B3는 하강 운동의 과장기다. 이때 주가가 더 떨어진다고 겁먹지 말아야 한다. 동요하지 말고 매수하라는 게 코스톨라니의 주문이다. 최저점을 통과하고 초기 상승 국면인 A1에서도 당연히 매수해야 한다. 이런 그의 주문은 경기민감주인 경우에 특히 유효하다.

왜 10년물 국채 금리가
중요할까?

주식의 안전마진 확보를 위한 팁

주식도 우량 채권처럼 충분한 안전마진을 확보할 수 있다. 어느 기업이 보통주만 발행했다고 해보자. 이 기업은 자산과 수익을 근거로 무리 없이 발행할 채권 규모를 산정할 수 있다. 만약 그 채권 금액보다 주식의 시가총액이 작다면 주식에는 상당한 안전마진이 들어 있다고 본다. 이런 기업의 주식을 매수할 경우에는 배당 소득과 함께 자본 소득을 얻을 수 있다.

결국 주식의 안전마진은 기업의 주식수익률(주가이익배수(PER)의 역수. 1/PER)이 채권 수익률을 훨씬 초과할 때 확보된다. 예를 들어 한 기업의 주식수익률(기대수익률)이 8%이고 채권 수익률이 5%라고 한다면 이 주식은 수익률 측면에서 채권보다 연 3%포인트 유리하다. 이 기업은 초과 수익률 중 일부를 투자자에게 지급하고 나머지는 재투자해서 기업 가치를 높일 수 있다.

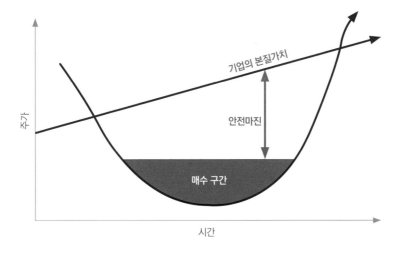

기업의 본질가치보다 주가가 싸다면 위 그림처럼 안전마진 개념을 이론적으로 구성할 수 있겠다. 본질가치라든지 주가 대비 밸류에이션 값은 바라보는 사람에 따라 다를 수 있다. 기업 수익은 경기에 따라서 달라지니 PER만으로 기업 가치를 따질 수는 없다. 여하간 기업의 본질가치를 산출했다면 위 그림처럼 안전마진을 산출할 수 있다. 그 결과로 주식을 매입할 영역이 드러난다. 안전마진을 정확하게 도출하려면 호황기와 불황기 모두를 살피면서 해당 기업이 충분한 수익을 확보했는지 측정해야 한다.

주식은 위험자산이기에 채권이나 안전자산보다 더 높은 수익이 부여되어야 투자가 정당화된다. 이를 위험 프리미엄(수익률할증)이라 한다. 위험 프리미엄은 일반적으로 주식수익률에서 10년물 국채 금리를 빼서 계산한다. 여기에서 주식수익률은 주

주식 위험 프리미엄(2010~2022)

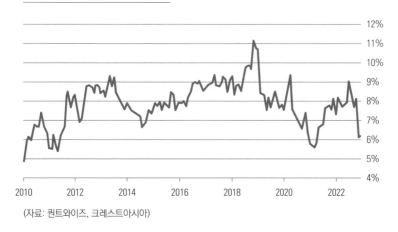

(자료: 퀀트와이즈, 크레스트아시아)

식 PER의 역수이니, PER이 10배라면 주식수익률은 10분의 1, 즉 10%다.

주식시장 전체의 '주식수익률'은 경기 둔화가 심화되면 더욱 하락하는 경향이 있다. 미국 위험 프리미엄은 S&P500 선행 PER의 역수를 구한 후 10년물 국채 금리를 빼서 도출한다. 이를 통해서 현재 주식시장이 과거 평균과 비교했을 때 국채에 비해 고평가되었는지를 알 수 있다.

만약 주식시장이 고평가된 경우 10년물 금리가 상승한다면 주식시장은 충격을 받게 된다. 주식 위험 프리미엄이 역사적 최저치를 기록하면 주식이 너무 비싸다는 셈이라 국채뿐 아니라 주식에도 비관론이 팽배하게 된다. 결국 기업의 실적도 좋지 못하고 장기 금리도 내려가기 어렵다면 주식시장에 뛰어들기가 망설여지게 된다.

주식과 채권이 항상
거꾸로 움직이는 것은 아니다

주식과 채권 자산 배분을 위한 팁

주식과 채권은 왜 반대로 움직이는 경향이 있다고 할까? 주식 가격이 떨어지면 채권 가격이 오른다는 생각은 어디에서 비롯했을까?

이는 투자자들이 주식을 매도한 자금으로 미국 국채 같은 안전자산을 매수한다는 추정에서 연유한다. 그러나 이런 주장이 항상 옳은 것은 아니다. 2022년 급격한 인플레이션 상황에서 그 근거는 무너졌다. 상당수 애널리스트들이 주식과 채권을 60 대 40의 비율로 담는 고전적인 포트폴리오 시대가 끝날 때가 왔다고 말했다. 이런 자산 배분을 적용한 포트폴리오의 수익률은 채권과 주식 가격이 모두 하락해서 최악의 성적을 기록했다.

높은 인플레이션과 경기 침체 우려는 모든 금융시장에 타격을 입혔다. 미국 경제의 연이은 금리 상승으로 2022년 기술주가 큰 조정을 받았다. 그런데 이상하게도 2023년 주식시장은 시가총액이 큰 미국 빅테크 10개 기업 위주로 상승을 했다. 기다리던 경기 침체는 오지 않았다.

2017년 노벨경제학상을 수상한 리처드 세일러 교수는 미국이 2022년 연속으로 두 분기 역성장을 했을 때도 미국 경제의 견고함을 강조했다. 그는 〈CNBC〉와의 인터뷰에서, 역사적으로 낮은 실업률과 높은 고용은 경제가 강하다는 징표라고 강변하며 미국 경기 침체의 가능성을 거부했다. 당시 그는 미국 경제가 성장하고 있지만 물가보다 약간 덜 빠르게 성장하고 있을 뿐이라고 했다. 2022년 실질 GDP가 약간 떨어졌다고 경기 침체로 묘사하는 것은 웃기는 일이라고까지 말했다.

경기 하락을 확인할 때 실질개인소득, 고용, 실질개인소비지출, 도소매 판매, 산업생산 같은 여러 지표를 고루 보아야 한다.

앞에서 10년물 금리의 중요성을 주식시장과 연계해서 살펴보았다. 실제는 어땠는지 살펴보자. 연준의 기준금리 인상으로 2022년 10월에 10년물 국채 금리는 4.25%까지 올랐다. 주식시장을 공포의 도가니로 몰고 갔다. 이후 10년물이 2023년 5월 3.3%대까지 내려오자 주식시장은 급반등했다. 장·단기 금리가 역전된 상황에서 10년물은 경기 연착륙에 대한 기대감으로 정상화했다. 10년물 금리가 급등해 전고점을 뚫자 주식시장은 재차 조정을 받았다. 이 대목에서 10년물 금리가 안정화되어야 주식시장도 상승할 수 있음을 알게 된다. 주식과 채권 가격이 같이 움직일 수 있는 공간이 여기서도 생긴다.

노벨경제학상을 받은 폴 크루그먼은 주식시장에 관해 어떤 이야기를 했을까? 그는 2020년 4월 〈뉴욕타임스〉와의 인터뷰에서 주식시장은 경제가 아니라고 역설하면서 주식시장은 미국인들이 경제적, 정치적, 개인적으로 겪고 있는 사안과 무관해 보이기까지 한다고 말했다.

하긴 유동성으로 상승하는 주식시장을 우리는 수없이 목격했다. 증시는 연준이 계속해서 시장에 현금을 투입할 것이라는 믿음으로 인해 부양되어왔다. 실업률이 높아도 현금 투입으로 주식시장에 기름을 마음껏 주입할 수 있었다.

돌이켜 보면 주식시장은 경제를 제대로 반영하는 효율적인 시장만은 아니었다. 제로 금리 상황에서 일부 미국인은 저축 금액을 늘렸지만 투자자들은 더 나은 수익을 얻을 수 있는 주식시장을 머니 게임의 장소로 인식했다. 실제 시장은 기업 수익률이나 경기 침체보다 유동성이 더 크게 작용하는 일이 빈번하다.

기축통화라는 달러의 이점과 혁신 기업들로 무장한 미국 시장은 늘 매력적으로 보인다. 2024년 현재 미국 증시로 전 세계 자금이 몰리면서 미국 상장사 시가총액 합계가 세계 시가총액의 50%에 육박한다. 주식을 보유한 미국 가구의 비율은 60%를 조금 하회해서 역대 최고치를 기록했다. 한국 주식에 비해 미국 주식의 상승률이 월등하자 한국 주식시장을 떠나 미국 등 해외에 투자하는 기관과 개인이 늘고 있다. 미국 국민의 큰 부를 형성해 주기에 미국 대통령도 주식시장에 큰 관심을 가진다. 따라서 미국 주식시장은 경제의 전부는 아니지만 매우 중요한 시장임에는 틀림없다.

국채 금리와 주식의
상관관계는?

국채 금리와 주식 간에는 어떤 상관관계가 있을까? 일반적으로 주식과 채권은 음의 상관관계를 갖는다. 주식 가격이 떨어지면 채권 가격(채권 금리는 가격과 반대로 움직임)이 오르는 것이다. 이는 투자자들이 주식을 매도한 자금으로 미국 국채 등 안전자산인 채권을 매수한다는 믿음을 바탕으로 한다. 그런데 조금 다르게 생각해보면 어떨까?

금리가 올라간다고 해도 1년 내내 돌아가는 주식시장에서 수익을 내지 못한다는 법은 없을 것이다. 이런 상황에서 우리는 어떤 기준에 기대어 주식 투자를 해야 할까? 우선 1장에서 살펴본 것처럼 안전마진이 중요하다. 주식의 안전마진을 생각해보자. 워런 버핏은 주가를 정확하게 예측하는 일은 애초에 불가능하니 적당한 가격에 훌륭한 기업의 주식을 사라고 했다.

적당한 가격은 참 모호한 말이긴 하다. 마음이 편한 가격이라고 바꿔 말한다면 투자자는 언제 마음이 편한 걸까? '시가총액 ÷ 주식 수'는 곧 기업의 주가다. '당기순이익 ÷ 주식 수'는 1주당 순이익을 뜻하는 주당순이익(earnings per share, EPS)이다. 주가를 EPS로 나눈 값, 즉 PER(price to earnings ratio)은 주가이익배수다.

PER은 투자한 금액을 회수하는 데 걸리는 기간이라고 이해하면 되겠다. 이는 특정 종목의 시가총액을 당기순이익으로 나눠서 계산해도 마찬가지다. 즉 기업이 벌어들이는 돈의 몇 배를 주식으로 투자받고 있는지 알 수 있다. PER이 낮다면 기업이 이익을 내는 수준 대비 주가가 저평가돼 있다는 뜻이다. 기업의 주식수익률은 EPS ÷ 주가다. 주가는 PER × EPS다.

$$\text{PER} = \frac{\text{시가총액}}{\text{당기순이익}} = \frac{\text{시가총액/ 주식 수}}{\text{당기순이익/ 주식 수}} = \frac{\text{주가}}{\text{EPS}}$$

은행업, 증권업, 손해보험업, 신용카드업 등의 금융업종과 건설업 등의 PER은 상대적으로 낮다. 반면 제약·바이오, 게임엔터테인먼트, 전자 장비와 기기 등의 PER은 상대적으로 높다. 기업이 흑자가 아닌 적자 상황이면 PER을 산출하는 게 큰 의미가 없다. 'PER = 3'은 당기순이익을 3년간 벌어들이면 현재의 주가가 된다는 뜻이다. 단, 현재의 당기순이익이 계속 유지되는 것을 전제로 한다.

PER 가치평가법은 구조적인 성장이 이뤄지고 있는 산업에 많이 적용한다. 대규모 시설을 갖춘 업종보다는 인력과 기술력으로 높은 이익을 창출하는 성장 산업인 서비스업, 바이오에 적용하는 게 적절하다. 'PER/성장률'을 통해서 현재 수익과 미래 성장 잠재력을 모두 고려하여 회사 가치를 보다 포괄적으로 예측할 수도 있다. PER의 시장 평균치가 12 정도인 것에 비추어 보면 PER의 정상적인 범위는 대체로 5~25 정도다. 바이오산업을 비롯해 코스닥에서 거래가 되는 많은 종목은 PER이 훨씬 높은 상황이다.

배당할인모형(DDM)은 기업 가치를 미래 배당액의 현재가치로 할인해서 구하는 것이기에 현금흐름할인(discounted cash flow, DCF)모형의 배당형 모델이다. DDM은 미래 배당금의 순현재가치를 기반으로 주식을 평가하는 데 사용한다.

DDM의 지속적 성장 형태는 엘리 샤피로(Eli Shapiro)와 함께 이 모델을 발표한 MIT, 로체스터대학, 토론토대학의 마이런 J. 고든(Myron J. Gordon)의 이름을 따서 고든성장모델(GGM)이라고도 한다. 이들은 18년 앞서서 DDM을 제시한 존 버 윌리엄스(John Burr Williams)의 1938년 저서 《The Theory of Investment Value(투자 가치의 이론)》의 이론적, 수학적 아이디어를 차용했다.

한 회사가 매년 10,000원의 EPS를 기록하고 이를 전액 배당한다고 가정하자. 이 회사는 만기가 없는 채권과 다를 바 없다. 이 경우 회사의 적정 주가는 얼마여야 할까? 이 회사의 적정 주가는 시장금리가 결정한다. 시장금리가 5%에 회사 주가가 25만 원이라면, 주가는 적정 가치에 비해 고평가된 것이다. 시장금리는 할인율의 개념이고 주당 배당금이 10,000원이면 배당 수익률이 4%인데, 적어도 시장금리 5%에 해당하는 12,500원은 받아야 수

지타산이 맞기 때문이다.

$$\text{배당 수익률} = \frac{\text{주당 배당금}}{\text{주가}} \times 100 = \frac{10,000원}{250,000원} \times 100 = 4\%$$

사람들은 이 회사에 투자하지 않고 시장금리 5%를 보장하는 예금이나 채권에 투자할 가능성이 더 크다. 이 회사의 주가는 시장금리인 5% 수준에 맞추기 위해 20만 원까지 떨어질 수도 있다. 그러면 EPS는 10,000원이고 주가는 20만 원이다. 적정 PER은 20배가 된다. 만약 시장금리가 2%로 떨어지면 회사의 적정 주가는 50만 원이 된다. 이 회사의 배당 수익률이 시장금리 수준인 2%와 같아지려면 주가가 50만 원이 되어야 해서다.

$$\text{배당 수익률} = \frac{\text{주당 배당금}}{\text{주가}} \times 100$$

$$\text{주가} = \frac{\text{주당 배당금}}{\text{배당 수익률}} \times 100 = \frac{10,000원}{2} \times 100 = 500,000원$$

이 원리를 반영한 결과 시장금리가 내려가면 S&P500의 PER은 높아지고, 시장금리가 올라가면 S&P500의 PER은 낮아진다. S&P500은 미국 신용평가사 S&P 글로벌이 미국에 상장된 시가총액 상위 500개 기업의 주식들을 모아 지수로 묶어서 주기적으로 수정하고 발표하는 미국의 대표 지수다.

물론 금리 하락이 언제나 PER 상승과 주가 상승으로 이끄는

것은 아니다. 글로벌 금융위기, 코로나 팬데믹처럼 중앙은행이
급박한 경제 충격에 대응하기 위해 금리를 갑자기 내린 시기에
는 PER이 상승하지 않고 하락할 수도 있다. 이유는 무엇일까?
바로 가산금리가 상승했기 때문이다. 경제 위기로 회사채의 가
산금리가 상승하면 기업들은 돈을 제때 빌리기 어려워진다. 게
다가 이자 비용도 늘어서 주가는 상승하기 쉽지 않다. 반면 가산
금리가 하락하면 상황은 정반대로 변한다. 정책 금리 인하 효과
로 주가는 상승하고 PER도 높아진다.

주식시장이 금리 상승에 아랑곳하지 않는 시기도 물론 있었
다. 1999년 말에서 2000년 초에는 시장금리가 6.7%까지 솟았다.
S&P500의 PER은 정보통신(IT) 열풍 속에서 29배까지 상승했다.

PER은 기업의 배당 정책과도 밀접한 관련이 있다. 예를 들어
보자. 어느 회사가 배당금을 매년 인상한다면 적정 PER은 어떻
게 될까? 배당금이 일정한 회사보다 더 높아져야 한다. 그 이유
는 미래에 배당금이 많아질 가능성이 주가에 반영되기 때문이
다. 주식은 만기가 없기에 영구적인 증권으로 볼 수 있다. 미래에
들어올 배당이라는 현금흐름의 현재가치가 높아진다.*

PER은 주가의 바닥 찾기 과정에서도 매우 중요하다. 1978년
이후 금리와 주식 밸류에이션(가치) 사이의 관계를 살펴보면 명
확한 패턴이 나타난다. 금리가 4~6%였던 대부분의 기간에 PER
밸류에이션은 15배 아래로 크게 떨어지지 않았다. PER은 금리
가 8%를 넘어섰을 때만 그 아래로 대폭 하락했다. 글로벌 금융
위기 이후 심각한 경기 침체로 인해 낮은 금리와 낮은 PER이 동
시에 발생했다. 이는 예외적인 상황이다. 심각한 경기 침체를 피

할 수 있는 오늘날의 경우와는 매우 다른 양상이다.

투자를 할 때는 반드시 업종의 PER 값을 확인하고 동일 업종 내에서 비교해야 합리적인 의사결정이라 할 수 있다. 낮은 PER 에 투자의 절대 가치를 두는 경우는 없다. 후술하는 가치주와 성장주를 넘어서 PER은 저평가 여부를 참조하고 시장 전반의 상황을 참고하는 데 중요하다. 주식시장이 전반적으로 고평가 국면인지 저평가 국면인지를 알 수 있는 개념으로 사용하기도 한다. 개별 주식의 PER이 높아도 신성장 산업을 선택하고 그중에서 상대적으로 매력적인 밸류에이션을 보이는 회사로 포트폴리오를 구축하는 전략이 유효하다.

우리가 실제 PER을 기준으로 투자하려면 위에서 말한 실제 PER 외에 정상(normal) PER의 개념을 이해해야 한다. 여기서 실제 PER은 실제 주가를 순이익으로 나눈 값이다. 이에 반해 정상 PER은 이론 주가를 기초로 한 주가 수익률이다. 정상 PER은 성

---

* 이를 일반화하면 현금흐름할인모형의 수식은 아래와 같다. n년까지 순차적으로 높아지는 배당의 현금흐름(CF_n)을 감안해서 현재가치화하면 배당이 같을 때($CF_1 = CF_n$)보다 주가가 높아짐을 알 수 있다.

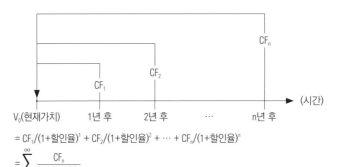

$$= CF_1/(1+할인율)^1 + CF_2/(1+할인율)^2 + \cdots + CF_n/(1+할인율)^n$$

$$= \sum_{n=1}^{\infty} \frac{CF_n}{(1+할인율)^n}$$

장을 하지 않는다고 가정한 상태에서 주주 요구수익률만큼의 이익 배수를 쳐주는 PER이다. EPS 전액을 배당으로 지급하는 무성장 상태일 때 주가는 아래와 같다. 여기서는 미래가치를 현재가치로 만드는 할인율을 주주 요구수익률 re로 사용해본다.

$$PER = \frac{P_0}{PER_1} = \frac{1}{re}$$

만약 요구수익률이 8%라면 정상 PER은 12.5배가 된다. PER은 12.5배인데 시중에 인기가 많은 주식 대부분은 12.5배를 훨씬 넘긴다. 무성장을 가정하는 정상 PER보다 높은 것은 초과수익으로 기업이 성장하기 때문일 것이다. 그래서 실제 PER은 결국 초과수익으로 기업의 성장 방향성을 알려주는 지표이며, 수익성과 성장성을 평가하는 이익의 질을 나타낸다.

주식 가치 = 성장 없는 주식의 현재가치 + 성장 기회의 순현재가치

우리는 앞에서 기업의 가치를 미래의 기대 배당액의 함수로 정의했다. 배당이 성장하는 기업의 가치는 정상 PER의 개념이 아니다. 고든성장모델(GGM)은 회사의 미래 성장 잠재력에 초점을 맞춘 주식 가치평가 방법이다. 주식의 가치가 미래 배당금의 합계를 현재가치로 할인한 값에 해당 배당금의 예상 증가율의 현재가치를 더한 것과 같다고 가정한다. 기업의 이익과 배당이 매년 g%만큼 일정하게 성장한다고 가정할 경우 주식(기업)의 이론적 가치를 나타낸다.

이에 따르면 ① 성장에 필요한 자금을 내부 금융만으로 조달하고 ② 기업의 이익과 배당은 일정한 성장률(g)로 항구 성장하며 ③ 요구수익률(re)이 일정하나 성장률보다는 크고 ④ 기업의 내부 유보율과 배당 성향이 일정하다고 가정할 경우, 주식(기업)의 내재가치는 다음 해의 기대 배당을 요구수익률과 성장률의 차이로 나누어 구할 수 있다. 요구수익률은 할인율의 개념이고 자기자본비용으로 대체하기도 한다.

$$\text{주가} = \frac{\text{예상 배당액}}{\text{자기자본비용} - \text{성장률}} = \frac{\text{주당순이익} \times \text{배당 성향} \times (1 + \text{성장률})}{\text{자기자본비용} - \text{성장률}}$$

$$\text{PER} = \frac{\text{배당 성향} \times (1 + \text{성장률})}{\text{자기자본비용} - \text{성장률}}$$

예를 들어 향후 예상 배당액이 1,000원이고 자기자본비용이 10%이고 성장률이 5%인 기업의 주가는 1,000 / (0.1-0.05) = 20,000원이다.

주가는 '주당순이익, 배당 성향, 성장률, 할인율'의 함수가 된다. 결국 PER을 결정하는 요인도 자기자본비용, 성장성, 배당 성향이다. 성장 기회가 적고 위험이 높은(자기자본비용이 높은) 주식은 이론적 PER(정상 PER)이 낮고 실제 PER도 낮다. 가치투자자들이 관심을 가져야 하는 저PER주는 정상 PER과 비교해서 실제 PER이 낮은 주식이다. 이론 주가보다 실제 주가가 낮다면 저PER주라는 개념에 부합한다. PER은 배당 성향과 성장률과는 비례하고 자기자본비용(금리와 관련된 할인율)과는 반비례한다. 배당 성향이 40%, 자기자본비용이 연 10%, 성장률이 3%인 회사의 PER을 구해보면 (40% × 1.03) ÷ (10% - 3%) = 5.9다.

주식에 듀레이션 개념을 도입해 성장하고 있는 기업의 이익 주기와 미래가치 등을 수치화할 수도 있다. 가령 단기간 내 수익이 발생할 가능성은 낮지만 10~20년 이후 큰 이익이 날 것으로 예상되는 기업은 주식 듀레이션이 길다. 반면 짧은 기간 동안 돈을 많이 벌지만 먼 미래에는 상대적으로 돈을 적게 벌어들일 것으로 예상되는 곳은 주식 듀레이션이 짧다. 채권의 원리처럼 주식 듀레이션은 주식의 금리 민감도를 측정하는 척도라 하겠다. 듀레이션이 긴 주식은 듀레이션이 짧은 주식에 비해 금리 변화에 더 민감하다.

어떤 상황에서
저PBR주가 강세를 보일까?

PBR로 보는 주식의 안전마진

주가순자산배수(PBR)는 주가를 주당순자산가치로 나눈 개념이다. PBR은 PER과 마찬가지로 주주 가치를 고려한 상대적 가치평가다. PER이 당기순이익에 초점을 맞춘다면 PBR은 자산가치를 고려해서 기업 가치를 평가한다. 기업 순자산 대비 1주당 몇 배 가격이 적정한지를 측정한다. 당기순이익이 적자이면 PER이 음수로 나와서 사용하기가 어렵다. 이런 경우에는 PBR을 사용할 수 있다.

PBR 1배란 '시가총액 = 순자산가치 = 청산가치'를 뜻한다. 이 회사를 인수해서 모든 자산을 팔았을 때 그 청산가치가 인수 비용과 같다는 말이다. PBR이 1배 이하지만 멀쩡한 상장 기업이 수두룩하다.

PBR이 낮으면 무조건 저평가된 걸까? 그렇지는 않다. 기업이

속한 산업의 업황, 기업 체질, 재무 구조를 두루 감안해서 평가해
야 한다. 누군가가 기업을 인수해서 완전히 처분하는 경우에는
'PBR = 1' 이상의 가치가 있을 수 있다. 개인투자자에게는 PBR
이 1보다 낮으냐가 아니라, 주식을 사서 이익을 남기고 파느냐가
중요하다.

어떤 상황에서 PBR 중심의 기업 가치평가를 활용하면 좋을
까? 자본과 자산을 영업에 적극 활용하는 산업이다. 화학, 철강,
조선처럼 자산가치가 매우 큰 자본집약적 장치산업을 우선 꼽겠
다. 산업 내 변화가 상대적으로 적은 완숙한 사이클의 산업도 적
절하다. 과거에 미국 금리가 경제 성장률을 압도했던 시기에는
한국의 저PBR주 강세가 두드러졌다. 금리가 높으면 성장주가
약세이고 가치주가 선호되는 것이 일반적이기 때문이다.

다음 공식을 통해 PBR과 PER의 관계를 알아보자.

$$PBR = \frac{\text{시가총액}}{\text{순자산가치}} = \frac{\text{시가총액 / 주식 수}}{\text{순자산가치 / 주식 수}} = \frac{\text{주가}}{BPS}$$

마지막 항목을 보면 PBR은 자본 대비 시가총액의 비율이 된
다. 여기서 BPS(book-value per share, 주당장부가치)는 '순자산가
치 ÷ 주식 수'다. 주가는 'PBR × BPS'다. BPS는 기업이 자사의
모든 자산을 장부(회계적)가치로 청산한 후 우선주를 포함한 모
든 부채를 제외하고 남은 금액을 총 발행된 보통주식 수로 나눈
금액을 의미한다. '주당장부가치 = (총자산 - 총부채) ÷ (총 발
행된 보통주식 수)'로도 표현한다. 특허권, 영업권 같은 무형자

산은 금액을 산출하기 어려워 전체 자산에서 제외하는 게 통상적이다.

한편 PER은 '주가 ÷ EPS'이고 ROE는 '당기순이익 ÷ 자본 = EPS ÷ BPS'다. 여기에서 'PBR = 주가 ÷ BPS = (EPS ÷ BPS) × (주가 ÷ EPS) = ROE × PER'이 도출된다. ROE는 자기자본이익률(return on equity)로, 기업이 자본을 이용하여 얼마만큼의 이익을 냈는지를 나타내며, 워런 버핏이 가장 중요하게 여기는 기업 수익성 지표다.

순익이 200억 원인데 자본 총계가 1조 원이라면 이 기업의 ROE는 2%다. 연간 200억 원을 번다면 상당하다고 생각할지 모르나 투자 효율성은 엉망이다. 은행 예금이나 채권 투자로 이보다 훨씬 높은 이자를 받는다면 1조 원을 들여 기업 활동을 영위할 이유가 없다. ROE가 낮은 기업은 안전마진 확보에 실패한 기업이다. 기업은 사업 초기에 높은 ROE를 보이다가 시간이 지날수록 높은 ROE를 유지하기가 어려워진다. 자본을 늘려 신규 사업이든 재투자를 통해서든 이익을 늘리기가 어렵다. 이 경우 배당이나 자사주 매입과 소각으로 자본을 낮춰야 ROE를 유지하거나 높일 수 있다.

자본 대비 시가총액 비율인 PBR은 PER에 ROE를 고려한 개념이다. 다시 말해 당기순이익의 성장성 외에도 재무 구조, 배당금을 고려했다.

기업은 자본을 조달해서 생산 활동을 위한 투자에 사용하고 이익을 창출한다. 자본조달 → 투자 → 생산 → 판매 활동을 통한 수익성이 자본조달 비용보다 높아야 기업은 부가가치를 창출할 수 있다. 자본조달 비용 이상의 수익을 올리지 못한다면 투자에서 철수하는 게 옳다. 기업 투자 활동의 적정성 여부를 따져보기 위해서는 자본조달 비용과 수익성을 두루 살펴야 한다.

2023년 연준이 기준금리를 인상함에 따라 10년 만기 국채 수익률이 16년 만에 최고치로 올랐다. 국채 금리는 무위험자산 금리다. 10년 만기 국채 금리의 상승으로 기업의 부채 비용이 증가했다. 기업의 자기자본비용도 증가했다.

자기자본비용을 구할 때는 가중평균자본비용(weighted average cost of capital, WACC)을 사용한다. 부채와 우선주, 보통주 등 유형별로 자금을 조달할 때 쓰이는 비용을 각각의 비중별로 곱해서 산정한 '평균 비용'이다. 기업이 투자를 결정하는 데 중요한 기준이 된다. 투자자가 기업에 요구하는 수익률은 회사채나 우선주, 보통주 등 유형별로 다르다. 유형마다 의결권 여부, 상환 우선순위 같은 조건이 다르기 때문이다. 투자자들이 요구하는 수익률은 회사 입장에서는 비용이다.

WACC = (자기자본비용 × 자기자본 비중) + (타인자본비용 × 타인자본 비중)

예를 들어보자. A기업은 우선주 투자자에게 10% 배당, 보통주에는 7% 배당, 회사채는 5% 이자를 보장한다. 자본 비중은 우선주 10%, 보통주 50%, 회사채 40%를 가정하자. 이 경우 가중평균자본비용(WACC)은 다음과 같다.

$(0.1 × 0.1) + (0.07 × 0.5) + (0.05 × 0.4) = 6.5\%$

이는 무엇을 의미하는 것일까? 이 기업의 수익률이 6.5%보다 높으면 수익 창출 능력이 양호한 것으로 간주한다.

기업 내부에 가치 창조 경영, 주주 중시 경영이 자리 잡을수록 내실을 다지려 하고 기업 가치를 뜻하는 주가도 중시하게 된다. 위기가 닥쳤을 때 강도 높은 구조조정을 실행해 재무 구조가 개선되면 기업 체질은 강화된다. 한편 보수적인 경영 활동은 기업 투자의 부진으로 연결되기도 한다. 기업의 체질 개선에도 불구하고 장기간 투자 부진이 지속될 경우에는 미래의 성장 잠재력이 취약해질 수 있다. 투자에 소요되는 상장 기업의 자본조달 비용은 낮을수록 수익성을 증가시킬 수 있다. 금리 인상은 WACC를 끌어올리고 수익성을 낮춰 주가에 부정적인 역할을 한다.

주식시장에서 기업이 낮은 대우를 받는 것은 국가 차원에서도 자존심이 상한다. 우리 정부 역시 만성적인 코리아 디스카운트를 해소하고자 2024년 기업 밸류업 정책을 발표했다. 상장사들이 PBR이나 ROE 목표치를 스스로 수립하고 이를 이행할 구체적인 계획을 세워 투자자들에게 알리도록 권고하는 내용이 핵심이다. 자사주 매입 및 소각, 배당 확대 등 주주환원 정책뿐 아니라, 비핵심 자산이나 사업 등을 재조정하고 대규모 투자에 나서는 등 장기적인 경영 청사진도 포함한다.

우리 정부는 일본 밸류업 프로그램을 벤치마크로 삼았다. 일본은 밸류업 정책을 도입한 이후 저PBR주가 닛케이지수를 부양한 효과는 6개월 정도에 그쳤다. 그러나 장기적으로 고배당주에 대한 관심이 커졌다. 기업 밸류업이 장기적 문화로 자리 잡으려면 자본의 효율적 배분과 근본적인 기업 펀더멘털 강화가 중요하다.

매출액은 상승하는데
금리 인상에 발목을 잡히는 기업

PSR로 보는 주식의 안전마진

주가매출액배수(price to sales ratio, PSR)는 미국의 투자 전문가 케네스 피셔(Kenneth Fisher)가 만든 기업 평가 지표다. 케네스 피셔는 성장주 투자의 대가 필립 피셔(Philip A. Fisher)의 아들이다. PSR은 주가를 1주당 매출액으로 나눈 수치를 말한다.

$$PSR = \frac{순이익}{매출액} \times 100 \times \frac{시가총액}{순이익}$$

$$= \quad 순이익률 \quad \times \quad PER$$

케네스 피셔는 1984년 출간한 저서 《슈퍼 스톡스(Super Stocks)》에서 PER 개념의 허점을 비판하고 PSR 개념을 도입했다. 그가 말한 PER의 허점은 순익의 잦은 변동성이다. 회사의 경영 상황과 관계없이 일회적인 비용으로 순익이 달라질 수 있다. 일회성 시설 설치, 연구비용, 회계 방식의 변화 등 다양한 요인이 순익에 영향을 준다. 그는 순익에 비해 매출액은 상당히 안정적이라는 사실에 주목했다. 순익이 일시적으로 감소했다고 성장 동력을 잃은 기업으로 취급하는 것은 옳지 않다. 안정적인 매출을 올리고 있다면 투자 가치가 큰 기업일 수 있다.

《슈퍼 스톡스》에서 피셔가 말하는 투자 원칙을 살펴보자. 그는 PSR이 1.5가 넘는 기업은 피하라고 했다. 3이 넘으면 절대 사지 말라고 했다. 만일 PSR이 0.75 이하라면 해당 기업의 주식을 매수 대상으로 고려해야 한다. 3.0~6.0 수준이라면 매도 시점이다. 물론 그 역시 PSR을 모든 경우에 일률적으로 적용할 수는 없다고 했다.

매출액은 회계 조작이 어려워 기업 가치를 안정적으로 평가한다. 그럼에도 PSR과 함께 순이익을 함께 고려하는 것이 맞다. PSR로 저평가된 기업 중에서 순이익이 개선되는 기업은 좋은 투자 대상이 된다. 세간에는 쿠팡처럼 의도된 적자를 통해 시장을 장악해가는 기업이 있다. 이들 기업에는 새로운 성장 문법을 적용해야 할 것이다. 이런 상황에서는 순익보다는 성장성 지표인 PSR이 각광받을 수 있다. 지금 당장 수익을 내지 못하더라도 성장하는 기업이라면 가치를 높게 쳐줄 수 있다. 매년 매출이 성장하고 있다면 장밋빛 미래를 기대해볼 수 있다.

문제는 금리 인상이다. 금리가 오르면 적자 기업이 매년 부담해야 하는 금융 비용이 높아진다. PSR로 무장해 기업공개(initial public offering, IPO)에 나서려던 기업은 당혹스러운 상황을 마주할 수 있다. 제2의 쿠팡을 표방했던 기업들은 수백억 원 혹은 수천억 원의 적자를 통상적인 일로 치부하며 재무 관리에 소홀했다. 수백억 적자를 기록하며 매출 증대를 위해 출혈 경쟁을 벌인 결과가 고금리로 인한 경영의 어려움으로 끝나버리면 절망적이다.

그렇다고 모두가 낙담할 필요는 없다. 21세기 초 닷컴 버블 속에서 아마존, 네이버 같은 기업은 살아남았다. 닷컴 버블이라는 열광이 없었더라면 네이버는 애초에 자금을 수혈받기도 어려웠다. PSR이 절대적 가치는 아니지만 옥석 가리기를 거치며 혁신 기업은 생존할 수 있다. PSR의 가치는 오히려 이 원리를 적용하기 어려울 때 빛을 발한다. 그때야말로 경쟁력 있는 기업을 찾아내는 일에 돌입할 때다. 그것이 자본시장이 해야 할 역할이라 하겠다.

금리 관점에서 본
성장주와 가치주 투자

성장주는 현재 매출과 영업이익은 높지 않지만 미래의 성장이 기대되고 잠재력이 큰 주식을 말한다. IT, 바이오, 이차전지, 전기차 섹터 등이 대표적인 성장주 섹터다. 메타, 아마존, 애플, 넷플릭스, 구글 등 미국 빅테크기업을 예로 들 수 있다. 반면 가치주는 성장세는 완만하지만 현재가치에 비해 주가가 저평가된 주식을 말한다. 이미 시장에서 매출과 영업이익이 꾸준히 발생하고 있지만 미래 성장성에 대한 기대가 크지 않다. 이런 가치주는 상대적으로 낮은 가격에 거래되고 주가 변동성도 크지 않다. 대표적인 가치주 업종은 소비재, 은행, 통신, 건설, 유통 등이다.

성장주와 가치주를 구분하는 명확한 기준이 있는 것은 아니다. 하지만 일반적으로 PER, PBR 등의 지표를 기준으로 주식이 저평가되었는지 판단한다. 모든 경우에 적용되는 건 아니지만

PER, PBR이 낮으면서도 꾸준하게 이익을 내고 있는 기업이라면 현재가치에 비해 주가가 저평가된 주식이라고 볼 수 있다. 반면 성장주의 경우 시장의 기대가 높기 때문에 PER이 30배에서 많게는 100배 이상에서 거래되기도 한다. 실제 회사가 벌어들이는 수익보다 주가가 훨씬 높게 평가된다.

통상 성장주 투자와 가치주 투자 방식은 크게 다르다. 성장주 투자는 기업의 이익 사이클 내 성장성이 정점(고점)에 이를 때까지 집중한다. 가치주 투자는 본질가치 대비 저평가된 기업을 사서 적정 가치에 판다. 성장주 투자는 기업 이익 사이클의 고점을 확인했다면 단순히 주가가 많이 하락했다고 해서 접근하는 것은 지양해야 하고, 가치주는 기업 이익 수준이 정상 궤도에 진입했다면 주가가 크게 올라가는 것을 기대하기 어렵다. 성장주 투자를 '추세 전략', 가치주 투자를 '역발상 전략'이라 지칭한다.

일반적으로 저금리나 제로 금리 상황에서는 성장주가 매력적인 투자처로 각광받는다. 저금리 시대에 기업들은 적은 이자로 대출이 가능하다. 투자와 인수·합병(M&A)을 추진하기가 쉽다. 그만큼 기업의 성장에 대한 기대가 커진다. 반대로 금리 인상으로 이자 부담이 커지면 기업의 경영과 투자 활동에 어려움이 따르게 되고 기대 이익률도 낮아진다. 고금리 시대에는 미래를 담보하기 어렵다 보니 성장주에 대한 기대나 투자 심리도 줄어들고 주가 또한 하락할 수 있다. 금리 인상은 성장주의 할인율을 높여 당장의 기업 가치에 타격을 가한다.

반면 가치주는 성장주에 비해 변동성이 낮은 편이라 금리 인상기에 주목해볼 만하다. 막대한 투자가 없어도 일정한 실적이 꾸준히 유지되는 경우가 많아 금리에 덜 민감하다. 불안한 시장 상황에서는 꾸준히 이익을 내고 배당을 주는 기업에 주목해보자. 가치주는 성장주보다 상대적으로 배당 수익률이 높아 매력적인 투자처로 여겨진다.

대표적인 가치주인 은행, 보험사 같은 금융 관련 주식은 금리 인상기에 이익률이 개선돼 더 좋은 실적을 올린다. 투자자들은 금리 수준을 크게 상회하는 은행주의 높은 배당 수익률에 눈을 돌리기도 한다. 물론 금리 급등에 따른 수혜보다는 금융시장 불안정에 따른 우려가 더 커져 은행주 주가 상승이 신통치 않을 수 있다. 보험업종도 금리가 오르면 이자 마진과 투자수익률이 개선된다. 과거 고금리 환경에서 고정금리로 판매됐던 상품에 대한 부담도 축소할 수 있다. 보험사는 금리 인상 시에는 채권 투자 수익률을 높일 수 있다.

한 회사의 주가가 PER이나 PBR이 낮은 수준에 도달해 매수했는데도 주가가 계속 떨어진다면? 우리는 적정 타이밍보다 너무 일찍 주식을 매수했다고 사후적으로 말한다. 주가는 본질가치보다 낮게도 높게도 거래되는 것이 태반이다. 끝 모르게 오를 것 같은 주가도 폭락하면 손실은 가치주의 몇 배일 수 있음에 유의해야 한다. 우월한 성장 패턴이 무너지기 전에 "탈출하는 것은 지능순"이라는 말이 헛말이 아니다. 반면 가치주는 낮은 가격에 사서 김치처럼 푹 묵혀두어도 된다.

성장주는 너무 오래 주식을 보유하면 높은 수익률 대비 큰 대가를 치른다. 혹자는 가치주 투자를 통찰력 있는 저점 매수자로 본다. 그에 반해 성장주 투자는 경쟁적으로 호가만 높여대는 바보라고 비웃기도 한다. 주식을 샀는데 너무 빨리 판 경우라면 성장주에서 모멘텀 플레이를 즐기지 못한 것이다. 주식은 확률적 사고로 하는 게임이다. 배당 성향이 높은 가치주를 적정 시점에서 사서 물렸다 해도 아주 높은 가격만 아니라면 얼마간 기다리면 수익을 낼 수 있다.

밸류에이션(기업 가치)의 높고 낮음보다는 구조적인 성장을 향유하는 기업이 참 성장주다. 가치주라 할지라도 새로운 성장 동력이 생기면 가치주가 아니라 성장주로 봐야 한다. 기업은 끊임없이 진화한다. 영원한 성장주나 영원한 가치주는 없다. 매년 매출과 이익이 꾸준히 상승하고 그 기업이 영위하고 있는 산업이 빠르게 성장하고 있다면 구조적 성장의 가능성이 높다. 산업 내 독과점적인 지위를 갖고 있다면 금상첨화다.

가치주, 성장주와 금리의 관계는 절대적이지 않다. 2022년 하반기부터 2024년 현재까지 빅테크기업이 시장을 주도하고 있다. 과거에는 고금리 시기에 성장주에 많은 자본이 필요해 차입 비용이 증가할 것으로 보았다. 기업 수익성 개선을 위해 과감한 인력 구조조정을 한 뒤에야 빅테크기업의 실적 가이던스가 올랐다. 이제는 성장과 가치라는 이분법적인 접근보다 구조적으로 성장하는 기업에 집중하는 전략이 바람직하다. '펀더멘털을 갖춘 성장주'는 언제나 시장 반등을 주도할 수 있다.

기업 잉여자산을 활용해 새로운 가치를 창출하는 기업과 단순히 잉여현금을 쌓아놓은 기업 중 어떤 기업이 좋은 기업일까? 실제로 유형자산보다 무형자산의 비중이 높고 매출과 영업이익 성장성이 높으며 독보적 영업권과 기술력을 갖춘 기업 대부분은 시장 대비 PER이 높고 이는 정당화된다.

고금리 시대에 적절한 성장주를 발굴하는 비법이 따로 있을까? 규모가 크고 시장침투율이 상대적으로 낮은 산업을 찾는 것이 도움이 될 수 있다. 시장침투율이란 '특정 시장에서 기업이나 제품이 도달한 잠재 고객 또는 사용자의 비율'을 의미한다. 시장침투율이 낮다는 것은 해당 산업에 아직 성장의 여지가 많다는 의미다. 유망 섹터로 인공지능(AI), 로봇공학, 첨단 컴퓨팅과 같은 차세대 기술산업을 들 수 있다.

고금리 상황에서는 성장 속도보다 성장의 질을 중시해야 한다. 고금리는 기업의 자본조달 비용을 높이기에, 자금을 대거 차입해 빠른 성장을 이룩한 기업은 현금흐름이 악화한다. 부채나 주식시장에 의존해 자본을 조달하는 소규모 스타트업에 투자하는 것은 지양해야 한다.

경기 순환에 덜 민감한 성장주는 투자 고려 대상이다. 안정적인 수익을 내는 소프트웨어 기업과 전기자동차 배터리 생산업체, 반도체 장비 제조업체를 꼽을 수 있다. 여기에 정부 보조금을 받거나 정부 지출의 수혜를 입는 기업도 포함한다. 방어적 성장주에 투자하면 경기 침체에 따른 부정적인 영향을 덜 받고 금리 인하기가 찾아왔을 때 수혜를 입을 수 있다. 높은 인플레이션과 고금리일 때 가격에 비용을 전가할 수 있다면 좋은 기업이다.

높은 인플레이션하에서는 부채를 바라보는 눈도 새롭게 키울 수 있다. 부채가 특정 금액으로 고정되어 증가하지 않는다면 행운이다. 인플레이션은 채무자에게 유리해 기업 수익성을 크게 개선할 수 있다.

투자 전략 수립의
절대적 기준인 중립금리

주식시장에서는 10년물 금리의 추이가 중요하다. 10년물 금리 추이는 어떻게 전망할 수 있을까? 우선 10년물 금리에 내재된 기대인플레이션이 중요하다. 코로나19 사태 직전 2020년 2월까지의 20년 동안 기대인플레이션의 평균값은 1.9% 수준이었다. 20년 동안 연속해서 2%를 초과한 경우 중에 가장 길었던 기간이 69일에 불과했다. 이런 상황이 다시 찾아온 것은 2023년 3분기다. 이는 국채시장에 형성된 인플레이션 기대 심리가 완고하다는 뜻이었다.

일반적으로 기대인플레이션이 높으면 실질 금리는 하락해야 한다. 실질 금리는 명목금리에서 물가상승률을 차감한 값이다. 문제는 국채시장에서 실질 금리 대용 지표로 활용되는 10년물 물가연동국채(TIPS) 금리가 장기 추세선(200일 이동평균선)을 웃돌 때다. 이런 상황이 되면 장기 금리의 상승을 주장하는 전문가가 늘어난다.

통상 장기 금리는 국채시장의 경제나 물가에 대한 장기적인 시각을 반영한다는 점에서 아래에서 말할 중립금리 추세를 따른다. 3장에서 우리는 경제를 균형에 이르게 하는 실질 균형 이자율과 중립금리에 대해서 살펴보았다. 중립금리는 인플레이션이나 디플레이션 없이 경제가 잠재성장률 수준을 회복하게 하는 이론적 금리다. 경제를 너무 뜨겁게도 차갑게도 하지 않는 금리 수준이다. 중립금리 추정치는 초장기물인 30년물 금리의 상한 역할을 한다. 만약 30년물 금리가 이를 뚫고 올라선다면 중립금리를 인상하라는 요구가 늘어난다. 시장은 이럴 경우 중립금리가 연준이 추정하는 것보다 높을 것으로 본다.

중립금리는 경제를 냉각시키지도 가열시키지도 않는 이상적인 정책 금리다. 연준이 장기적으로 지향하는 정책 금리 수준으로 판단되기도 하는데 통상 연준이 3개월마다 공표하는 FOMC 위원들의 장기 정책 금리 전망치(중앙값)가 기준이 된다. 시장 참가자들이 투자 전략을 짜는 데 절대적인 기준으로 삼기 때문에 매우 중요한 지표다. 중립금리는 자연이자율이라고 부르기도 하며, 이 경우 중장기적으로 한 경제의 실제 GDP와 잠재 GDP를 일치시켜 인플레이션이 안정적으로 유지되게 한다.

장기 금리의 상승세가 지속되면 주식을 비롯한 위험자산시장에 끼치는 영향이 불가피하다. 기업의 미래 실적 추정치에 기반해 밸류에이션이 책정되는 주식시장은 시장금리가 상승하면 미래 현금흐름에 대한 할인 정도가 커져 그 가치가 낮아진다. 비교적 안전한 국채의 투자 매력도가 커지게 되는 만큼 주식 투자의 유인력이 떨어진다.

2023년 8월 주식시장은 조정 국면에 있었다. 그 가운데서 가장 많이 회자된 것이 중국 경제의 침체와 미국의 연내 추가 금리 인상 가능성이었다. 하지만 미국의 장기 금리 상승이 더 큰 의미를 가졌다고 간주해야 한다. 당시 국내 증시가 상당히 조정을 받았지만 과거에 금리 이슈로 인해 대공황 이후 가장 어두운 분기로 조정받은 2018년 4분기를 생각하면 이건 가벼운 찰과상이다.

2016년 새해 벽두도 심각했던 시기로 기억에 남아 있다. 당시 중국 증시는 사우디-이란 단교, 중국 제조업 지표 부진으로 한 달 내내 연일 폭락했다. 중국발 위기는 세계 증시를 폭락으로 몰아갔고 공포 지수는 극에 달했다. 물론 2023년 하반기에도 미국 장·단기 국채 금리 역전 현상 속에서 장기 10년물, 20년물, 30년물 금리가 계속 상승하긴 했다. 그러나 국채 금리는 장기 금리가 단기 금리보다 높은 것이 정상이기에 이는 정상화 과정으로 보면 된다.

물가가 상승하던 2018년, 연준 멤버 상당수는 중립금리 수준을 3%로 제시했다. 미 금리가 중립 수준에 도달하면 연준은 물가 급등이나 경기 둔화로 금리를 올릴 수도, 내릴 수도 있다. 2018년 10월 제롬 파월 의장은 "기준금리가 여전히 중립금리와 멀리 떨어져 있다"고 발언해 향후 금리 인상을 지속하겠다는 의사를 분명히 함으로써 트럼프 대통령과 각을 세웠고 미국 증시는 하락의 소용돌이에 휩쓸렸다. 증시 하락의 비난에 휩싸인 파월 의장은 결국 자신의 견해를 바꾼다. 그는 그해 연말 "금리는 여전히 역사적 기준에 비해 낮으며 미국 경제에 중립적인 수준으로 여겨지는 넓은 범위 바로 밑에 있다"라고 발언한다. 기준금리가 중립금리 코앞에 있다고 하여 증시 폭락은 일단락되었다.

그 뒤로 실질 중립금리는 2019년 이후까지 변경되지 않았다. 금리에 덜 민감했던 코로나 이후 일부에서는 경제 성장과 인플레이션을 억제하는 데 도움이 되도록 정책을 제약적인 수준으로 밀어붙이기 위해 더 높은 중립금리가 필요하다고 요구했으나 받아들여지지 않았다. 파월은 인플레이션 상황에서 2022년 5월 필요하다면 기준금리를 중립금리 수준 이상으로 올리겠다고 했고 그의 말은 크게 주목받았다.

연준은 2023년 중립금리를 2.5% 안팎으로 보았다. 장기 인플레이션 전망(2%)을 제외한 0.5% 안팎을 실질 중립금리(R스타, R*)라고 보았다. 당시 기준금리(5.25~5.5%)가 특정 시점의 물가상승률(3%대)보다 0.5% 이상 높기에 긴축적인 통화정책을 실시한다고 생각하면 된다. 실질 기준금리가 중립금리보다 낮으면 경제를 부양하게 되는데 이는 과거의 일이 되어버렸다.

하지만 연준 내부에서도 중립금리가 높아졌다는 의견은 이어지고 있다. 리치먼드 연방준비은행은 1분기 실질 중립금리가 0.5%가 아니라 2%라고 봤다. 댈러스 연방준비은행 역시 실질 중립금리를 1.1%라고 평가했다. 나아가 여러 유명한 경제계 인사들이 물가와 금리 전망을 놓고 다른 의견을 보였다. 래리 서머스 전 재무장관은 코로나 팬데믹과 미·중 갈등, 고령화로 예전보다 더 높은 물가와 금리를 예상한다. 그는 10년 만기 미 국채금리가 연 4.75% 이상까지 오를 수 있다고 보았고 그의 예언은

2023년 10월 정확하게 들어맞았다. 반면에 존 윌리엄스 뉴욕 연방준비은행 총재는 "저금리 시대가 끝났다는 근거가 없다"고 언급했지만 설득력이 별로 없어 보인다. 중립금리를 둘러싼 이런 논쟁을 R스타 논쟁이라고 부른다.

어떤 요인들이 중립금리 수준에 영향을 미칠까? 우선 경제의 생산성 증가다. 이는 성장 잠재력을 높이기 때문에 중립금리를 상승시킬 수 있다. 고령화 요인이란 노인들이 저축 성향이 높고 투자 성향은 낮다고 간주하는 것으로, 이 요인이 중립금리를 낮출 수 있다. 고금리 위험에 경제가 무뎌진다면 더 많은 투자 기회가 존재할 수 있고 중립금리 수준도 증가한다.

우리는 상호 밀접하게 연결된 세계에 살고 있다. 글로벌 저축과 투자 패턴이 중립금리에 영향을 미칠 수 있다. 2008년 금융위기 이후 몇 년 동안, 많은 경제학자는 다수의 선진국에서 중립금리가 상대적으로 낮았다고 믿었다. 그 이유는 무엇이었을까? 고령화, 낮은 생산성 증가, (특히 신흥국에서의) 저축 증가, 높아진 경제 불확실성 등이다.

미국 경제는 혁신 주도형 경제이고 은퇴한 베이비부머 세대들의 소비 여력이 상당하다. 다시 말해 가계 부문은 저축이 많고 고용시장이 좋기 때문에 투자를 위한 차입을 하지 않으므로 금리에 덜 민감하다. 실질 중립금리가 높아지는 것은 미국 경제를 밀어 올리는 요인들이 늘어났기 때문이다. 〈월스트리트저널〉은 미국의 재정 지출 증가, 에너지 전환 투자 증가, 은퇴자들의 투자 확대, 인공지능(AI) 등 생산성을 향상하는 기술의 발전 등을 꼽았다.

세계 최대 수출국인 중국이 소비자물가와 생산자물가 모두가 마이너스인 디플레이션 상황이다. 이런 상황이 강달러 속에서 저렴한 중국산 물품을 소비하는 미국인에게 어떤 영향을 미칠까? 그나마 물가 하락과 금리 안정 요인으로 작용할 것 같다.

높은 금리 수준에도 미국 경제가 탄탄하다는 것은 그만큼 미국의 잠재 성장률이 개선되었고 미·중 패권전쟁에서 미국이 승기를 잡았다는 의미다. '아메리카 퍼스트'를 외친 트럼프 전 대통령의 정신이 바이든 시대에 빛을 더 발하고 있다. 미국 경제가 현재로서는 너무나 탄탄해 중립금리 상승을 막을 수 없는 상황으로 치닫고 있다. 파월 의장은 2022년에, 금리 인상이 소비자들에게 고통을 가져올 것이라고 경고했다. 그러나 22년 만에 최고치를 기록한 기준금리 상황에서도 골드만삭스는 지금 상황이 훨씬 더 안심할 수 있으며 "경제 연착륙이 작년의 그 어느 시점보다도 가능성이 높아 보인다"고 전했다.

2023년 초 시장에 어떻게 대응할까 생각한 결과, 금리 인하를 조급하게 기다리기보다는 미국 경제의 탄탄한 회복력과 중국 경제의 침체를 인정하는 것이 좋다고 판단했다. 실제로 미국 경기 침체에 베팅한 결과는 실패로 끝났다. 2023년 당시 국채시장이 생각하는 중립금리는 연준의 추정치보다 높다는 인식이 팽배했다. 달리 표현하면 미국 경제의 맷집이 고금리를 견딜 여력이 충분했다는 이야기다. 중립금리가 상승했다는 발언은 대개 매파적으로 들려 주식시장에 악영향을 미친다. 그러나 2023년과 2024년 미국 주식시장은 인공지능 열풍을 타고 오름세를 보였다.

장·단기 금리 차가
투자에 미치는 영향

세계적인 커브 불 플래트닝은 중앙은행에 대한 불신이 영향을 미쳤다. 중앙은행이 예상보다 빠르게 긴축으로 돌아서는 정책적 실수를 저지른다면 경기는 더욱더 악화할 수 있다. 예를 들어 연방준비제도(Fed, 연준)가 지난 6월부터 금리 인상이 많은 사람의 예상보다 앞당겨질 수 있다는 신호를 보냈다. 이는 국채 커브의 불 플래트닝으로 이어졌다. 이는 전형적인 정책 오류에 대한 시장의 반응이다. 불 플래트닝의 다른 이유는 없을까. 투자자는 작년 경제 봉쇄 기간 저축이라는 큰 벽을 쌓았다. 자금이 안전성에 대한 최고의 선택지인 정부채(채권)로 들어가고 있다. 저축 자금은 어디론가 흘러 들어가야 하고, 주식과 채권으로 계속

> 자금이 들어가고 있는데 채권에 투자하는 사람들은 안전한 투
> 자처를 찾는 것으로, 수익에는 신경 쓰지 않는다. 금리 수준이
> 낮더라도 안전성 때문에 채권 수요가 이어진다는 얘기다. 커브
> 플래트닝이 경제에 비관적인 신호라고는 보지 않는다.

2021년 8월의 이 신문 기사는 미래에 가서는 오류였음이 밝혀
진다. 미 연준은 인플레이션에 늦깎이 대응해서 오히려 큰 문제
를 자초했다. 2장에서 살펴본 것처럼 수익률 곡선은 채권 금리
를 만기별로 점으로 찍은 뒤 이를 이은 그래프다. 커브 스티프닝
(curve steepening)은 채권 수익률 곡선의 경사가 가팔라진 것을
뜻한다. 반대로 수익률 곡선이 평평해진 상황은 커브 플래트닝
(curve flattening)이라고 부른다. 채권시장 참가자들은 수익률 곡
선 타기 전략(커브 플레이)을 구사한다.

커브 스티프닝과 플래트닝은 각각 불(강세, 금리 하락)과 베어
(약세, 금리 상승) 두 가지로 나뉜다. 불은 채권시장 강세를, 베어
는 채권시장 약세를 의미한다. 불 스티프닝은 정책 금리 인하 가
능성으로 단기 금리가 하락해 커브가 서는 현상이다. 베어 스티
프닝은 물가 상승 기대가 높아지면서 장기 금리가 상승해 경사
가 가팔라지는 경우를 뜻한다. 이에 반해 불 플래트닝은 장기 금
리가 하락해 커브가 평평해지는 현상이다. 베어 플래트닝은 단
기 금리가 높아져 커브가 눕는 것을 말한다. 10년 후에도 경기가
좋지 않을 것이라는 전망으로 장기 금리가 낮아진 것이다. 경기

불확실성이 커질수록 초안전자산으로 불리는 미국 장기 국채 수요가 커진다. 이때 장·단기 금리 차이는 좁혀진다. 시장은 이를 '커브가 눕는다'고 표현한다. 반대의 경우 수익률 커브는 가파른 형태를 보인다.

커브 스티프닝이 유지되는 상황이라고 해보자. 채권 만기가 짧아짐에 따라 수익률 곡선상에서 금리가 떨어진다는 점을 이용한다면? 만기 이전에 채권을 매도하고 채권 평가 이익과 이자 수익을 모두 확보할 수 있다. 약세를 동반한 기간별 수익률 곡선의 가팔라짐을 의미하는 베어 스티프닝은 일반적으로 성장이 가속화하고 있고 연준이 긴축을 진행할 것을 암시한다. 너무 많은 채권 공급을 기반으로 한 베어 스티프닝도 드물지만 발생한다. 이런 경우는 시장에서 예외로 다루어진다. 채권 베어 스티프닝이 지속된다면 장기 금리 인상 신호로 주가는 상당히 하락할 수 있다. 한편 단기 금리의 움직임이 큰 것은 기준금리와 관련이 있으며 중장기 금리의 움직임이 큰 것은 경기와 관련된다는 것은 2장에서도 살펴보았다.

	불(강세, 금리 하락)	베어(약세, 금리 상승)
스티프닝 (장·단기 금리 차 확대)	가치주 •단기 금리 하락＞중·장기 금리 하락 •기준금리 인하 전망	가치주 •단기 금리 상승＞중·장기 금리 상승 •경기 확장, 물가 상승 전망
플래트닝 (장·단기 금리 차 축소)	성장주 •단기 금리 하락＜중·장기 금리 하락 •경기 둔화 전망	성장주 •단기 금리 상승＞중·장기 금리 상승 •기준금리 인상 전망

아래 기사로 불 플래트닝과 주식시장을 연결해보자. 장기 금리가 단기 금리보다 빠르게 하락하면 시장은 장기적으로 인플레이션을 하락으로 보거나 경기 전망을 좋지 않게 예상한다.

> 미 국채 10년물 금리가 5.5bp가량 내려 국채 금리 전반이 하락해 커브가 플랫되는 '불 플래트닝' 흐름이 발생했다. 금리 하향 안정 조짐과 국제 유가 상승 같은 투심 회복 속에서 뉴욕 증시 전반이 장 후반으로 갈수록 상승 폭을 키우며 주요 주가지수 전반이 1%대 상승했다. 미 국채 10년물 금리가 4.5%까지 치솟을 경우 주식은 25%가량 폭락할 것이며, 이 경우 전반적인 경기가 침체까지는 아니더라도 가파른 둔화를 경험할 것이라고 경고했다.

2023년 하반기로 갈수록 미 장기물 국채의 상승 압력은 글로벌 금융시장에 불확실성을 재차 확대했다. 세계는 단시일 내에는 장기물 금리의 상승세를 누를 요인이 없었다. 미국 채권시장의 변동성 확대가 주요국의 채권, 주식, 외환, 경기 전반으로 확산될 가능성을 주시할 필요가 있었다. 다만 장기 국채 수익률이 높아지면서 장·단기 금리 역전 폭이 축소하고 있다는 점이 경기 연착륙에 대한 기대감을 높인다는 분석이 나왔다.

2장과 3장에서 살펴본 것처럼 장·단기 금리 역전 현상은 경기 침체의 전조 현상이었다. 역전된 수익률 곡선이 나타난 시점부터 경기 침체의 시점까지 통상 17~21개월이 걸린다고 한다. 이런 시차는 때때로 3년까지도 벌어질 수 있다.

그러나 지금은 미국 경제를 구성하는 요인들이 많이 달라져서 경기 침체 가능성에 회의론이 증가하고 있다. 장기 금리가 기지개를 펴서 장·단기 금리 역전 폭이 축소하고 있다는 것은 반대로 경기 전망이 밝아지고 있다고 봐야 할 수도 있다. 장기 국채 수익률의 상승 흐름은 저축과 연금에는 호재로 작용한다. 이는 연준 입장에서도 경제가 악화할 경우 금리 인하 여지를 제공해 경기 침체에 보다 쉽게 대처할 수 있게 한다.

당시 투자자 상당수는 미국 경제 연착륙에 베팅했다. 이는 경제 자체가 투자자들이 오랫동안 가능하다고 믿어온 것보다 훨씬 높은 수준의 금리를 견뎌낼 수 있음을 시사했다.

통상적으로 경기가 개선할 것 같으면 커브 스티프닝이 발생해 장·단기 금리 차가 벌어지고, 경기가 둔화될 것 같으면 커브 플래트닝이 발생해 장·단기 금리 차가 축소된다. 베어 스티프닝은 일반적으로 경기가 양호하고 미래 인플레이션 기대가 높을 때 장기 금리의 상승 우려가 반영된 결과다. 문제는 베어 스티프닝의 배경에 경기 기대감 외에 미국 재무부의 하반기 국채 발행 확대에 따른 국채 수급 우려가 자리 잡고 있었다는 점이다.

2024년에도 미국 장기 금리는 경기 호조, 물가 상승, 국채 발행 증가를 이유로 4.6%까지 상승해 주식시장에 큰 부담을 주었다. 그 결과 금리 인하 시기와 횟수가 예상과 크게 달라졌다. 전월 대비 소비자물가가 하락하고 고용 통계가 좋지 않게 나타났다. 장·단기 금리 역전 현상이 해소되기 직전에 경기 하강 논의가 불거졌다.

금리 역전과
성장주 투자의 기회

금리 인하의 기대와 실제의 차이

경기 사이클에서 상승 구간의 전반부와 후반부를 가르는 기준은 뭘까? 흔히 장·단기 금리 차를 주목한다. 중앙은행의 정책 기조가 완화에서 긴축 흐름으로 전환하는 시기에는 국채 단기물 금리가 장기물보다 상대적으로 더 많이 상승한다. 그 결과 장·단기 금리 차는 축소한다. 이는 경기 사이클 상승 구간의 후반부 시작을 알리는 신호다. 장·단기 금리 차에 따른 구간별 증시 수익률을 보면, 장기 금리가 하락해 커브가 평평해지는 불 플래트닝에 증시는 월평균을 약간 상회하는 성과를 기록했다.

위 상황과는 달리, 완화적 금융 환경과 경기 모멘텀 개선으로 장·단기 금리 차가 확대되는 시기에는 주식의 기대수익률이 더 높았다. 경기선행지수가 정점을 기록하기 이전에 장·단기 금리 차가 먼저 고점에서 꺾이는 경우가 많다. 경기 위축과 확장을 가르는 기준선 위로 선행지수 개선세가 나타나는 시기에는 경기 호조와 함께 중앙은행 정책 기조의 변화도 나타나기 때문이다. 결국 선행지수에 앞서 장·단기 금리 차가 경기 방향성과 함께 중앙은행의 정책 기조 변화를 미리 말해준다고 하겠다.

중앙은행의 정책 기조가 완화에서 긴축 흐름으로 전환하는 시기에는 국채 단기물 금리가 장기물보다 상대적으로 더 상승한다. 장·단기 금리 차는 축소되는 것이 일반적이다. 이는 경기 사이클 상승 구간의 후반부 시작을 알리는 신호라고 하겠다. 경기 사이클이 저점을 통과하고 올라갈 경우에는 장·단기 금리 차가 확대한다.

가파른(우상향) 수익률 곡선은 장기채 수익률에 비해 단기채 수익률이 낮아지는 현상을 의미한다. 경기가 더 좋아질 것이란 신호로 해석한다. 경기 진작을 위해 연준이 단기 금리를 인하하거나 미래 경제 성장이 강력해질 것으로 기대할 수 있기 때문이다. 이는 다른 한편으로 해석하면 미래의 경제 성장이 너무 강력해질 것이라고 예상한 장기 투자자가 장기 채권을 매도함으로써 채권 금리가 상승(채권 가격 하락)한 것이다. 경기 호황과 냉각 국면에서의 과도한 긴축은 주식의 성과를 낮춘다. 반면 경기 수축과 회복 국면에서 과도한 완화는 주식의 성과를 크게 향상시킬 수 있다.

리처드 번스타인(Richard Bernstein)에 의하면 장·단기 금리 역전 현상이 발생했을 때는 성장주 전략의 성과가 우월하다. 장·단기 금리 차를 인플레이션 둔화로 읽고 사람들의 금리 인하에 대한 기대 심리를 읽은 게 아닐까? 그는 주가 흐름은 미래 사건에 대한 사람들의 '인식 변화'를 반영하는 것이라고 보았다. 실제 일어난 사건을 반영하는 게 아니라고 강조한다. 그는 월가에서 20년 이상 활동한 주식 투자 전문가로 많은 이의 사랑을 받았다. 미국 투자자문사 '리처드 번스타인'의 최고경영자인 그는 수익률 곡선이 역전할 때가 오히려 성장주 투자 전략의 기회라고 보았다. 수익률 곡선이 가팔라질 때는 가치주 전략의 성과가 더 낫다고 보았다.

2022년 말부터 발생한 빅테크 주식의 상승은 번스타인의 이론으로도 설명이 가능하다. 수익률 곡선이 평평해지거나 역전하기 시작할 때 성장주가 가치주에 비해 뛰어난 성과를 거둔다는 게 핵심이다. 장기 금리가 내려가 장·단기 금리가 역전된다고 하자. 이에 더해 장기 금리가 하락한다면 성장주 투자는 빛을 발할 수 있겠다.

연준이 과도한 긴축 정책을 펼친 결과 경기 수축이 나타났고 기준금리를 내릴 가능성에 투자자들이 베팅한 게 아닐까? 실제로는 연준은 기준금리를 단기에 내릴 가능성을 배제했다. 인식과 실제 간에는 늘 간극이 존재한다. 때때로 금융시장은 침체 시그널 말고 금리 인하를 요구하는 채권과 주식 투자자들의 투쟁의 장으로 변한다.

시장금리가 오르면 성장주가 약세라는 견해가 팽배하나 리처드 번스타인은 이 견해에 반대한다. 그에 따르면 중요한 것은 장·단기 금리 차로 측정되는 수익률 곡선이다. 가팔랐던 수익률 곡선이 평평해지는 시기에는 오히려 성장주에 관심을 가져야 한다고 그는 주장한다. 금리 인상이 시작되는 경우에도 기울기가 가파르지 않은 경우라면 성장주가 힘을 받는다고 번스타인은 강조한다.

그의 말은 이렇게 해석할 수 있다. 장기 금리가 오를 때 투자자들은 장기 채권을 사지 않으려 한다. 이런 경우 사람들은 흔히 간과하는 게 있다고 했다. 투자자들은 주식에서도 장기물을 사지 않으려 한다는 것이다. 앞서 듀레이션에서 말한 장기물을 이야기하는 것이다. 장기물 주식은 간단히 말하면 고PER주(성장주)다. 금리 인상기엔 PER이 높은 주식에 대한 수요가 감소한다. 이런 인식을 반영한다면 장·단기 금리가 역전되고 향후 금리 인하를 예상한다면 성장주를 사야 한다는 이야기로 귀결된다. 완연한 경기 회복 국면에서는 경기순환주에 관심을 두라고 번스타인은 권고한다.

이렇게 시장을 바라보는 눈은 각자 다를 수 있다. 시장은 인식과 실제의 간극을 축소하면서 소통하는 장소다. 골치가 지끈거린다면 성장주와 가치주를 구분하지 말고 구조적인 성장주를 저가에 분할 매수하는 게 가장 좋지 않을까.

시장의 감정 기복을
읽는 자가 승자

나는 경제부처 공무원을 했던 이력 탓에 주식을 추천해달라는 요청을 자주 받는다. 그럴 때마다 응수하는 말이 있다.

"좋은 주식을 좋은 때에 사야지요. 안목은 스스로 키우는 것입니다."

이 대답은 여전히 유효하다. 주식시장을 움직이는 힘은 금리에만 있는 게 아니다. 매일 급변하는 시장은 매일 그날의 재료를 갖고 움직인다. 주식시장을 바라보는 인간은 어떤 존재인가? 인간은 무리를 지어 생각한다. 그들은 무리를 지어 광기에 빠진다. 제정신을 되찾는 것은 오직 한 사람씩 천천히 이루어진다.

이차전지 광풍이 분 2023년 주식시장을 한마디로 말하면 굉장히 투기적이었다. 나 역시 사서 가만히 두었으면 하는 주식을 빨리 팔았고, 우량주라고 사서 보유했던 주식은 제때 못 팔아 도

리어 손실이 났다. 주식은 전문가가 따로 없다고 생각한다. 각자 중장기적 안목을 가질 수는 있지만 일일 시세 변동을 맞히기는 불가능하다. 신의 영역에서 경제부처 공무원이 어떻게 통하겠는가!

매일 열리는 시장의 가격은 때때로 비이성적이다. 그렇게 상승과 하락을 거듭하는 가운데 혀를 내두르기도 하지만 시장 앞에서는 늘 겸손하게 된다.

'이렇게 막돼먹은 시장이 어디 있어. 비정상이야. 이런 곳에서는 놀기 싫어!'

투자자라면 이런 마음이 될 때가 수차례이지만 절이 싫다면 스님이 떠나는 수밖에 없다. 그렇다고 나는 주식시장을 떠날 생각은 없다. 누군가에게 주식시장은 삶의 터전이고 전쟁터 같을 수 있다. 경제 관련 글을 쓰는 나에게 주식시장은 현재의 동향과 앞으로의 산업에 대한 안목을 키우는 중요한 곳이다.

주식시장을 극단적으로 환자에 비유하는 이도 있다. 제임스 충(James H. B. Cheung)은 2010년 논문 "Does Mr. Market Suffer from Bipolar Disorder?(주식시장은 양극성 장애를 앓고 있는가?)"에서, 심각한 감정 기복을 겪고 있는 사람과 마찬가지로 투자시장도 심각한 조증과 우울증 사이를 오간다고 주장한다.

충은 투자자들이 시장의 감정 상태를 알면 최적의 진입과 청산 시점을 알아챌 수 있다고 본다. 거품이 터져서 생기는 엄청난 손실을 피할 수 있다는 것이다. 이 비유는 정말 금과옥조로 가슴에 새길 만하다. 주식시장에 참여하는 사람이라면 누구라도 시장이 주기적으로 감정의 양극단을 오간다는 사실을 반드시 이해해야 한다. 그래야 시장에서 다른 이들보다 우위를 점할 수 있다.

나 역시 벤저민 그레이엄의 안전마진을 금과옥조로 여긴다. 주식의 안전마진을 생각하며 그의 저서 《현명한 투자자》의 한 대목을 인용하겠다. 그레이엄은 주식시장을 '미스터 마켓(Mr. Market)'이라 비유하며 투자에서 감정적 흐름을 관리할 방법을 설명한다.

> "어떤 투자자가 개인 회사에 1,000달러 정도의 지분을 가지고 있다고 가정하자. 이 투자자의 파트너인 미스터 마켓은 아주 친절한 사람이다. 그는 이 투자자가 보유한 주식 가치에 대해 매일 의견을 전하고, 어떤 수준에 다다르면 이 투자자의 지분을 사들이겠다거나, 추가로 주식을 팔겠다는 식의 제안을 한다. 이 투자자는 미스터 마켓이 내리는 가치평가가 회사의 실적이나 전망 면에서 어느 정도 타당성이 있다고 생각한다. 하지만 간혹 미스터 마켓은 욕심이나 조급함과 같은 감정에 치우기기도 하고, 그 때문에 그가 제안하는 가치는 불합리해 보일 수도 있다."

이런 울렁증이 심한 시장에서 돈을 잃지 않고 살아가는 법을 터득하기란 쉽지 않다. 주식시장은 경제학, 통계학, 회계학, 경영학 공부를 뛰어넘어 심리학, 정치학, 각종 산업에 대한 이해를 요구하는 종합 예술의 결정체다. 이런 엄청난 곳에서 살아남으려면 어떻게 해야 할까? 주식시장이 너무나 어려운 곳이라는 것을 직접 몸으로 체험해야만 깨닫게 된다.

나 역시 처음에는 주식시장이 만만하게 보였다. 그러나 여러 번 돈을 벌다 한 번에 훅 가는 곳이 주식시장이었다. 1999년 삼성전자 주식을 사면서 시작한 나의 주식시장 답사기는 여러 번 우여곡절을 겪었다. 글로벌 금융위기 때는 다 때려치우고 싶었다. 그래도 용케 살아남았다고 생각한다. 내게 주식시장에 대한 느낌을 다시 묻는다면 이런 말로 갈음하고 싶다.

"시장은 대중의 심리를 먹고 삽니다. 그런 심리를 읽어내야 투자에서 우위에 설 수 있습니다. 시장의 기분이 어느 단계에 있는지 이해해야 하는데 그걸 알기란 쉽지 않지요. 스스로 감정을 읽는 방법을 터득해야 합니다. 경제학자의 말은 듣지 마세요."

다시 충의 기본 모델로 돌아가 시장의 정서를 단계적으로 살펴보자. 누군가는 거품까지 생각하며 주식을 판다. 그런 투자자는 충의 기본 모델을 이해하고 있다고 하겠다. 시장에서는 금리와 주식의 상관관계보다 더욱 중요한 것이 있다. 결국 주식시장은 기업 이익의 함수다. 시장이 조울증 환자일지 몰라도 어느 기업이 구조적으로 돈을 벌고 성장하는지 아는 게 가장 중요하다. 나아가 충이 말한 대로 그의 모델을 통해 시장의 정서를 읽는 게 무엇보다 필요하다.

1단계는 평온한 마음이 지배한다. 기초 여건이 좋지 않지만 마음이 안정화되어간다. 가치투자자들은 '주식이 저평가되어 있다'고 말하며 관심을 보이기 시작한다. 하워드 막스의 견해에 따르면 시장이 좋아질 것이라고 소수의 사람들이 믿는 단계다.

2단계는 경조증(hypomania)을 앓는 환자를 떠올리면 되겠다. 위험한 순간은 아니므로 즐겨야 한다. 호의적인 뉴스 충격이 시장을 강타한다. 이제껏 횡보를 보이던 가격이 상승을 향해 돌진

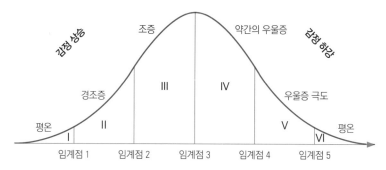

감정 상승

감정 하강

조증

약간의 우울증

경조증

Ⅲ

Ⅳ

우울증 극도

평온

Ⅱ

Ⅴ

평온

Ⅰ

Ⅵ

임계점 1　　임계점 2　　임계점 3　　임계점 4　　임계점 5

(자료: James H. B. Cheung, Does Mr. Market Suffer from Bipolar Disorder?, *Journal of Behavioral Finance*, 2010/12.)

한다. 단기적인 이익을 추구하는 투기 세력이 매수를 시작한다. 가격이 계속 상승하면서 긍정적인 피드백이 연일 뉴스 미디어를 도배한다. 하워드 막스에 따르면 시장이 실제 좋아지고 있다는 것을 대부분의 사람들이 이해하는 시기다.

3단계는 조증(mania)이 고조에 이른다. 상승세가 아주 강하게 나타난다. 호의적인 분석 보고서가 추가 상승을 전망한다. 불에 기름을 붓는다. 전문 투자자건 초보 투자자건 구분 없이 시장에 휩쓸리게 된다. 엄청난 수익을 올렸다는 이야기가 더 많은 투기 세력을 끌어들인다. 긍정적 피드백이 한꺼번에 쏟아진다. 일부는 매수를 중단하고 비중을 축소하기 시작한다. 상승이 지속될 것이라는 정서가 압도적일 때 떠날 줄 아는 현명함이 있는 것이다. 하워드 막스에 의하면 모두가 시장이 영원히 좋을 거라고 믿는 시기다. 1단계와 2단계에서 주식을 사서 3단계에서 주식을 파는 게 성공한 투자 전략이다.

4단계는 시장이 약간의 우울증(moderate depression)을 앓는 단계다. 시장이 고점을 찍고 하락을 시작한다. 강세론자는 자기 예언이 틀리자 묵묵부답으로 우유부단해진다. 낙관적인 이야기에 의문을 제기하는 목소리가 많아진다. 일부는 반등 시 추가 이익을 기대하고 하락할 때마다 매수한다. 전문가는 매도 포지션 비중을 늘린다. 가격이 하락하면서 부정적인 피드백의 연결고리가 만들어진다. 투자자들은 당황하기 시작하나 이미 늦었다. 가격은 더 빠르게 하락한다.

5단계는 시장이 우울증 극도(major depression)에 달한 단계다. 시장은 매우 약세가 되고 부정적인 이야기에 압도당한다. 3단계와 4단계에서 매도에 나서지 않은 이들은 고민과 번민에 빠진다. 우울에 빠지고 백기를 들고 떠나는 이가 많아진다.

6단계에서 시장은 다시 평온을 누린다. 거품 속에서 시장에 뛰어들던 함성은 완전히 사라져 하락세가 약화되었다. 그럼에도 불구하고 새로운 매수 관심은 여전히 약하다. 시장이 청소되었다고 말하면 너무 과한 표현일까? 여전히 펀더멘털은 약하지만 안정화되기 시작한다. 여기서 시장은 다시 1단계로 돌아가고 가치투자자들이 다시 돌아온다. 이제 사이클이 다시 시작할 시점이 되었다. 지금 당신이 진정한 고수가 되려면 이런 조울증 환자의 기분을 이해해야 한다.

그러고 보니 내가 주식 투자를 시작한 1999년은 많은 이가 주식에 관심을 가졌던 때다. 그때 내가 샀던 삼성전자는 답답한 주가 움직임으로 유명하지만 긴 시간 프레임 속에서 삼성전자만큼 오른 주식도 찾기 힘들다. 나는 삼성전자가 2018년 50등분으로 액면분할을 하기 전 97,000원에 삼성전자 주식을 샀다. 그걸 쭉

들고 가서 2021년 9만 원대 고점에 팔았다면 어떻게 되었을까? 투자에 '만약에'란 가정처럼 불필요한 것은 없다. 사후에 누가 그런 얘기를 못 하겠는가. 50배 오른 가격과 배당을 생각하면 나부터 반성하게 된다. 그래서 나는 주식시장에서 한없이 겸손하게 되고 주식 투자야말로 가장 어려운 투자라고 스스럼없이 말한다.

주식시장은 채권시장보다 훨씬 높은 안전마진을 요구한다. 내 경험에서 보면 우량주를 너무 높은 가격에 산 것만 아니라면 중간에 하락해도 매입한 가격까지 반드시 올랐다. 문제는 기다리다 지쳐 본전이 오면 파는 심리였다. 그래서 나는 주식시장에서 남의 감정을 헤아리는 것 못지않게 내 감정을 살피는 게 중요하다고 생각한다.

2008년 글로벌 금융위기가 시작되기 직전, 나는 주식과 주가연계증권(equity linked securities, ELS)의 달콤한 수익에 빠져 있었다. 2억 1,000만 원을 ELS에 투자하고 금융위기를 맞았다. 2억 1,000만 원이 4,000만 원으로 쪼그라들었으나 3년 만기 시점에 2억 원을 들고 나왔다. 3년 동안 기회비용과 금전적 손실을 생각하면 짜증이 인다. 지금 생각해보면 나는 안전마진의 착각에 빠져 있었다. 물론 이제는 ELS 상품에 눈길도 주지 않는다. 내가 매매를 통제하지 못하는 상품은 하지 않겠다는 다짐이 되었다.

투자에서도 자기 주도적 성향은 중요하다. 그레이엄은 순현금자산이 많으면서 주가가 싼 기업이 안전마진이 크다고 보았다. 싸다고 해서 좋은 기업은 아니다. 그래도 내재가치보다 저평가된 주식에 투자하는 것은 여전히 옳다. 그에 덧붙여 시장 지배적 우월자의 지위(경제적 해자)를 가진 기업이라면 더욱 좋을 것이다. 그레이엄의 안전마진 개념을 지금의 주식시장에 적용하기에는 무리가 따른다. 각자는 저마다의 안전마진을, 경험을 통해 테스트해서 주식시장에 적용해야 한다.

지수를 사는 패시브 투자 전략도 투자 후 사고팔기를 내 마음대로 못 하는 ELS보다 낫다. 내가 투자했던 ELS 두 개 상품은 3년 만료 시점에서 한 상품은 다행히 높은 수익으로 돌아왔지만 다른 상품은 처참한 손실을 안겨주었다. ELS도 손절매가 가능했는데 지금 생각해보면 손실이 난 상품은 주가가 많이 회복한 시점에서 손절매를 했어야 했다. 절대로 증권회사 직원이나 남의 말을 듣고 투자를 해서는 안 된다.

투자에 왕도는 없다. 여러 방면의 공부와 실전 경험이 중요하다. 이후로 나는 절대로 주식 투자는 하지 않겠다고 다짐했지만 주식의 달콤한 유혹을 잊기는 어려웠다. 다행히 큰 무리 없이 주식 투자를 이어나갔던 것은 시점과 욕심에 대한 나름의 터득이 있었기 때문이라고 생각한다. 주식은 어렵다. 삶처럼 말이다. 평온한 마음을 유지하는 것이 안전마진 확보에서 가장 중요한 것이라고 생각한다. 가끔은 시장과 떨어져서 명상을 하며 소음을 멀리하는 게 좋은 수익률을 안겨준다.

주식시장에 전문가는 없다. 역으로 개인투자자인 당신이 전문가라는 타이틀의 주인공이 될 수 있는 이유다. 주식시장은 경기변동, 산업(섹터), 개별 주식이라는 숲, 나무, 풀을 모두 훑어야 한다. 그 속에서 사람들의 감정을 읽는 주체는 언제나 당신 자신이어야 한다.

흔들리는 부의 공식 5

저PER에 사는 게
과연 잃지 않는 투자일까?

주식 투자를 하면서 많은 사람이 혼동하는 게 있다. 2023년 주식 시장은 이차전지 투자와 에코프로에 대한 관심이 뜨거웠다. 그 속에서 에코프로의 높은 밸류에이션을 보고 '좋은 회사이지만 나쁜 주식 (Great Company, still Bad Stock)'이라는 투자 보고서의 문구가 논란이 되었다.

좋은 회사는 좋은 주식일까? 꼭 그렇지는 않다. 좋은 회사가 밸류에 이션 차원에서 매력적인 가격 구간에 왔을 때가 좋은 주식이다. 몇 년 간의 성장이 주식 적정 가격을 산정하는 밸류에이션에 모두 반영되었고 고평가되었다면 좋은 회사의 주식이라도 좋은 투자 대상이라 할 수 없다. 이런 주식은 해당 기업이 성장을 거듭하더라도 거품 가격에 절대로 도달하지 못할 수 있다는 점에 유념해야 한다.

주식시장은 단기적으로 미인 대회이지만 장기적으로는 이익의 함수다. 미인은 수시로 바뀐다. 시장에서 인기가 시들해지면 주가 상승이 제한되고 오히려 하락이 정당화된다. 성장하는 산업이라고 주가의 고평가가 정당화되는 것은 아니다. 고평가 기업은 거품 붕괴로 50% 하락한 가격이라도 소위 '물릴 수 있음'에 유념해야 한다. 장기 보유해도 본전을 찾기 어려울 수도 있다. 가격만 보고 사는 어리석음은 주식 투자에 지배적인 잘못된 행태다. 흔들리는 부의 공식이라기보다는 투자가가 절대 혼동해서는 안 되기에 이를 적어본다.

매일 벌어지는 주식시장의 미인 대회에서 승산이 있다면 단기 매매를 해도 상관없다. 투자 스타일은 개인마다 다르다. 잃지 않는 투자를 희망하고, 매일 주가를 확인하는 것이 어렵다면 좋은 회사의 주식을 잘 사는 게 중요하다. 확증 편향을 가진 투자자는 주식에 대한 애착과 확신이 엄청나다. 성장하는 회사라고 생각하면서 비자발적 장기 투자를 하는 것은 어리석은 행위다. 주식에 대한 과도한 확신은 스스로의 발전을 저해하는 원천이다. 주식 투자에서 중요한 것은 다른 편에서 바라볼 수 있는 유연성이다.

동호회까지 생긴 주식은 그 군중 심리가 객관적인지 한번 의심을 해야 한다. 싸다는 것은 상대적이다. 거품이 잔뜩 낀 회사의 주식은 값이 내려도 한동안 쳐다보지 않는 게 잃지 않는 투자의 초석이다. 너무 높은 PER은 산업의 초창기에 성장에 대한 기대가 부풀려져서 거품이 있을 때만 가능하다. 여전히 고PER 주식은 두려워하고 경계해야 할 대상이다.

그렇다면 비쌀 때 사서 쌀 때 파는 게 주식이라면 틀린 말일까? 꼭 그렇지는 않다. 아마존은 PER이 높았을 때 사서 쭉 들고 있다가 PER이 낮아진 뒤에 팔아도 되었다. 전자상거래 선도업체였던 아마존은 높은 성장성 때문에 초기에는 수백 배나 되는 높은 PER이 정당화되었다. 테슬라도 PER이 100 이하였을 때보다 1,000배 무렵에 주가가 더 높았다. 이러니 PER만 보고 투자를 하면 낭패가 된다.

경기민감주는 오히려 비쌀 때(고PER) 사서 쌀 때(저PER) 팔아야 한다. 주가가 선행하기에 이런 사이클을 읽는 게 경기민감주 투자에서는 중요하다. 경기민감주를 고PER에 사야 하는 이유는 그때 업황이 가장 악화해 공포가 절정에 달해서다. 경기민감주는 이익이 많이 날 때 주가가 고점에서 정체한다. 이때 PER은 낮다.

삼성전자와 SK하이닉스 같은 반도체주, 롯데케미칼과 대한유화 같은 화학주, HD현대중공업과 삼성중공업 같은 조선주는 대표적인 사이클 주식으로 경기민감주다.

6장

금리와
부동산시장

금리 상승은
집값에 악재인가?

승자의 저주와 승자의 축복을 오가며

'배틀그라운드'를 개발한 게임회사 크래프톤은 2021년 8월 상장하면서 우리사주에 35만 주를 배정했다. 직원들은 환호성을 질렀다. 그때까지만 해도 공모주 투자는 대박이라는 믿음이 공식처럼 자리 잡고 있었다.

하지만 기대와 달리 상장 후 주가는 곤두박질쳐 반토막이 났다. 대출까지 받아 우리사주를 신청했던 직원들이 땅을 치고 후회할 만큼 주가는 흘러내렸다. 장차 주가가 어떻게 될지는 알 수 없으나 몇 년 치 연봉을 날린 셈이었다. 공모주를 받은 자들은 승자의 저주에 휩싸여버렸다. 금리 인상 시점과 게임주 같은 성장주의 관계가 무관하다고 볼 수는 없다. 다행히 실적 개선으로, 지하실을 맴돌던 주가도 2024년 들어 상당히 올라서 공모가의 반토막을 회복한 상황이다.

주식도 그렇듯이 부동산도 타이밍이 중요하다. 흔히 금리가 가파르게 오르면 집값에 악재가 될 것이라는 분석이 쏟아진다. 과연 그럴까? 2023년에 20년 내 최고를 찍은 미 30년 주택 모기지(주택담보대출) 금리를 눈여겨보자. 미국 국채 금리의 상승 속에 가파르게 상승하던 모기지 금리는 10월 25일 7.9%로 정점을 찍었다. 모기지 금리는 10년물 국채 금리에 대출 은행 가산금리를 합해 계산한다. 당연히 주식시장이 얼어붙을 수밖에 없을 텐데 미국의 집값이 오른다는 예측이 나오니 어안이 벙벙했다.

미국 온라인 부동산중개 사이트 질로우(Zillow)는 2023년 8월 미국 주택시장을 예측했는데, 미국 주택 가격이 2023년 연말 5.8%, 2024년 7월 6.5%까지 오른다는 것이 골자였다. 이유는 무엇일까? 주택 구입자 대다수는 저금리 시기에 고정금리로 대출을 받았다. 연준의 금리 인상은 그들에겐 남의 일이다. 기준금리가 3%대일 때 고정금리로 대출을 받았고, 0%대일 때 더 낮은 금리로 갈아타기도 했다. 이런 집주인에게 기존 대출의 낮은 금리는 매우 소중하다. 이 고정금리를 지키려고 이사를 회피하자 기존 주택의 공급이 줄었다. 낮은 고정금리로 주택을 마련한 이들은 드물게 승자의 축복에 휩싸인 셈이다.

그러나 고금리 상황에서는 승자의 저주가 더 흔하게 벌어진다. 고금리가 계속되자 부동산 활황을 타고 프로젝트파이낸싱(PF) 사업에 참여했던 많은 금융사와 건설사는 속이 타들어갔다. 2021년까지 부동산시장이 호황이었을 때 건설사들은 높은 토지대금을 제시해서라도 사업권을 따낸 뒤 고가에 분양해 큰돈을 벌었다. 증권사들도 프로젝트파이낸싱과 자산유동화기업어음

(ABCP)에 참여해 쉽게 돈을 벌었다. 하지만 상황이 급변해 금리가 오르고 부동산시장이 얼어붙자 건설업체들은 분양을 하지 못해 난감하고, 금융기관은 PF 대출 부실화가 우려되어 전전긍긍한다.

이런 승자의 저주 현상은 우리 주변에서도 쉽게 목격할 수 있다. 무리하게 다른 기업을 인수·합병(M&A)했다가 소화하지 못하고 망한 기업들, 거액 대출을 받아 경매로 집을 샀다가 이자도 감당하지 못하는 투자자들, 괜히 분에 넘치는 자리를 욕심냈다가 과거 흑역사가 까발려져 망신만 당하고 낙마한 숱한 정치인들도 이런 범주에 들어간다.

승자의 저주는 흔히 과열 경쟁으로 인한 불안 심리, 자기 과신, 투자에서의 쏠림 현상, 주인-대리인 문제로 발생한다. 용어 자체는 1950년대 미국 텍사스주의 해양 석유채굴권 경매에서 유래했다. 당시 달아오른 경매 분위기로 낙찰가가 실제 가치보다 과도하게 결정된 사례를 빗댄 말이었다. 하지만 인류 역사에서 숱한 승자의 저주가 되풀이된 것을 보면 인간사에 떼려야 뗄 수 없는 숙명 같은 것인지도 모른다.

지금 집을 사지 않으면 영원히 못 살 것이라는 생각에 대출을 무리하게 받고 영혼까지 끌어 쓴 젊은 층이 사회 문제가 되었다. 고금리에 주택 가격까지 하락하면 문제가 되지 않는가? 집값이 잠깐 올라 기분이 좋을 때도 있었다. 그러나 뭐든 과유불급이다. 승자의 저주를 최소화하려면 늘 경계심을 유지하고, 분위기에 휩쓸리지 않으며, 보상과 위험을 냉철하게 따지려고 노력하는 수밖에 없다.

워런 버핏은 기업을 인수할 때 나름대로 기업 가치를 평가한 다음 그보다 20% 낮은 금액을 제시한다. 여기서 1센트라도 높으면 아무리 탐나는 기업이라도 과감히 인수를 포기한다. 이런 신중함이 있었기에 수십 년째 세계 최고의 투자자라는 명성을 유지할 수 있었다. 에드워드 브린(Edward Breen) 듀폰 최고경영자(CEO)는 "21년간 CEO로 일하는 동안 진짜 중요한 결정은 20번밖에 하지 않았지만, 그런 결정을 할 때는 최악의 경우를 상정해 모든 위험을 걱정하고 대비했다"라고 했다.

한국의 가계자산 중 부동산 등 비금융자산은 전체에서 약 65% 내외를 차지한다. 30%에 가까운 미국과 40% 좀 못 미치는 일본에 비해 비중이 매우 높다. 한국 가계의 금융자산 비중은 35% 내외이고 이 중 절반에 약간 못 미치는 수준이 현금과 예금 비중이다. 금융투자상품은 25% 내외이기에 한국인의 부동산 사랑은 특별하다.

미국은 금융투자상품이 60%에 육박한다. 영국과 호주는 보험·연금 비중이 50%대다. 일본은 현금·예금 비중이 55% 내외 수준으로 그토록 낮은 금리에도 안전을 최우선시하는 민족성을 보인다. 아마도 오랜 기간의 디플레이션 상황이 반영된 것이 아닐까. 미국 고정금리 대출자는 고금리에도 불구하고 안전마진을 확보하고 있다.

서울 부동산의 수익률은 지금까지만 따져보면 상당히 높다. 아주 오래전 산 삼성전자 주식보다는 못하지만 저가에 구매를 했다면 거주하는 효용 가치와 함께 상당한 금융소득을 안겨주었다. 집은 소중한 자산이다. 주식이 먼저냐 집이 먼저냐는 논쟁은 자신이 처한 상황마다 다르다. 주택 가격이 올라서 젊은 층이 집을 마련하기가 벅찬 시기이긴 하다. 그럼에도 내 살 집 하나를 장만하는 게 무엇보다 우선순위 아닐까?

2004년 나는 과천에서 저층 아파트에 살다가 이를 팔아 송파구로 이사 나왔다. 그때만 해도 집값이 지금처럼 비싸지 않았다. 2012년 하우스 푸어가 넘쳐나던 시기에는 마침 미국으로 떠나면서 개포동의 재건축 아파트에 투자했다. ELS로 주식에 대한 트라우마가 생겨 주식은 쳐다보기도 싫을 때였다. 2012년과 2013년은 서울의 주요 지역 아파트 가격이 매우 낮았을 때였다. 미국으로 가기 전에 여러 물건을 돌아본 나는 부동산중개소에 들러 물었다.

"요즘 시세가 어때요?"

"너무 내려서 오늘도 집주인이 눈물을 쏟고 갔어요."

집은 거주하는 곳이라지만 보통 사람들에게는 소중한 자산이다. 부동산에 대한 접근을 아주 조심스럽게 해야 하는 이유가 여기에 있다. '영끌' 대출을 통해 집을 산 2030세대는 집값이 떨어져 신용위험도가 커지면 부담을 느끼게 된다. 고금리 현상이 심화할수록 갚아야 할 이자 부담도 그만큼 커진다. 대출을 활용한 레버리지 부동산 투자는 줄어들 수밖에 없다.

금리 인하는
집값 상승의 절대 조건인가?

집값은 금리보다는 수요의 영향이 크다

금리가 떨어지면 부동산시장에 변화가 올 수 있다. 금리 인하
가 부동산 가격 인상의 절대적 조건일까? 꼭 그렇지는 않다. 글로
벌 금융위기 이후부터 2013년까지 시기를 회고해보자.

2006년부터 2013년까지 부동산시장은 냉각기였다. 2008년부
터 2014년까지 주택담보대출 금리는 7%에서 3.55%로 하락했다.
서울 아파트 매매 가격은 이 기간 하락했거나 시간이 지나면서
낮은 상승률을 보였다. 물가를 감안한 실질 가격을 감안하면 주
택 가격은 지속적으로 하락했다고 표현하는 것이 맞다. 당시 '하
우스 푸어'라는 용어가 유행했다. 집을 살 때 돈을 빌렸다가 견디
다 못해 처분하는 사람이 넘쳐났다.

개인적인 얘기지만 2012년에 내가 개포동 저층 주공아파트를
산 것은 당시 외국으로 나가면서 국내 집값이 내릴 만큼 내렸다

고 생각해서였음을 밝힌다. 그때 사람들은 이런 말을 했다.

"오르지도 않을 건데, 공무원인데 다주택자가 되었네요."

공무원은 주식 투자는 해도 되고 다주택자가 되는 건 절대로 기피해야 할 일인가! 세상에 그런 말이 어디에 있나. 대한민국 공무원이기에 앞서 국민이고 보통 사람이다. 여하튼 당시의 금리 하락기는 주택 수요가 증가해 가격이 올랐어야 하는데 오히려 가격이 하락했다. 부동산에서 가장 중요한 것은 심리와 공급이다. 당시에는 주택을 사면 애국한다는 말이 돌았다. 처참한 상황이었다.

금리가 주택시장에 영향을 주는 이유는 짚고 넘어가야겠다. 금리가 인하하면 주택담보대출이 증가하고 주택 수요가 증가해 가격이 상승한다는 논리를 많이들 내세운다. 그와 반대는 금리가 인상하면 주택담보대출이 줄고 주택 수요가 감소해 가격이 하락할 수 있다는 것이다.

하지만 주택담보대출 금리와 서울 아파트 가격 변화를 살펴보면 금리와 집값 간의 관계가 꼭 일관성 있게 성립하는 것은 아니다. 집값 상승률이 컸던 2000년 초반과 2005~2006년에는 금리 변동이 크지 않았다. 오히려 5% 이상의 높은 대출 금리 수준을 유지했다. 금리가 높았고 하락하지 않았는데도 주택 가격은 지속적으로 상승했다. 2019년부터 2021년까지 금리는 하락했고 주택 가격은 상승했다. 2022년에는 금리가 급격히 인상되고 주택 가격은 급락했지만, 2023년에는 금리 인상에도 불구하고 수도권 주택 가격은 급반등했다.

이렇게 보면 금리가 미치는 영향력은 그때그때 달랐다고 말하는 게 옳다. 금리와 직접적으로 연관이 있는 주택담보대출은 어떨까? 2008년 1월부터 2023년 1월까지 주택담보대출 금리와 가계 주택담보대출 증감을 비교하면 대부분의 경우에는 금리가 하락하면 주택담보대출이 증가했다. 그런데 특이한 기간이 있었다. 2012년과 2013년에는 금리가 떨어지는데도 주택담보대출이 증가하지 않고 오히려 감소했다. 금리 변동은 주택시장에 영향을 줄 수 있다. 영향을 줄 수 있다는 것과 무조건 영향을 끼친다는 건 전혀 다르다. 예외가 있다는 것을 분명히 알아야 한다.

집값이 오르는 절대적인 원인은 금리 인하가 아니라 수요 증가다. 이게 정말 중요하다. 금리가 인하해도 주택 수요가 증가하지 않으면 집값은 절대 오르지 않는다. 금리 인상으로 집값이 떨어진다는 것도 맞지 않다. 이 말이 들어맞으려면 '금리 인상 → 공급(매도 물량) 증가, 주택 수요 감소 → 집값 하락'이라는 구조가 발생해야 한다.

그러나 2023년 미국처럼 금리가 아무리 올라도 주택 소유자들이 팔지 않으면, 즉 공급이 증가하지 않으면 집값은 떨어지지 않는다. 경기가 크게 위축돼서 금리를 인하해도 집을 사는 사람이 없으면 주택 수요가 증가하지 않을 수 있다. 경제 상황이 어려운데 대출을 일으켜서 집을 사기는 쉽지 않다. 금리가 인하해도 집값이 높은 수준이라면 주택 수요가 증가하기 어려울 것이다.

가격은 수요에 가장 직접적인 영향을 끼친다. 가격이 오르면 수요는 줄어들고, 반대로 가격이 떨어지면 수요는 증가한다. 주택 가격이 높은 수준을 유지하거나 오르면 금리를 인하해도 주택 수요는 감소할 가능성이 존재한다.

주택 수요의 증가를 알기 위해서는 주식처럼 거래량을 유심히 살펴볼 필요가 있다. 거래량이 증가하면서 가격이 회복하거나 상승하면 주택 수요가 증가하는 근거가 될 수 있다. 주택 수요가 추세적으로 증가할 때가 내 집도 마련하고 부동산 투자를 할 적기다.

2009년부터 2012년까지 주택담보대출 금리가 계속 하락했다. 서울 아파트 실거래량은 추세적으로 증가하지 않았다. 나는 2012년에 집을 샀으나 2013년 초에 샀더라면 더 싼 가격에 살 수도 있었다. 주식 가격이 그렇듯이 집값의 저점을 정확하게 맞히기란 매우 어렵다.

내가 첫 집을 마련한 것은 1998년 외환위기 이후이며, 집값은 추가 하락했다. 경제부처 공무원이 말했다.

"집값이 더 떨어질 테니 파세요."

주식이 그러하듯 공무원의 말은 절대 지표가 되지 않는다. 집값 하락 기간은 1998년에도 2012년에도 그리 길지 않았다. 집은 주식처럼 매일 가격을 확인하는 사람이 없다. 거주할 집이라면 손해를 보고 사는 것이라고 했다. 그게 오늘날 젊은 청년에게 어떻게 들릴지 모르겠지만 대한민국 부동산 불패 신화는 그렇게 오랜 기간 함께했다.

주식이 그렇듯이 주택도 언제 샀느냐에 따라 수익률이 천차만별이다. 2006년 꼭대기에 샀다가 2022년 하락기에 팔았다면 수익률은 그리 높지 못하다. 주식이 위험자산이듯 집도 위험자산이다. 고금리에는 대체 자산이 많기에, 집을 꼭 사야 하는지 되물을 수 있겠다.

부동산 가격은
어떻게 결정되나?

글로벌 부동산 버블지수와 유럽 사례

당신은 왜 부동산을 소유하고자 하는가? 안락한 삶을 누리려는 목적일 수도 있지만 자산 가격의 상승을 바랄 수도 있겠다. 부동산 가격은 다의적인 개념이다. 부동산 자체의 가격과 부동산을 둘러싸고 있는 환경의 값어치가 합해진 것이다. 강남 부동산은 우리나라에서는 지위재의 성격을 지니고 있다. 뉴욕 맨해튼 부동산도 그런 성격이 강하다.

토지 가격을 지대 수입의 관점에 특화해서 보자. 이 경우 토지 소유와 기타 권리 이익으로부터 발생하는 장래 수익을 현재가치로 매긴 게 가격이다. 이런 가치 논쟁을 떠나 부동산도 시장에서 거래되기에 부동산 가격은 부동산의 수요와 공급에 의해 결정된다고 보는 게 옳다. 부동산 가격이 결정되면 그 가격은 부동산의 수요와 공급에 영향을 미친다. 가격이 수급을 조절하는 특징을 지닌다.

부동산은 다른 재화와는 다른 몇 가지 특징이 있다. 부동산 소유에 따른 효용성이다. 누군가에게 부동산은 주택용, 상업용, 위락용, 공업용, 기타 용도로 사용하는 유용한 재화다. 임대를 주면 정기적인 수익이 발생한다. 부동산은 일반 경제재보다 공급이 제한되고 강남처럼 지역이 한정될 경우에는 상대적으로 희소성을 지닌다. 땅 면적이 제한되어 있기에, 고도 제한이 풀리지 않으면 재건축, 재개발에 따른 공급도 한계가 있다.

부동산을 아파트로 좁혀 생각해보면 그 가격이 일자리, 교통, 학군 같은 요인에 좌우된다. 좋은 입지의 아파트라야 좋은 가격을 받고 자산가치에 대한 기대도 형성한다. 전월세 폭등, 매매 가격 급등락도 부동산 가격에 영향을 준다. 경기 변동과 금융, 세금 정책도 부동산 수급에 절대적인 영향을 준다.

다수 국가에서 주택 가격은 금리 변화에 시차를 두고 반응한다. 그 가운데서도 독일 주택시장은 금리에 가장 빠르게 반응하는 곳으로 꼽힌다. 지난 20년간을 보면 독일은 금리의 방향성 전환(피벗) 이후 약 21개월 만에 가장 크게 반응했다. 유럽의 다른 주요국 대비 반응 속도가 가장 빠른 편이다. 독일 주택시장이 금리 변동에 빠르게 반응하는 것은 왜일까? 주택담보대출 금리와 연계된 부동산시장의 취약성이 크기 때문이다.

스위스 은행 UBS는 '부동산 버블지수'를 발표한다. UBS는 독일을 비롯한 캐나다와 스위스, 오스트리아를 부동산 버블 고위험군으로 분류한다. 부동산 버블지수는 5개 변수*를 토대로 세계 25개 주요 도시의 주거용 부동산 버블 위험을 수치화한다. 한국은 조사 대상에 들지 않는다. 이 지수 값이 −0.5~0.5이면 적정(fair value)하다고 본다. 1.5를 넘으면 거품 단계에 진입했다고 추정한다.

독일의 프랑크푸르트와 뮌헨은 글로벌 부동산 버블지수에서 산정한 고위험 상위 4개 도시에 포함되어 있다. 이 지수는 단순히 부동산 가격이 비싸다는 것만 표시하는 게 아니다. 경제 성장에 적절한 움직임 없이 가격이 과도하게 상승했음을 드러내는 지수다. 지수가 높으면 거품이 꺼질 위험이 높다. 주택담보대출 금리는 거품 관련 중요 요소다. 대출 고정금리가 오르면 대출 이자를 감당할 여력이 줄어들어 주택 수요가 급감할 수 있다. 독일은 OECD 국가 가운데 자가 거주 비중이 매우 낮다. 임대차 계약 주택에서 거주하는 비율이 높다는 이야기다.

자가 점유율이 80% 이상인 국가는 루마니아, 헝가리, 크로아티아, 폴란드 같은 구(舊)사회주의 국가들이다. 이들 국가는 1990년대 초 경제 자유화 직후 국가 소유였던 주택을 저렴한 가격으로 국민에게 매각했다. 사회주의를 경험하지 않은 주요국의 자가 점유율은 어떨까? OECD 평균 자가 점유율은 60% 수준이고, 한국은 이보다 조금 낮다. 스페인, 이탈리아, 영국, 미국, 호주, 프랑스는 60%를 상회한다. 독일, 오스트리아, 스위스는 자가 점유율이 50% 미만으로 임차 가구 비중이 높다.

---

* GDP 대비 부동산담보대출 비중 변화, GDP 대비 건설 비중 변화, 소득 대비 주택 가격 비율, 주택 수익 비율, 전국 대비 도시 주택 가격.

마천루의 저주에서
안전마진을 읽다

초고층 건물(건물 높이 240미터 이상)의 건설 붐이 나타나거나 마천루 기록이 깨지면 속설대로 경제 파탄이 올까? 이런 '마천루의 저주'는 공사 기간의 장기화로 발생하는 결과다. 높은 건물, 즉 마천루를 건설한다고 해보자. 검토부터 첫 삽을 뜬 후 완공에 이르기까지 상당한 기간이 소요된다. 기간이 길면 길수록 각종 불확실성에 노출될 가능성도 커진다. 비용도 상당하다. 이 강렬한 단어인 마천루의 저주는 영국 투자은행의 부동산 분석가 앤드루 로렌스(Andrew Lawrence)가 1999년 마천루지수(Sky Scraper Index)를 발표한 데서 비롯되었다.

통화정책 완화 시기에는 유동성이 풍부하다. 그래서 마천루 공사의 첫 삽을 떴다고 하자. 경기 과열이 정점에 이르고 버블이 꺼지면 마천루 완공 시점에는 불황의 직격탄을 맞게 된다. 그렇다고 불황 시기에 마천루를 짓는다는 것은 불가능하다. 공사비용 충당이 여의치 않다. 천문학적인 비용이 들어가는 초고층 빌딩 건설은 결국 부동산 버블기에 추진되지만, 정작 완공 시점에는 버블이 꺼지고 경제 불황을 맞는 일이 빈번하다. 이런 초고층의 저주는 여전히 화제가 된다.

모든 높은 건물이 마천루의 저주를 경험하지는 않는다. 1930년대에 지어진 두 빌딩만은 예외였다. 서로 마천루 경쟁을 벌이던 크라이슬러 빌딩과 엠파이어스테이트 빌딩이 그렇다. 두 빌딩은 짓는 데 단 1년밖에 걸리지 않았다. 심지어 당시는 대공황이 막 시작되던 시기였다.

고금리가 지속되면 고층 빌딩 건축을 추진하기가 쉽지 않을 전망이다. 이런 시기에는 사업 여건이 악화한다. 100층짜리 건물을 지을 때는 50층짜리 건물보다 건축비가 4배 더 들어간다. 경기 성장이 느려지거나 침체하기 직전 초고층 빌딩의 건설 투자로 이를 극복하려는 것은 위험천만한 일이다.

사막에서 기적을 일으켰다는 칭송을 들은 두바이를 생각해보자. 세계 최고층인 부르즈할리파(828미터, 162층)는 마천루의 저주 대상이었다. 이 건물의 마무리 공사가 한창이던 2009년, 국영 기업의 모라토리엄(채무상환 유예) 선언으로 두바이는 경제 위기에 빠졌다. 아랍에미리트의 구제금융으로 위기를 넘겼으나 경제가 회복되는 데 수년이 걸렸다.

마천루의 저주가 한창이고 부동산에 대한 경고음이 울려 퍼질 때 안전마진은 더욱 의미 있게 다가온다. 워런 버핏은 안전마진에 대해 "1달러 지폐를 40센트에 사는 것"이라고 설명한 적이 있다. 마천루의 저주가 한창일 때 부동산이 그렇지 않을까? 잘나가는 반포자이 아파트도, 대치동 타워팰리스도 미분양이었다.

멀게는 IMF 외환위기 시절, 가까이는 글로벌 금융위기 직후에 가치투자가 절정의 빛을 발한 경험이 있다. 이때 값싼 매물은 급매물, 대물변제매물, 미분양할인매물, 경·공매물, 부실채권(NPL)매물 등 각양각색의 다양한 이름으로 등장했다. 가장 값싸게 매입하는 것이 부동산 투자에서 최고의 덕목이다. 안전마진의 원칙에 따라 우량 부동산을 시세보다 저렴하게 매입할 수 있다면 이미 시작 단계부터 차익을 남기는 것이다.

저금리와
집값 상승

2000년대 초반 닷컴 버블 붕괴, 아프가니스탄 전쟁과 이라크 전쟁 이후 연준은 경제 활성화를 위해 저금리 정책을 폈다. 서민들에게 내 집 마련을 장려했다. 대출이 늘고 집값은 급상승했다. 집값이 상승하는 속도가 금리보다 높아지면 서민들은 어떤 생각을 할까?

"대출을 못 갚는 일이 생기더라도 담보인 집을 팔아버리면 돈을 벌 수 있겠군."

그런 생각이 만연하게 되었다. 당시에 은행은 빚을 갚을 능력이 없는 사람에게까지 대출을 제공했다. 하지만 결국 집을 살 사람(대출할 사람)이 줄어들면서 집값은 폭락했다. 집을 팔아도 대출을 갚을 수 없자 서브프라임 모기지 대출을 받은 많은 사람이 담보로 잡힌 주택을 포기하게 된다.

서브프라임 모기지는 프라임(prime) 신용등급의 아래에 있는 저신용자에게 제공한 주택담보대출을 의미한다. 서브프라임 모기지 사태가 터지자 담보주택이 경매로 쏟아지고 파산자는 집을 포기하고 달아나기도 했다. 돈을 빌려준 은행은 위기에 처했고 리먼브러더스 같은 대형 은행이 파산했다. 대출 증서를 기초로 한 투자상품은 휴지 조각이 되었다. 부동산 가격이 굉장히 높아지자 신용불량자에 가까운 사람들에게도 주택담보대출을 남발하다가 발생한 대참사였다. 위기의 전조에는 금리 인상이 있었다. 이를 좀 더 세심히 살펴보자.

한동안 저금리 정책을 구사하던 연준은 2004년부터 금리 인상을 단행했다. 경기가 생각보다 많이 호전되자 인플레이션 우려가 생겼다. 5년 만의 첫 금리 인상이었다. 2004년 6월 첫 번째 금리 인상 뒤에 연준은 2년 동안 금리를 0.25%포인트씩 17차례에 걸쳐 꾸준히 인상했다. 이에 따라 2006년에는 금리 수준이 5.25%까지 상승했다. 금리가 1%대에서 5%까지 상승하자 서브프라임 모기지 금리도 상승했다.

서브프라임 모기지는 저신용자를 대상으로 한 주택담보대출이었기에 대출 금리 상승은 상환 어려움이라는 고난을 잉태한다. 연체율이 증가하고 대출 금리가 상승하면서 장기 담보대출인 모기지의 수요도 이전보다 줄어든 것이다. 모기지론으로 큰 수익을 창출했던 모기지 대출회사, 은행, 투자은행은 연쇄적인 어려움에 봉착했다. 결국 서브프라임 모기지 사태의 근저에도 무분별한 대출과 금리 인상이 있었음을 알아야 한다.

2008년 3월 서브프라임 모기지 사태로 국제 금융시장은 홍역을 앓았으나 그해 8월 쓰나미가 다시 찾아올 것을 예상한 전문가는 거의 없었다. 서브프라임 모기지 사태는 글로벌 유동성의 과잉, 엔 캐리 트레이드, 파생금융상품의 확대와 세계 금융의 통합 진전이라는 새로운 금융 환경의 뜨거운 바다를 타고 초대형 태풍으로 돌변했다. 미국발 금융위기가 세계를 덮쳤다.

이 사건은 금융시장의 위기 경고 시스템과 파생금융상품 리스크 관리의 중요성을 일깨웠다. 아시아 국가들은 서브프라임 모기지 관련 상품 투자가 적은 데다 중국의 자본시장이 상대적으로 덜 개방되어 충격이 적었다. 금융 불안 상황에서 세계는 초기 대응과 국제 정책 협조의 중요성을 깨닫고 신속하게 대처했다. 선진국 중앙은행은 미국발 신용경색 위기가 유럽 등 다른 지역으로 확산할 조짐을 보이자 대규모 긴급 유동성을 공급하고 공조 체제를 구축해서 위기 수습의 물꼬를 텄다.

과다한 신용 확대와 자산 가격의 거품 발생을 사전에 방지하는 데는 단기 금리를 운용 목표로 하는 통화정책만으로는 한계가 있다. 자산 가격 상승과 금융 불안정 위험에 적극적으로 대응할 수 있는 통화정책의 운용 방식을 개발할 필요가 있다.

유동성 관리에는 단기 금리 조절뿐 아니라 금융감독 당국과의 협조 체제 강화도 중요하다. 수년간 부동산담보대출 규제를 강화한 것이 서브프라임 모기지 사태가 국내 부동산 대출시장에 미치는 충격을 줄이는 데 기여했다고 볼 수 있다. 부동산시장의 침체가 장기화되면 금리 인상에 따른 대출 원리금 상환 부담 증가와 겹쳐 부동산담보대출의 부실이 심화할 수 있다.

글로벌 금융위기 이후 금리와 유동성 간에는 음(-)의 상관관계가 확대되었다. 기준금리는 서울과 수도권을 중심으로 가계대출에 미치는 영향이 크다. 금리와 유동성(M1, M2, 가계대출, 주택담보대출)은 주택시장에 통계적으로 유의미한 영향을 미친다. 지역별 영향은 서울이 수도권보다, 수도권이 지방 광역시보다 크다. 해외에서는 주택시장 안정을 위해 소비자물가지수에 자가 주거비를 포함하는 경우가 많다. 통화정책에 자산 가격 변화를 반영해 유동성을 관리하는 것이 무엇보다 중요하다고 생각한다. 거품의 형성과 붕괴 과정은 우리 모두에게 늘 힘겨운 일이다.

탐욕에 눈먼 투자은행은 과거를 잊은 것일까? 월가에 고위험 주택저당증권(MBS) 거래가 다시 봇물을 이루고 있다. 모기지 금융회사는 개인에게 주택담보대출을 제공한 뒤에 대출 채권을 발행한다. 투자은행은 이 모기지 금융회사의 대출 채권을 매입한 후 이를 가공해 합성 증권을 발행한다. 발행사인 투자은행은 수수료 수입을 거둬들이고 해당 MBS를 매입하는 투자자들은 시장금리를 크게 웃도는 수익률을 얻는 구조다.

MBS는 은행을 비롯한 금융회사가 주택 구입자에게 주택 자금을 대출한 뒤 취득한 주택저당채권을 '기초자산'으로 발행하는 수익증권이다. 우리나라의 경우 금융회사는 주택저당채권을 '한국주택금융공사'에 양도한다. 한국주택금융공사는 양도받은 주택저당채권을 자기신탁 후 이를 기초자산으로 하는 MBS를 내놓는다. 증권화로 촉발되는 금융위기는 절대로 다시 일어나서는 안 된다.

부동산 거품과
장기 불황

2024년 닛케이지수는 4만을 넘어 1989년 12월 기록을 사뿐히 넘었다. 미·중 갈등과 글로벌 경기 부진 속에서도 일본 경제는 내수로 성장을 다졌다. 일본은 GDP에서 민간 소비와 투자가 70%를 넘어 대외의존도가 낮다. 게다가 워런 버핏이 일본 주식에 투자할 만큼 투자 붐을 이루었다. 일본의 경제 성장률이 모처럼 높은 수준을 기록한 것을 보면서, 디플레이션으로 고통받았던 일본의 과거를 돌아본다.

일본은 1991년 3월 이후 여러 차례 호황과 불황이 교차했으나 잠재 성장률은 지속적으로 하락했다. 30년 장기 불황이라는 늪을 이제 벗어난 일본이 그래서 달리 보인다. 경기 침체의 발단은 10년 장기 불황을 불러온 거품 붕괴에 있었다.

일본은 1980년대 들어와 예금 금리 자유화, 영업점 신설 규제

완화 같은 금융 자유화로 경쟁이 심화되었다. 대기업들이 자본과 회사채 발행을 늘려서 수익원이 줄어들게 된 은행은 중소기업과 개인을 대상으로 담보대출을 크게 늘렸다. 1985년 플라자합의로 엔화 강세에 따른 수출 부진이 우려되자 일본은행은 경기를 뒷받침하기 위해 1985년 1월 5%였던 정책 금리를 1987년 2월까지 역대 최저 수준인 2.5%로 인하했다.

저금리는 늘 그렇듯 과도한 유동성을 불러들여 독이 된다. 기업은 돈을 빌려 사업 규모를 확장하고 재테크에 치중하며 주가와 부동산 가격이 상승했다. 이는 담보가치 상승과 기업의 차입 여력 확대의 빌미가 되어 자산 가격의 급격한 상승을 일으켰고 거품이 형성됐다. 가계도 주식과 부동산 투자를 빠르게 늘려갔다.

주가와 지가는 1987년부터 급등해 1990년에는 3배 수준으로 상승했다. 거품을 우려한 일본 당국은 1989년 5월 이후 급격한 금융긴축을 단행했다. 1990년 3월 부동산 관련 대출 총량 규제를 시행하자 거품이 붕괴했다. 1990년 초 거의 4만 선까지 올랐던 닛케이지수는 1990년 10월 절반으로, 1992년에는 1만 5,000으로 떨어졌다. 땅값 또한 1989~1992년 50% 이상 떨어졌다. 이후에도 2005년까지 하락세가 매년 계속됐다. 가격이 한꺼번에 급락한 게 아니라 큰 폭의 하락세가 수년 동안 지속되었다.

혹자는 도쿄 지역의 맨션아파트 가격이 1990년대 중반에는 정상적인 수준으로 떨어졌다고 본다. 그 이후로 일본에는 부동산은 오르지 않는다는 생각이 팽배하다. 부동산 거품이 어느 정도 빠진 이후에도 부동산 가격의 하락세가 지속했다. 도쿄 지역의 맨션아파트 가격은 1990년의 최고점 대비 2001년에는 무려

56.1% 하락했다.

버블 붕괴기에는 어떤 기제가 작동할까? 자산 가격 하락 → 순자산 감소와 부채 부담 확대 → 자산 매각 확대 → 자산 가격 하락의 악순환이 이어진다. 막상 부동산을 매각하려 해도 사줄 사람이 없어 가격 하락세가 가속화했다. 은행 부실채권이 누적으로 급증해 일본 장기 불황의 원인이 되었다. 자산 가격의 장기 하락은 설비 투자와 소비 수요를 직접적으로 위축시켰다. 기업 부도도 은행 부실채권 누적에 한몫해서 실물 경제와 금융경색의 악순환을 초래했다.

우리는 일본 경제를 바라보며 늘 부동산 거품이 형성되고 붕괴하는 것을 경계해야 한다. 거품 형성으로 경제가 기초체력 이상으로 성장하면 그 폐해는 매우 크다는 것을 명심하자. 글로벌 금융위기 이후에 부동산 거품 붕괴를 경험한 미국과 영국은 1~2년 이내에 경제를 회복했다. 집값도 위기 이전 수준을 회복하고 엄청나게 상승했다. 일본의 장기 불황이 거품 붕괴만으로 설명되지 않는 이유다.

정부를 비롯한 경제 주체들이 거품 붕괴의 심각성을 정확히 인식하지 못한 것은 아닐까? 과거의 성공 신화에 매몰돼 과감한 구조조정 대신에 거품을 초래한 기존 시스템에 안주한 게 원인일 수도 있겠다. 1990년대 중반 이후 인구 고령화라는 구조적 요인에 효과적으로 대응하지 못했을 수도 있다. 디지털 혁명이라는 시대적 화두에도 이렇다 할 신산업을 내놓지 못한 것도 한몫했다고 본다.

부동산 침체와
그림자금융

2023년과 2024년, 회복을 향해 가야 할 중국 경제는 부동산 위기로 새로운 위험에 직면했다. 중국 부동산 위기의 핵심을 한 마디로 압축한다면? 인구 14억 명도 모자랄 정도로 너무 많은 아파트를 지은 것이다. 가장 극단적인 통계에 따르면 그 숫자는 참혹하다. 팔리지 않은 주택은 30억 명(그중 아파트는 14억 명)이 충분히 입주할 수 있는 수준이다. 들어도 믿기 어려운 수치다.

중국 경제 성장의 원동력이었던 부동산 부문이 문제로 돌아왔다. 2021년 하반기 이후 부동산 가격 하락(가계 자산의 70%) 충격과 투자 심리 악화가 경제 회복의 걸림돌로 작용했다. 거대 부동산 개발업체 헝다(에버그란데)의 디폴트(채무불이행) 위기가 불거졌다. 헝다는 미국 뉴욕 법원에 파산보호를 신청해 부동산발 리스크 우려가 커진 상황이다.

2024년 1월 홍콩 법원은 헝다 홍콩 법인에 청산을 명령했다. 위기의 헝다가 적절한 부채 구조조정 계획을 세우지 못했다면서 더는 안 된다는 판단이 작용했다. 2023년 비구이위안(컨트리가든)도 디폴트 위기에 직면해 중국 부동산시장의 침체는 더욱 심각해졌다. 비구이위안은 채권단 회의를 열고 만기가 도래하는 약 7,000억 원 규모 회사채의 상환 기한을 3년 연장했다. 그 결과 가까스로 디폴트 위기를 넘겼다. 2024년 2월, 비구이위안이 이자와 원금 16억 홍콩 달러(약 2,840억 원) 상당을 상환하지 않았다는 이유로, 채권자 에버크레디트는 홍콩 고등법원에 비구이위안 청산을 청구했다. 청산 심리가 진행되는 상황에서 국제신용평가사 무디스는 비구이위안의 신용등급을 취소했다.

왜 이런 일이 벌어졌을까? 2020년 8월 중국 당국이 강도 높은 규제안을 내놓은 이후에 위기가 닥쳤다. 중국 정부는 부동산 회사에 선수금을 제외한 '자산부채비율 70% 미만, 순부채비율 100% 이하, 유동비율 1배 이상'이라는 3개의 레드 라인을 요구했다. 그간 중국 부동산업체가 무분별하게 확장을 거듭해 버블 붕괴를 우려하는 목소리가 높아지자 당국이 선제적인 조치를 단행한 것이다. 그 배경은 무엇이었을까?

2022년 중국의 도시화율은 65%로 선진국의 80% 수준에 육박한다. 세계를 덮친 코로나19 팬데믹과 중국 인구 감소는 끊임없이 주택을 건설해야 하는 부동산시장에는 그리 달가운 소식이 아니었다. 고령화도 주택 수요 감소에 한몫했다. 그럼에도 주택 가격은 크게 치솟아 청년들이 집을 살 엄두를 내지 못했다.

상황이 이런데도 지방 정부가 부동산 개발을 부추겨 가격을 끌어올리는 악순환을 되풀이하자 중앙 당국이 나서서 강도 높은 부동산 규제안을 내놓은 것이다. 미국의 2008년 서브프라임 모기지 사태와 같은 상황을 우려한 중국 정부는 부동산 개발업체의 대출 금액을 제한하기 시작했다. 부동산 개발업체들은 갚을 수도 없는 수십억 달러의 빚에 허덕이게 되었다.

일부 지방 정부의 자금 조달용 특수법인인 LGFV들은 잇따라 디폴트를 선언했다. 중국 지방 정부는 특정 인프라 시설을 건설할 때 LGFV로 불리는 특수법인을 만든다. 이 법인이 채권을 발행해 자금을 조달한다. 실제로는 지방 정부가 조달한 돈이다. 공식 재무상태표에 반영되지 않아 중앙 정부의 공식 통계에 잡히지 않을 뿐이다. 이런 음성 부채는 중국 경제의 숨은 뇌관으로 지목된다. 부동산시장이 침체되면 지방 정부 재정도 악화하는 구조다.

비구이위안 사태는 헝다와 차원을 달리한다. 비구이위안은 성장부터 위기까지 모두 중국 당국의 경제 개발 정책과 맞물린 기업이다. 중국 정부는 1978년 개혁과 개방 정책으로 전환했다. 경제 개발에 필요한 자금이 부족하자 중국 정부는 국가가 소유한 토지 이용권을 일정 기간 민간에 판매했다. 이 자금으로 인프라, 복지, 교육에 투자하는 방식의 성장 전략을 구사했다. 중국식 사회주의와 시장 경제의 혼합 경제 모델이 이렇게 탄생했다.

중국 경제의 고도성장과 급격한 도시화로 부동산 가치가 상승하면서 지방 정부와 토지 이용권을 매입한 기업들은 모두 큰 이익을 거두었다. 지난 30년 동안 중국 GDP의 25~30%는 부동산 투자에서 발생했다. 고용의 15%도 건설 같은 부동산 관련 프로젝트에서 나왔다. 지방 정부의 수입 중 토지 이용권 판매 비율은 40~50%에 달한다. 인프라 개발 자금 조달을 위해 토지 이용권을 판매한 게 중국의 급속한 도시화와 경제 발전의 핵심 요소였다.

중국 경기에서 가장 우려되는 점은 정부가 부양 정책을 펼쳐도 민간 심리가 개선되지 않는다는 것이다. 민간 심리가 위축된 것은 부동산 리스크가 확산했기 때문이다. 그럼에도 중국 부동산 문제가 금융위기로 번질 가능성은 제한적이다. 중국은 국유은행으로 체계 안정성을 확보하고 비국유은행을 통해 효율성을 확보하고 있다. 완전한 시장 경제가 아니라 리먼브러더스 같은 사태가 발생하기 어렵다.

2022년 중국의 지방 은행에서 뱅크런 사태가 일어났을 때를 생각해보자. 중국 정부는 은행 인출을 강제로 금지하며 사태를 수습했다. 인민은행은 2023년 기준금리 역할을 하는 1년 만기 대출우대금리(LPR)를 두 차례 인하해 소비 심리 개선을 유도하고자 했다. 그러나 얼어붙은 소비 심리는 풀리지 않고 대출 증가도 제한적이었다.

인민은행은 2024년 5월, 3,000억 위안(약 56조 원)을 투입해 미분양 주택 구매를 지원한다고 발표했다. 역내 국유 기업이 미분양 주택을 매입한 후 싼값에 재판매하도록 은행 대출을 지원하는 데 중점을 두었다.

그사이 2024년 1월 자산 관리회사 중즈(中植)그룹이 파산하여 중국의 취약한 금융의 상징이 되었다. 투자자와 기업, 소비자 간 신뢰도 급속히 추락했다. 중즈그룹은 그림자금융(shadow banking)의 대명사였다. 그림자금융이란 은행처럼 신용을 창출하지만 은행과 동일한 규제는 받지 않는 금융기업이나 금융상품을 말한다. 중국의 그림자금융 규모는 총 3조 달러(약 4,000조 원) 수준으로 추정한다.

중즈그룹이 대주주로 있는 중롱(中融)국제신탁은 중국 10대 신탁회사다. 개인투자자와 기업 자금으로 주식과 채권에 투자하고 일반 은행에 접근할 수 없는 회사에 대출도 해준다.

중국에서 신탁회사는 중국 전체 대출의 거의 10%를 차지한다. 이들은 상당 규모의 돈을 부동산 부문에 투자해왔다. 그림자금융시장에서 중롱은 주요 기업이고 그 대출 대상에 부동산이 존재한다. 중롱 같은 신탁회사들은 자금 유치를 위해 연 6~8%의 이자를 제시했다. 이는 다른 은행이 유사 상품에 주는 이자의 2배 수준이다. 이들 회사는 과도하게 부동산에 노출되었다. 부동산 침체는 중롱 같은 신탁회사의 현금 경색을 불러왔다. 중국발 리먼브러더스 사태로 회자되는 중롱을 둘러싼 위기감은 당분간 이어질 것으로 보인다.

중국은 금융위기가 발생하지는 않을 것이나 그림자금융 산업의 존재는 잠자는 재앙이다. 유동성 위기가 더 광범위한 금융 분야의 위기를 촉발하고 이미 약화한 중국 경제에 어려움을 줄 수 있다. 그림자금융은 자산 가격에 민감하다. 자본시장에서 단기 부채 형태로 자금을 조달한 다음 기업과 개인 자산에 장기 대출 및 장기 투자를 해 고금리·고수익을 얻어가는 구조다. 부채의 만기 불일치 현상이 존재한다.

부동산 같은 자산 가격이 하락하면 그림자금융은 더 많은 유동성을 확보하여 단기 부채를 상환해야 하는데 그게 어려워지고 있다. 자산을 매각하게 되고, 그런 자산 공급이 증가하면 가격은 더욱 하락하게 된다. 이런 악순환으로 단기 부채를 상환하지 못하게 되는 것은 예견 가능한 일이었다. 그림자금융의 자금 대부분은 국유와 민영 상업은행에서 조달했다. 그림자금융의 유동성 리스크는 곧 상업은행의 유동성에 부정적인 영향을 미친다고 하겠다.

성장 속도 둔화, 기록적인 청년 실업률, 낮은 외국인 투자, 수출 및 통화 약세, 부동산 위기로 중국 경제는 각종 악재에 시달리고 있다. 조 바이든 미국 대통령은 세계 2위 경제대국 중국의 현재 상황을 '째깍거리는 시한폭탄'이라고 표현했다. 시진핑 중국 국가 주석은 '중국 경제는 강한 회복력과 엄청난 잠재력, 큰 활력'을 지니고 있다며 맞서고 있다. 바이든 대통령과 시진핑 주석 중 누구의 말이 옳을까?

중국 정부는 자신의 경제는 강한데 오히려 서방이 위기를 과장한다고 응대했다. 몇 가지 근거는 있다. 5%대의 성장률, 중국 경제 성장에 대한 높은 내수 기여율, 전기차, 리튬배터리, 태양광 전지 같은 주력 제품의 수출 증가 등이 그렇다. 현실은 아마도 조 바이든과 시진핑 사이 어딘가에 존재한다 하겠다.

중국에선 사실상 부동산이 개인의 전 재산과 마찬가지다. 그간 부동산 투자는 주식시장이나 금리가 턱없이 낮은 은행 예·적금 상품보다 더 나아 보이는 선택지였다. 코로나19 방역 규제가 풀린 뒤 집값 하락으로 인해 중국인들의 주머니가 얇아졌다. 보유한 현금을 쓰지 않고 계속 움켜쥐는 상황이다. 중국 가계의 사정은 더욱 가난해졌다.

　　중국 내 여러 지방 정부의 부채 문제도 악화했다. 수십억 달러에 이르는 지방 정부 수입 중 3분의 1 이상이 부동산 개발업자들에 대한 토지 판매에서 오니 당연하다 하겠다. 중국이 이 어려움을 어떻게 극복할지는 우리에게도 시사점을 주기에 그 사태를 예의주시해야 한다.

　　2024년 5월 인민은행은 부동산 3대 부양책을 내놓았다. 핵심은 3,000억 위안(56조 원) 규모의 자금 지원이다. 이와 더불어 모기지 조건을 완화하고 대출 금리도 0.25%포인트 내렸다. 이런 가운데 중국 국가 부채는 2023년 말 기준 GDP 대비 287.8%다. 1년 전보다 13.5%포인트 늘었고 2019년 말에 비하면 41.25%포인트나 증가한 수치다. 부채 증가 속도도 2008년 이후의 미국 등 선진국 평균을 앞서고 있어 우려를 자아내고 있다.

변동금리와
일본의 높은 집값

일본은 오랜 기간 초완화적인 통화정책을 유지해왔다. 전 세계 고금리 속에서 일본만은 저금리 여건이 이어졌다. 1991년 부동산 거품 붕괴 이후 일본 주택 가격은 내내 하락했지만 지난 몇 년은 점진적으로 회복세를 보였다. 일본은행이 마이너스 기준금리를 도입한 이후 주택담보대출은 매년 2~3%씩 증가했다. 그럼에도 평균 주택 가격은 고점 수준을 30%가량 밑돌고 있다. 금리 수준이 워낙 낮다 보니 소폭의 금리 상승이 주택 가격에 미치는 영향력이 작다.

자산가치 상승이 담보되지 않는 문화적 배경도 일부 작용하고 있다. 금리보다는 오히려 엔화 약세로 인한 수입 자재비 상승과 외국인 수요 증가가 주택 가격에 더 큰 영향을 미친다. 인구 구조학적 측면에서도 일본 주택시장의 특이성을 찾아낼 수 있다. 인구 감소는 구조적으로 주택 가격에 하락 압력을 가하는 요인이다. 일본의 인구 감소가 주택 가격 하락에 미치는 영향은 크진 않지만 잠재적인 위협 요인이다. 코로나 팬데믹으로 중국이 강력한 봉쇄 조치를 취하자 일본으로 이민을 가는 중국인이 급격히 늘어났다.

일본에서는 초완화적인 통화정책 기조가 이어지고 대출 금리 수준이 낮아 변동금리 주택담보대출로 대출자가 몰리는 상황이다. 일본 주택담보대출의 변동금리 비중은 2008년 30% 수준에서 최근 80% 정도로 급증했다. 일본의 경우 변동금리가 10년물 국채 금리 같은 장기 금리가 아닌 단기 금리에 연동한다.

저금리 유지 때문일까? 2023년에 도쿄는 4%의 높은 상승률을 기록하며 두바이에 이어 집값 상승 2위로 등극한다. 지속적인 저금리와 해외 자본 유입 호조가 긍정적인 이유였다.

일본 부동산경제연구소는 도쿄 도심인 23구의 신축 아파트 평균 가격이 2023년 1억 1,483만 엔을 기록했다고 밝혔다. 2022년보다 39.4% 상승했으며, 관련 통계를 집계하기 시작한 1974년 이후 최고 수준이다. 이는 용지 취득과 건축 비용의 상승 때문이었다. 도쿄 도심뿐 아니라 수도권(도쿄도, 가나가와현, 지바현, 사이타마현) 신축 아파트의 평균 가격 역시 전년 대비 28.8% 뛴 8,101만 엔으로 3년 연속 사상 최고치를 갈아치웠다.

일본 부동산은 2024년에도 호황을 이어갔다. 혹자는 도쿄의 집값이 1989년 수준(직장인 연 수입의 12.9배)과 같은 13배여서 거품이라고 말한다. 그러나 일본 부동산경제연구소는 투자 목적뿐 아니라 실수요 구매도 많아서 거품이 아니라는 견해를 내놓았다.

금리 등락과
한국 부동산시장

일본은 다를 수 있다고 해도 주택담보대출 금리의 움직임이 주택 수요를 좌우한다. 변동금리 비중이 높은 국가일수록 주택 시장이 금리 변동에 취약할 수 있다. 가처분소득 대비 가계대출 비중이 높은 국가도 주택시장의 금리 민감도가 높다. 한국은 가계대출에서 고정금리 비중이 30%대로 미국(98.9%)보다 크게 낮다. 2024년 금리 인하 전망 후퇴로 모기지(주택담보대출) 금리가 뛰면서 시장이 위축되었지만 매물 부족 속에 가격은 더 오르며 사상 최고 수준에 근접했다. 고금리가 주택 구매 비용을 높이고 수요는 낮추는 작용을 했다. 동시에 주택 매물을 위축시켰다.

한국은 주요국과 견주어 금리와 집값 간에 음의 상관성이 뚜렷하다. 여기엔 높은 가계대출 비중이 큰 영향을 미친 것으로 보인다. 한국은행의 '가계대출의 금리 민감도 분석 및 시사점'에 따르면 금리 움직임과 가계대출 변동은 유의미한 음의 상관관계를 보인다. 금리 상승기에는 금리 민감도가 더 높았다. 대출 종류별로 보면 부동산과 연계된 주택담보대출이 신용대출 등에 비해 금리 움직임에 상대적으로 민감했다. 해당 분석에서는 변동금리 대출 비중이라는 요인이 반영되지 않았다. 한국의 높은 변동금리 비중을 고려하면 금리 변동에 따른 주택시장 위험도는 상당할 것으로 보인다.

한국의 GDP 대비 가계부채 비중은 스위스, 덴마크처럼 작은 국가를 제외하고는 전 세계에서 가장 높은 수준이다. 가계부채에서 변동금리 비중도 한국은 다른 나라에 비해 상대적으로 높다. 부채 문제가 한국 금융 시스템에서 단시일 내에 문제를 일으킬 가능성은 작다. 그러나 부동산 관련 부문의 어려움은 나타날 수 있다는 게 한국은행의 입장이다. 실제로 2022년 말과 2023년 초에 주택시장 급락이 나온 것은 이를 방증한다.

대체로 금리 수준이 낮고 경제 펀더멘털이 양호할수록, 주택담보대출에서 변동금리 비중이 높을수록 금리와 집값이 강한 상관성을 나타낸다. 금리의 절대 수준이 높은 브라질 같은 나라는 금리 인상에 따른 주택 가격 영향이 작을 수밖에 없다. 호주는 금리와 집값의 상관성이 가장 높은 수준을 보인다. 주요 선진국 대비 주택담보대출에서 변동금리 비중이 높기 때문이다.

가처분소득 대비 주거비 부담이 높을수록 금리 상승에 따른 주택 처분 유인이 커지는 것은 어쩌면 당연한 게 아닐까? 2022년부터 주요 선진국이 빠른 속도로 금리 인상에 나섰다. 앞으로 수년간 주택시장이 고통받을 것이라는 경고에도 고정금리가 대부분인 미국은 예외처럼 보인다.

여기서 우리는 유심히 관찰할 것이 있다. 팬데믹 이후 가격이 급등한 주택시장의 수요 냉각, 소득 대비 높은 가계부채 비중, 금리 상승이 주택 소유자에게 영향을 미치는 속도를 차례로 들여다봐야 한다. 소득 대비 부채 비중이 높을수록 주택 소유자는 더 높은 이자 비용과 채무불이행 위험에 노출된다.

그렇기에 우리는 이런 가정을 해본다. 이번에 고금리로 주택시장이 침체된다면 그것은 고정금리가 대부분인 미국의 문제가 아니다. 변동금리 비중이 높은 국가가 주도할 가능성이 크다. 그럼에도 주택시장이 연착륙한다면 주택시장은 수급에 의해 움직일 가능성이 크다.

누군가 이런 목소리를 낸다면 어떻게 바라봐야 할까?

"부동산이라는 자산은 일괄적으로 말할 수 있는 재화가 아니다. 다양성이 있기에 지역에 따라 금리가 미치는 영향은 다르다. 수급이라는 요인까지 고려해야 한다. 부동산은 인플레이션 헤지 역할을 한다는 점에서 불확실성과 높은 인플레이션 시기에 오히려 매력적이다."

고금리이지만 인플레이션 상황에서 공급할 물량이 부족하다고 가정해보자. 자재비, 인건비, 금리가 모두 오르면 새로 짓는 아파트 가격도 올라갈 수밖에 없다. 이런 신축 가격에 구축 아파트도 영향을 받는다. 금리만 바라보고 주택 가격을 살피는 것은 핵심 거주지에서는 통하지 않는다. 특히 부동산이 지위재로서의 역할을 한다면 더욱 그럴 것이다.

지금까지 논의한 이야기를 생략하고 다음 그림에서 C국면을

달걀 모형: 금리 하락과 부동산 투자

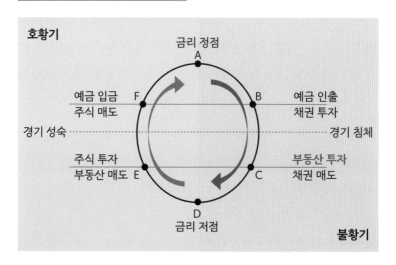

설명해보자. 금리 인하가 지속되고 금리가 바닥에 가까워지면 투자가들은 어떤 생각을 할까? 낮아진 금리와 이미 오를 대로 오른 채권 가격으로 투자할 곳을 찾던 자본은 부동산을 선택하게 된다. 부동산 임대 수익률이 적어도 이자율보다는 높을 수 있다. 자본은 경기 침체로 인해 가격이 하락한 부동산으로 몰리기 시작한다. 그 결과 부동산 가격이 상승한다.

이때 우리는 D국면에 집중할 필요가 있다. 금리가 바닥을 찍는 순간이다. 낮아진 대출 금리로 돈을 빌리는 규모가 증가한다. 시중에 막대한 유동성이 풀리고 그 유동성은 자산시장으로 흘러들어가 전반적인 가격 상승을 일으킨다. 부동산도 가격이 상승한다. 물론 이는 단순화한 논리이고 현 상황을 설명하기에는 한계가 있다. 다만 그 설명의 유용성은 여전하다고 하겠다.

금리가
전세와 월세를 가른다

전세 제도는 우리나라 특유의 제도일까?

역사적으로 살펴보면 안티크레시스(Antichresis)라는 전세 계약이 기원전 15세기 메소포타미아에 존재했다. 초기의 전세는 메소포타미아 문명권과 그리스·로마를 거쳐 초기 중세 시대 대륙법(Civil Law) 아래 있던 프랑스와 스페인 등에서도 그 흔적을 찾을 수 있다. 근대에 와서는 1804년 나폴레옹 법전에도 등장하며 남부 프랑스에서도 시행했다. 미국 루이지애나주와 아르헨티나, 볼리비아를 포함한 남미 국가의 민법에도 전세 제도가 명시되어 있다.

이들 중 대다수의 나라에서는 전세가 지금 실존하지 않지만 한국에만 남아 있는 것은 아니다. 지구 반대편 볼리비아에 '안티크레티꼬(Anticrético)'라고 불리는 전세 계약이 이루어지고 있

다. 안티크레티꼬는 메소포타미아의 안티크레시스의 스페인어
로 'anti-'는 그리스어로 'against'를, 'chresis'는 'use'를 뜻한다.
그러므로 안티크레시스는 사용(use)의 대가(against)로 보증금을
제공하는 것을 의미한다.

볼리비아의 안티크레티꼬는 우리나라의 전세와 매우 유사하
며, 전체 가구의 5% 내외가 안티크레티꼬 계약을 맺은 임대 주
택에 거주하고 있다. 통상 계약 기간은 2년이며 입주 시 전세금
을 집주인에게 지불하고 계약 종료 시 집을 비워주면서 동일한
금액을 반환받게 된다. 집주인은 다주택자인 경우도 있지만 우
리와 유사하게 자기 집을 전세 주고 본인도 전세나 월세로 거주
하는 경우도 많다.

우리의 전세와 다소 다른 점도 있다. 우리나라에서는 세입자
가 거주하는 대가로 임차료(전세금의 예상 수익)를 지불하는 개념
이지만, 볼리비아의 안티크레티꼬는 집주인이 세입자로부터 돈
을 빌리는 소위 대출의 일종으로 인식하는 경우도 있다는 점이
다. 계약 기간이 만료되었는데도 전세금을 돌려주지 못하면 극
단적인 경우 소유권이 세입자에게로 넘어갈 수도 있다.

볼리비아에서 전세 계약을 할 때는 변호사를 통해 법원으로부
터 그 주택에 설정된 다른 권리(저당권 등)가 없다는 것을 확인받
도록 하며 등기부에 기록하게 되어 있다. 또한 쌍방이 합의한 대
로 보증금을 기한 내에 반환하지 못할 경우 소유권이 자동적으
로 임차인에게 귀속되도록 계약서를 작성할 수도 있다. 현재 볼
리비아에서는 등록되지 않은 임대차 계약이 많고 이런 계약들은
주거 안정성이 매우 취약하므로 안티크레티꼬는 임차인 입장에

서 상대적으로 안전한 임대차 계약으로 평가받고 있다.

인도의 전세는 극소수 지역에서 특수하게 나타난다. 2~3년간 정해진 목돈을 지불하고 계약이 만료되면 임대인은 이자 없이 원금만 지불한다. 만약 임대인이 계약 만료 시 보증금을 돌려주지 못하면 집은 임차인에게 양도된다.

전세의 역사가 기원전으로 거슬러 올라갈 만큼 뿌리가 깊다는 점은 우리에게 전세를 탄생과 소멸의 단선적인 과정이 아니라 감소와 증가라는 순환적인 과정으로 바라볼 가능성을 연다. 동시에 우리나라와 볼리비아에서 공통적으로 전세 계약의 비중이 감소하고 있다는 점은 세계적으로 희귀한 전세가 곧 멸종의 위기를 맞을 수도 있다는 점을 상기시킨다.

다수의 국내 전문가들은 우리의 전세 감소와 월세 증가 현상을 세계화되는 주택시장의 흐름으로 바라보며, 가격 상승 기대가 사라지면 전세의 소멸은 불가피한 자연스러운 현상으로 받아들이는 듯하다. 서울 주택 전세 비중은 2020년 61.6%에서 2021년 58.0%, 2022년 50.3%, 2023년 47.6%로 하락세가 이어지고 있다.

그런데 왜일까? 내 마음 한편에는 거주의 선진화가 아니라 양극화의 진전으로 월세가 증가하는 게 아닌지 하는 의심과 헛헛함이 자리한다. 전세 감소는 주택시장 발전에 따른 자연스러운 현상이 아닐 수도 있다. 소득 정체로 전세금을 올려줄 수 없는 세입자들이 불가피하게 월세시장(소위 반전세)으로 편입되는 것을 우리는 목도했었다. 대다수 전세의 월세 전환은 자연스러운 것이 아니라 어쩔 수 없는 선택이라는 표현이 더 적절하겠다.

많은 사람이 고금리 상황에서 기준금리 인하를 바란다. 기준금리를 인하해도 단독주택과 연립주택 같은 비(非)아파트에는 유의미한 영향을 미친다고 할 수 없다. 뒤에서 자세히 설명하겠지만 금리 인하는 아파트 전세 가격에는 유의미한 영향을 준다. 전세 가격은 통상적으로 금리에 9~10개월 정도 후행한다. 이는 기준금리 인하가 바로 시장에 영향을 주기보다는 금리의 파급 경로에 따라 장·단기 금리에 영향을 미치는 시차 때문이다. 전세의 월세화가 빠르게 진행되고 있는 비아파트는 예외다. 금리 인하는 보증금 규모가 커서 월세화의 속도가 더디 나타나는 아파트 전세시장을 중심으로 더 많은 영향을 준다. 금리 인하는 아파트에 살고 있는 전세 가구에 더 많은 부담을 지운다는 사실을 많은 이들이 삶에서 체험했다.

이런 상황이 다시 돌아오면 전세 세입자들은 어떤 선택을 할까? 주택 구입, 월세 전환, 전세 유지라는 선택지가 있다. 시장은 지속적으로 기준금리 인하를 선택할 것이고 이로 인해 매매와 전세시장의 불안 심리가 커지는 광경을 상상해본다. 역사는 되풀이되기도 한다. 전세시장의 불안 심리 확산은 돈 있는 사람에게는 영향이 없다. 주택 구입 여력이 있는 고가 전세 세입자에게는 문제가 되지 않는다. 어찌 보면 그들은 보유세를 내지 않고 호사를 누리는 이들이다.

주택 구입 여력이 부족하고 월세 전환마저 주거비 부담 증가로 이어지는 중·서민층에게 금리 인하는 더욱 위협적이다. 비아파트와 저가 아파트 중심의 빠른 월세화는 주거 격차를 더욱 심화할 수도 있다. 기준금리를 인하하게 된다면 늘 정부는 두 가지를 신경 써야 한다. '가계부채 증가'와 '전세 가격 상승으로 인한 서민의 주거 불안정 확산'이다. 이에 대한 세밀한 관리 전략은 전세 제도를 유지하는 우리 정부의 숙명이다.

이제 좀 더 자세히 금리가 전세에 미치는 영향을 따져보자. 우리 생활에 밀접한 문제인 만큼 그럴 만한 가치가 있다. 2022년 금리가 빠르게 상승하면서 전세가는 폭락했다. 통상 전세 가격은 금리와 반비례한다. 금리가 낮아지면 전세가가 오르고 금리가 올라가면 전세가는 내려간다. 금리가 낮아서 유동성이 넘쳐 집값이 상승하고 전세금으로는 다른 집을 사는 갭투자가 횡행하던 시절의 기억을 생각해보라. 기준금리 1% 시대에는 다들 전세 제도가 사라질지도 모른다고 아우성이었다. 문재인 정부에서 다주택자에 대한 규제가 심해지자 집주인들은 세금을 전가하기 위해 월세를 선호했다.

낮은 금리는 주택 매매시장과 분양시장에 영향을 미친다. 대출을 받아 원리금을 상환 중인 가구나 향후 대출을 받으려는 가구에 금리 인하는 좋은 소식이다. 신축 주택 공급을 계획하는 건설사에도 금리 인하는 희소식이다.

금리 인하는 모두에게 좋을까? 그렇지는 않다. 전세 가구에 좋은 소식이 아닐 수 있다. 낮은 금리는 월세화의 속도를 가속화해 전세 가격 상승을 불가피하게 한다. 전세 제도는 주택 가격이 상승하고 금리가 높을 때, 집주인과 세입자가 동시에 만족할 수 있는 임대차 방식이다. 주택 가격 상승에 대한 기대가 적고 금리가 낮으면 집주인 입장에서 전세보다는 월세가 더 유리하다. 집주인은 전세 주택을 월세 주택으로 더 빠르게 전환하고 싶어 하는 게 당연하다. 전세를 찾는 세입자와 월세를 놓는 집주인 간의 수급 불일치로 전세 가격 상승 현상이 지속적으로 나타날 수 있다는 게 낮은 금리 시대의 숙명이다. 낮은 금리로 인해 집의 가격도 상승한다면? 서민은 아픔을 온몸으로 받아들여야 한다. 결국 전세금을 올려줄 수 없는 세입자들만 월세시장에 울며 겨자 먹기로 편입된다.

그런데 기준금리가 급격히 올라가면 반대 현상이 발생한다. 급등한 전세 대출 이자 부담에 세입자가 먼저 월세를 선호하게 된다. 이때 전월세 전환율도 높아진다. 전월세 전환율이란 전세 보증금을 1년 치 월세로 바꿀 때 적용하는 환산율을 말한다. 예를 들어 전세금 1억 원을 월세로 바꿀 때를 생각해보자. 전월세 전환율이 3%라면 세입자가 1년 동안 내야 하는 월세는 총 300만 원이다. 전월세 전환율이 높아지면 상대적으로 전세보다 월세 부담이 커졌다는 의미다.

2022년과 2023년 전세 대출 금리가 높아지자 '보증금 1억 원 = 월세 40만 원'의 공식이 널리 퍼졌다. 종전에는 '보증금 1억 원 = 월세 30만 원'이 관례였다. 대출을 받아 집을 장만한 경우에는 월세를 인상해서 대출 이자 부담을 줄이려는 집주인이 많아질 수도 있다. 그래서였을까? 월세 거래량이 전세를 앞서는 현상이 한동안 벌어졌다. 고금리에는 전세라고 해서 부담 없이 감행할 수 없었다. 전세가가 높으면 대출을 받아야 하고 그만한 금액을 전액 현금으로 지불할 사람이 많지 않을 수 있다.

전세 수요는 금리의 영향을 크게 받는다. 대출을 받아 비싼 이자를 내며 전세로 사는 대신 차라리 월세가 저렴하다는 판단으로 월세를 찾는 경우가 많아질 수 있다는 말이다. 그런데 고금리 와중인 2023년 가을에는 역(逆)전세난이 오지 않았다. 역전세난 이란 전세의 수요보다 공급이 많아져 전세금이 하락하면서 집주 인이 난처해지는 상황을 일컫는다.

당시 임차인들은 오히려 월세보다 전세를 선호했다. 왜 그랬 을까? 2022년 기준금리 인상과 전세 사기 피해 증가로 임차시장 에서 월세 선호 비중이 크게 증가했지만 월세 임대료가 상승세 를 이어가자 임차인이 부담을 느낀 것이다. 이처럼 전세를 살지 월세를 살지 선택할 때 주택 가격과는 별도로 금리는 절대적인 영향을 미친다.

임차인이 전세를 선호했던 이유를 들어보자. "매월 부담해야 하는 고정 지출이 없어서" "월세보다 전세 대출 이자 부담이 적 어서" "내 집 마련을 하기 위한 발판이 돼서" "전세 자금 대출 등 금융을 통한 대출 상품이 다양해서"의 순이었다. 반면에 임대인 은 월세 거래를 선호했다. 왜일까? "매월 고정적인 임대 수입이 있어서" "계약 만기 시 반환보증금 부담이 적어서" "보유세 등 부 담을 월세로 대체 가능해서" "임대 수익률이 시중금리보다 높아 서" 등으로 나타났다.

집 없는 사람의 비율이 50%인 상황에서 시중은행의 역할이 커지고 있다. 조달 금리에 붙는 가산금리를 조금이라도 줄여주 면 서민의 고통이 줄고 사회에 온기가 돌지 않을까? 겨울이 오 는 것도 서러운데 고금리에 허덕이면 마음이 서글퍼진다. 아픔 을 배로 느끼는 취약한 임차인에 대한 특별 배려가 절실하다.

세계 인기 지역의 집값은
다 거품일까?

서울 강남 집들은 이미 평범한 월급쟁이에게는 소유할 수 없는 대상이 되어버렸다. 전세라도 싸면 다행인데 새집 전세는 엄두가 안 나고, 녹물 나는 재건축 아파트 전세는 그나마 싸 보이나 들어가 살기가 꺼림칙하다.

여기서 전세의 구조를 간단히 살펴보자. 주택 수요자가 집주인에게 무이자로 돈을 빌려주고 대신 그 집에 공짜로 들어가 사는 것이 전세의 골자다. 주택을 담보로 돈을 받은 집주인은 계약 기간 동안 그 돈을 이용해 수익금을 얻고 임차인은 주택을 사용하는 일종의 전당(典當) 개념이다.

일반적으로 전세 가격은 금리와 반비례한다. 통상적으로 금리가 낮으면 전세가를 올려 받을 수밖에 없다. 시세 12억 원의 집을 7억 전세가에 내놓을 수 있지만, 금리가 낮아서 8억은 받아야 한다고 생각하는 것은 금리를 감안한 수익률을 생각하면 당연하다. 집값 상승기에는 집주인이 집을 사고 받은 전세금으로 다시 다른 집을 사기도 한다. 이는 일종의 무이자 담보대출이다.

전세 제도는 이처럼 집값이 오를 때는 아무런 문제가 되지 않으나 집값이 내릴 때는 문제를 일으킬 수 있다. 우선 전세 제도의 존속을 위해서는 제도의 효용을 집값 상승분에서 찾을 수 있는데, 집값이 하락한다면 집주인은 임차인에게 본인 부동산을 매우 적은 돈에 제공하는 셈이라 손해라고 인식할 수 있다. 게다가 집값이 내려가면 역전세난이 생겨 전세금을 내줄 여력이 사라진다. 전세금으로 다른 곳에 투자까지 했다면 그 고통은 두 배가 된다. 이 경우 전세금 관련 소송이 많이 발생해서 사회 문제로 번질 수 있다.

집값이 오르지 않는다고 생각하면, 위 사례의 경우 전세를 주지 않고 12억 원에 팔 수만 있다면(양도소득세는 고려하지 않음) 파는 게 더 남는 장사일 수 있다. 이런 사례가 사회 전체적으로 팽배하면 집을 사지 않고 전셋집만 돌아다니려 할 것이다. 몇 년 전 우리는 집값이 오르지 않자 전세금을 더 올려 받거나 월세로 전환하는 시기를 경험했다. 집을 사지 않는 풍조가 만연하자 전세가 상승은 지속되었다. 심지어 언론에는 전세가가 집값을 능가했다는 소식까지 나왔다. 10년이 안 된 일이건만 오래된 이야기처럼 느껴진다.

이런 측면에서 집값은 언젠가는 반드시 오른다는 가정을 버리면 집을 파는 게 더 현명할 수 있다. 그러나 현실에서는 집을 사고 파는 데 거래 비용이 많이 들고 전세가가 계속 상승하면 집을 사는 게 차라리 번잡하지 않을 수 있다. 2015년 분양시장 활황은 집값 상승에 대한 기대감보다는 치솟는 전세금에 지친 세입자들이 대거 분양시장에 뛰어들었기 때문에 발생한 현상이다. 당시 몇 년간 주택 가격이 정체되거나 떨어졌는데 분양을 통한 내 집 마련 수요가 계속 늘어난 것은 높은 전세를 대체한 결과였다.

가구 소득과 주거 형태의 연관성을 분석해보면 소득 수준이 높을수록 자가와 전세 비율이 높아진다. 소득이 적을수록 월세와 보증부 월세가 차지하는 비중이 높아진다. 저소득층이라고 해서 월세를 선호하는 게 아니라 높은 전세금을 감당할 여건이 되지 않기 때문이다. 서울 도심권의 집주인은 현금 유동성이 좋은 월세를 선호하기에, 누군가 집을 구하려면 울며 겨자 먹기로 월세를 택하거나 아니면 집을 살 수밖에 없다. 흔히 서울 주택시장은 월세 확대, 전세 감소, 주거 수준의 양극화로 요약한다. 즉 오래된 주택이 늘어날수록 슬럼화하는 지역이 하나둘 나타나기 시작할 것이다. 이들 지역은 소득이 상대적으로 낮은 계층이 모여 사는 공간이 된다.

저금리가 지속되면 번듯한 서울 도심은 월세시장과 자가 중심 시장으로 양분화할 가능성이 커진다. 이에 따라 집값이 오르지 않아도 능력이 되는 사람들은 은행 빚을 내서라도 집을 사고자 하는 욕구가 늘어날 수 있다. 매달 집주인에게 꼬박꼬박 돈을 줘야 하는 월세를 제외하고는 대안이 없다면 집을 사는 수요는 증가할 수밖에 없다. 우리나라의 경우 월세에 익숙한 나라들과 달리 전세는 (금액이 크다는 것을 생각하지 않는다면) 큰 부담이 없다고 느끼는 경우가 많다. 월세는 "집주인에게 매달 돈을 뜯긴다"는 생각이 강하다.

일본도 최근 몇 년을 제외하고는 주택시장이 장기 침체 현상을 겪었지만 새 아파트의 수요는 꾸준했다. 기존 주택 거래는 감소하는 현상이 나타나지만, 새 아파트에 대한 수요는 늘 있었다. 명목상 주택 보급률은 계속 늘어나는 추세라 통계만 보면 주택이 남아돈다는 생각을 할 수 있다. 그러나 편리한 생활을 담보하는 양질의 주택 공급은 여전히 부족하다. 앞으로도 새 아파트 수요가 계속 늘어날 수밖에 없다고 생각하는 가장 큰 이유다.

뉴욕 맨해튼은 어떤가? 맨해튼은 원룸 아파트의 가격도 이루 말할 수 없이 비싸다. 그 돈을 주고 교외에 가면 모기지로 큰 집을 사고도 남을 텐데 마냥 개인의 취향만은 아닌 것 같다. 공급이 제한된 인기 지역의 부동산이 갖는 특성을 무시할 수 없다. 집값이 비싼 곳은 월세도 비싸다는 점은 말할 필요도 없겠다. 월가의 젊은이들이 맨해튼에 거주하면서 손에 남는 게 얼마나 될지 생각해본다.

파리의 집값이 계속 오르는 이유는 사람들이 파리 밖으로 나가지 않기 때문이라고 한다. 고층 건물 제한과 자발적 노블레스 오블리주의 역사가 한몫했다. 파리 외곽에 집들이 지어져도 파리에 살던 사람들은 계속해서 파리 안에서 살기를 고수하기에 집값이 높아질 수밖에 없다. 갑작스러운 도시 개발로 치솟은 땅값과 임대료를 일반 서민과 가난한 예술가들이 견뎌낼 수 있도록 정부가 지원하는 정책을 주도했다. 이들을 위한 임대료는 통상 시세의 3분의 1 수준으로 계약 기간은 자동 연장돼 무기한이다. 거주하던 가난한 예술가를 보호하겠다는 노블레스 오블리주

정신에 입각한 정책이 이들을 지켰다.

이처럼 다른 곳 어디로 잠시 나가 살더라도 마치 회귀하려는 연어의 심리가 작용하는 게 부동산시장이다. 부동산이 일종의 신분을 나타내는 지위재로서 역할을 하고 있다는 점도 인기 지역의 높은 주거비를 설명하는 이유다.

영국은 글로벌 금융위기 이전 수준으로 경제가 복귀하지 않은 국가다. 그럼에도 영국의 집값은 글로벌 금융위기 때 집값 수준을 훨씬 상회한다. 그 이유는 무엇일까? 개발도상국에서 큰돈을 번 부자들이 좀 더 안전한 선진국으로 자산을 보관하는 '에셋파킹(asset parking)' 현상 때문이다. 밴쿠버에서 중국인들의 부동산 사랑은 그들에게 특별한 세금을 매기게 했다. 캐나다의 외국인 부동산 취득세 인상은 그런 폐해로 생긴 제도다. 중국의 큰손들이 세계 부동산 가격을 올려놓았다는 것은 익히 잘 알려진 사실이다. 세계 인기 지역의 집값은 그래서 거품 여부를 따지기가 매우 힘든 구조라 하겠다.

금리로 따져보는
주택담보대출 50년 만기

만기가 긴 대출을 노리는 투자자의 속셈은?

우리나라 가계의 부에서 부동산이 차지하는 비중은 중국을 제외하고 주요국과 비할 수 없을 만큼 높다. 반면 금융자산이 차지하는 비중은 매우 낮다. 그 원인은 고금리 시기에서 다수가 이용했던 전세 제도에 기인한 바가 컸는데 이는 부동산 불패 신화로 이어졌다.

부동산은 안전자산일까? 그렇지 않다. 차입을 많이 당겨써서 손절한 경우도 워낙 많다. 여하튼 우리나라 사람들의 내 집에 대한 애착은 정말 강하다.

주택 관련 대출 금리가 우리나라에서 어떻게 움직일지는 앞에서 배운 내용을 토대로 다시 생각해보자. 통상 은행채 5년물 수익률은 고정(혼합)형 주택담보대출의 준거 금리로 활용된다. 채권 수익률 상승은 금리 상승으로 이어진다. 변동형 주택담보대출 금리의 산출 기준인 코픽스(COFIX, 자금조달비용지수)도 은행권이 취급한 예금과 채권 등 수신 금리의 가중평균금리다. 영향을 받긴 매한가지란 말이다. 조달 금리가 오르면 은행권의 대출 금리도 들썩이게 된다.

은행의 변동형 주택담보대출(코픽스 기준) 금리가 상승한다고 생각해보자. 서민의 급전 창구로 불리는 카드사와 캐피탈사 같은 여신전문금융사(여전사)도 같은 처지에 놓일 수 있다. 여전사는 수신 기능이 없어 채권 발행으로 자금을 조달한다. 채권 수익률 상승은 곧 차주의 부담으로 이어진다. 이에 따라 카드론 금리도 오름세를 보일 것이다.

위 내용을 바탕으로 50년 주택담보대출을 살펴보자. 이 초장기 대출 상품이 나오자 50년을 빌리더라도 내 집을 마련하겠다는 욕구가 분출했다. 은행권의 주택담보대출 최장 만기가 35년에서 40년으로, 다시 2022년 5월 50년으로 늘어났다. 이렇게 늘어난 주택담보대출의 장단점을 분석하면서 금리와의 관계를 좀 더 분명히 해보자.

주택담보대출의 만기가 50년으로 늘어나면 총부채원리금상환비율(debt service ratio, DSR) 규제를 우회해 돈을 더 빌릴 수 있다. DSR은 모든 부채의 연간 원리금 상환 총액을 기준으로 대출 한도를 정하는 비율이다. 만기가 늘어나니 매달 갚을 원리금 상환액은 줄어든다. 이게 진짜 이득일까? 오래 빌리면 그만큼 이자액은 늘어난다. 부동산 침체기가 도래하면 집값 하락으로 위험이 증가할 수 있다.

연 소득 5,000만 원인 차주가 다른 대출이 없는 경우에 40년 만기(연 4% 금리)로 주택담보대출을 받는다고 생각해보자. 은행 대출에 적용되는 DSR 규제는 40%를 적용한다. 이런 상황이라면 최대 3억 9,800만 원까지 빌릴 수 있다. 만기가 50년이면 한도는 얼마가 될까? 약 4억 3,100만 원까지 늘어난다.

3억 원을 금리 연 4%, 40년 만기로 대출받고 원리금을 균등하게 상환할 경우, 월 원리금 부담액은 약 125만 4,000원이다. 만기를 50년으로 늘리면 월 부담액은 얼마일까? 약 115만 7,000원으로 10만 원쯤 낮아진다.

매달 상환하는 원리금의 부담이 줄어드는 것을 반긴다면 어떤 속셈에서일까? 그 이면에는 집값이 상승하기를 바라는 욕구가 있다. 10년간 살다가 집을 팔고 주택담보대출을 상환할 때 집값이 올라 있다면 자산 규모는 불리고 매달 갚는 원리금은 최대로 절약할 수 있다는 가정을 전제한 것이다. 대출 실행 3년 뒤엔 중도상환 수수료도 사라져 금리가 더 낮은 대출로 갈아탈 수도 있다. 하지만 금리 상승기에 상환 부담을 낮추는 데 도움이 된다고 해서 그 오랜 기간 동안 자신을 빚에 맡기는 게 타당할까?

대출을 갚아나가야 하는 기간이 길어진 만큼 전체 이자 총액은 상당히 불어난다. 40년 만기(연 4%)로 3억 원을 빌릴 때 총 이자는 약 3억 180만 원이다. 이를 50년 만기로 늘린다면 이자 총액은 약 3억 9,400만 원이다. 원금의 130% 수준까지 늘어난다.

이자가 원금보다 훨씬 많아지는 상황이 발생한다. 은행에는 좋은 일이다.

모든 게 긍정적으로 변한다는 보장은 없다. 살면서 최악의 시나리오도 생각해야 한다. 은퇴 후 소득이 없는 상황에서도 헉헉대며 집값을 갚는 상황이 오지 말라는 법이 없다. 이 상황에서 대출을 받으려면 장기적인 집값 향방과 금리 수준을 제대로 따져서 신중하게 결정해야 할 것이다.

50년 만기 주택담보대출이 가계부채 증가의 주범으로 지목되자 금융당국은 규제를 가하게 되었다. 50년 만기 주택담보대출을 취급할 때 DSR 산정 만기를 50년에서 최대 40년으로 단축했다. 상환 능력이 분명히 확인되는 경우에만 산정 만기를 50년으로 설정하도록 예외를 두었다.

주택담보대출 금리가 장기 채무 상품에 따라 움직인다고 가정해보자. 분명히 큰 폭의 하락이 나올 수 있다. 경제가 하강해서 금리가 하락하면 가계는 저축을 줄이고 부동산 같은 위험자산에 투자를 늘려 수익률을 높이려고 할 것이다. 이런 저금리가 다시 올지 모르나 부동산의 미래를 생각할 때 몇 가지 추정을 해볼 수 있지 않을까? 우리나라에서 지금의 고금리 시대가 가고 난 뒤의 미래를 상상해본다. 저물가와 저성장이 주택시장의 기본 환경으로 자리 잡는다면 어떤 시나리오가 가능할까?

주머니 사정이 좋지 않은 상황에서 여기저기 오른 주택에 과감히 달려들기는 쉽지 않다. 인구가 감소하고 세대수가 더 이상 증가하지 않을 경우 주택 가격이 추가로 오를 가능성도 커 보이지 않는다. 수요가 뒷받침되는 인기 있는 곳에 투자하는 것만이 더 높은 수익률을 올릴 수 있을 것으로 보인다. 커뮤니티가 잘 마련된 대단지 아파트나 명품 아파트로 소문난 곳으로 돈이 몰릴 수 있다. 부동산시장의 차별화가 더욱 예상되는 대목이다. 핵심 지역이나 개발 이슈가 있는 곳은 수익률을 제대로 실현하는 곳이다. 이제 투자처를 한정해야 하는 이유다.

은행의 예금 금리가 낮아질수록 부동산시장은 월세와 임대를 중심으로 다시 재편할 전망이다. 저금리 추세가 가속화되고 장기적으로 부동산 가격이 안정된다면 전세는 없어지는 게 이론적으로는 맞다. 전세 제도를 두고 많은 논란이 있지만 그 운명은 하도 끈질겨서 어떻게 될지는 아무도 모를 것 같다. 2024년 논란 속에 시중은행은 50년 만기 주택담보대출을 중단했다. 일부 은행만 판매하며 그 대상을 만 34세 이하로 연령 제한을 두었고, DSR은 40년 만기 기준으로 산정했다.

정부는 2024년 상반기와 하반기로 나누어 스트레스 DSR 제도 시행을 발표했다. 변동금리 대출 등을 이용하는 동안 금리가 상승해 차주의 원리금 상환 부담이 상승할 가능성을 감안해, DSR을 산정할 때 일정 수준의 가산금리(스트레스 금리)를 부과하는 것이 스트레스 DSR 제도다. 과거 최고 금리 수준으로 스트레스 금리를 산정하면 금리 상승기(고금리 시기)에는 금리 변동 위험이 과소평가되고, 금리 하락기(저금리 시기)에는 금리 변동 위험이 과대평가된다. 이러한 경향을 보완하고 차주의 과다 대출을 줄이려는 목적도 가미되었다.

고금리 시대의
리츠 투자는?

　낮은 금리와 풍부한 유동성의 시기에 리츠(real estate investment trusts, REITs)가 인기였다. 리츠는 부동산투자회사법상 부동산투자회사로, 다수의 투자자로부터 자금을 모아 부동산과 부동산 관련 증권에 투자하는 부동산투자신탁이다. 부동산 관련 저당 대출을 운용하기도 한다. 오피스나 호텔, 물류센터 등 상업용 부동산이 주요 투자 대상이다. 이렇게 해서 얻은 수익은 투자자에게 배당된다.

　2023년 고금리 시대에 리츠의 주가는 급락했다. 고금리 추세가 지속되고 부동산 프로젝트파이낸싱(PF)이 부실화되면서 여러 악재가 겹쳤다. 과중한 이자 부담은 유상증자로 이어졌고 투자 매력은 반감했다. 이런 경우 사실상 금리 인상 사이클의 종결이 해법이다. 이런 와중에 매각으로 자금을 마련해 특별 배당을 하는 리츠도 있다. 부동산투자회사법상 상장 리츠의 자산 처분 차익은 해당 사업연도에 90% 이상 배당으로 지급해야 한다.

하지만 미국 리츠를 살펴보면 과거 인플레이션 시기에도 주식 시장보다 더 높은 성과를 기록했다. 미국리츠협회가 1972년부 터 데이터를 통해 산출한 결과를 보자. 7.0% 이상 고물가상승률 을 보인 시기에도 상장 리츠의 12개월 수익은 10.5%였다. 같은 기간 S&P500의 성과를 3.5%포인트나 초과했다. 이들 리츠는 인 플레이션과 동행하며 주가가 정체하는 상황에서도 높은 배당 수 익률을 기록했다. 높은 인플레이션은 기업 실적을 악화시켜 일 반 기업의 배당은 낮아지지만 리츠는 기존 배당 수준을 유지하 거나 인플레이션을 반영했다.

역사적으로 금리 상승은 경기 회복을 시사한다. 점진적으로 금리를 인상하는 경우에는 리츠의 기초자산인 부동산 임대료 역 시 상승한다고 볼 수 있다. 대체로 글로벌 리츠의 주가는 금리와 동행하는 모습을 보였다. 2022년에서 2023년 벌어진 금리 인상 은 상승 속도가 워낙 빨라서 리츠의 배당 여력을 우려하는 목소 리가 높아졌다. 리츠가 투자한 상품군에 따라 다르겠지만 리츠 가 인플레이션 압력을 임대료에 전가할 수 있느냐가 리츠 투자 의 성공을 좌우할 수 있다.

금리 인상 시기에는 리츠의 기초자산인 부동산의 가격 하락 가능성에 대한 점검이 늘 필요하다. 부동산시장 내 가장 높은 비 중을 차지하는 것은 물론 주택이다. 담보대출 금리가 높아질 경 우 부동산 가격의 하락 우려가 본격화할 수 있다. 물론 자산 가격 하락 요인이 단순히 금리 변수만은 아닐 수 있다.

금리 인상기에는 이를 견딜 수 있는 자산군에 대한 관심이 높다. 주가가 급락하면 평균 배당 수익률이 높아질 수 있다. 이런 경우 고배당을 유지할 수 있다면 해당 리츠에 대한 투자 매력은 높다.

우리나라는 2018년부터 상장 리츠에 관심을 가졌고, 리츠의 초기 성장 폭은 상당했다. 리츠시장의 주가 안정을 위해서는 무엇보다 인플레이션 압력 완화와 금리 안정이 중요하다. 성장에 급급했던 국내 리츠는 주주 가치 제고를 위해서 역할을 다할 때 투자자의 신뢰를 확보할 수 있다. 부동산 침체기에는 성장보다는 차입 비용 절감과 주주환원 정책이 더 빛난다.

2022~2023년은 무방비 상태에서 금리 타격을 받은 시기였다. 이제 제법 시간이 흘렀고 리츠 간 변별력도 뚜렷하게 생겼다. 장기 고금리에 제대로 대비된 리츠, 고유의 개념과 목적이 분명하고 전략의 일관성이 있는 리츠, 투명성과 신뢰성을 겸비한 우수 자산관리회사(AMC)의 역량에 기반해 확장성이 높은 리츠야말로 유망 투자 대상이다. 차별적 브랜드 가치를 만든 운용사형 리츠의 매력에 관심을 가질 필요가 있다.

PIR, RIR, K-HAI 등
다양한 부동산 투자 지표

투자는 정책 전문가보다 시장 전문가가 낫다

부동산 투자를 할 때도 참고가 될 만한 다양한 투자 지표들이 있다. 먼저 가장 많이 회자되는 소득 대비 주택 가격(price to income ratio, PIR)은 주택 구입에 대한 지불 능력을 표시하는 지표다. 주택 가격을 가구당 연소득으로 나눈 개념으로 결국 주택 구매 능력이라 하겠다. PIR이 높다면 그만큼 집을 구하기가 어려워진다는 뜻이다. 내 소득으로 주택을 몇 년 안에 구입할 수 있는지도 이 개념으로 파악한다. PIR이 10이라면 소득을 다 모아서 10년 동안 한 푼도 쓰지 않아야 집을 구한다는 말이다.

RIR(rent to income ratio)은 월 소득 대비 주택 임대료 비율이다. 국토교통부가 RIR 지표를 발표한다. 매매 가격이 높은데 RIR 지표가 낮다면 부동산에 버블이 상당하다고 추정하기도 한다. 한국의 월세 대비 부동산 가격은 다른 나라에 비해 낮은 수준이다.

전세 위주의 임대차시장이 월세 가격이 상대적으로 저렴한 요인으로 작용했다. 월세 거래 비중이 지속적으로 증가한다면 지금처럼 낮은 월세 수준을 지속하기는 어려워질 것으로 예상된다.

주택구입부담지수(Korea-housing affordability index, K-HAI)도 있다. 중위 소득 가구가 중간 가격 주택을 대출받아 구입했을 때의 상환 부담 비율이다. 이는 집을 구입하는 데 필요한 대출에 대한 부담 정도를 나타낸다. 이 값이 하락 추세이면 어떻게 해석할까? 부동산 거품이 꺼지는 것을 말한다. 한국주택금융공사가 발표하는 이 지수는 구매력에 금리의 변동을 반영하게 된다. 서울에서는 소득의 50% 이상을 대출 상환에 써야 하는 만큼 이건 정말 부담스럽다. 적정한 부담은 소득의 약 25%다.

특정 지역의 평균 아파트 가격이 10억 원이고, 그 지역의 연평균 소득이 1억 원이라고 하자. 이 경우 PIR지수는 10이 된다. 소득을 모아 집을 사는 데 10년이 걸린다는 의미다. 서울 한복판이 이 정도 이내라면 참 좋을 텐데 말이다.

가격을 결정하는 것은 소득만이 아니다. 어느 지역의 가격은 인구 밀도나 지역 선호도에 따라 다르기에 PIR로 해당 지역 가격의 거품을 알아내는 것은 때로는 무모할 수 있다. 어느 정도의 PIR이 적정 수준이라고 말하기는 어렵다. PIR지수가 높아도 주택 가격이 오르는 동네가 있고, 낮아도 하락하는 경우가 있으니 이를 주식의 PER 개념과 착각해서는 안 된다. 그래도 일반적으로는 PIR이 5~6배 미만이면 주택을 구입하기에 부담이 적은 것으로 평가한다. 우리나라는 전국 평균 PIR이 5~6배 수준이라 적당하다. 다만 서울의 PIR은 주택 가격 등락에 따라 바뀌기는 하지만 전국 평균의 3배 수준인 경우도 흔하다.

　나는 기획재정부에서 IMF팀장을 맡았을 때 IMF와 양자 협의를 해봤다. 연례 협의가 끝나면 IMF 아시아·태평양 지역 담당은 보고서를 쓴다. 그 가운데 우리나라 주택시장에 대한 논평도 담겨 있다. 지금과 달리 한국의 부동산이 버블이라고 지적받았던 기억은 없다. 왜였을까? 전국 기준 수치이다 보니 평균의 함정에 빠진 것이다. 실제 한국 집값은 서울은 물론이고 다른 대도시의 많은 지역도 비싸다. 그래서였나? IMF는 고금리 시기와 맞물려 주택 가격 하락과 대출 위험을 경고한다.

　　"부동산 PF나 주택 대출의 작은 부실이 금융 전반의 위기로 확산될 수 있습니다. 정부는 리스크 요인을 점검해 빈틈없는 대응책을 마련해야 합니다. 연체율이 높은 금융사에 대한 감독을 강화할 시점입니다. 부실 위험이 높은 PF 사업장은 민간 중심의 선제적인 구조조정도 불사해야 합니다. 부동산 경기 연착륙을 유도하면서도 부동산 금융 비중을 줄여나가는 묘안을 살피는 게 필요한 때입니다."

　부동산 경기 침체와 세계 금융시장의 불안이 계속되다 보니 부동산 대출이 위기의 도화선이 될 수 있다고 말하는 것은 IMF로서는 어찌 보면 당연하다. 그들의 역할에 충실한 문구다. 가계 부채 증가를 부추기는 정부의 부동산 대출 규제 완화 정책을 되돌리라는 부분은 새겨들어야 한다. 버블을 측정하는 지수는 고금리로 큰 폭의 가격 조정이 오면 위험하다는 것을 알리는 지표다. 물론 투자할 때 절대적으로 신봉할 단 하나의 지표는 없다. IMF 직원들 말을 투자의 금과옥조로 새기는 것 역시 무지한 행위다. 그저 부동산을 바라보는 데 참조할 사안이다.

현실은 집값이 오르는 곳은 더 오르는 경향이 있다. 본인의 판단으로 좋은 지역의 아파트를 싸게 사는 게 가장 중요하다. 아직까지 기억에 남아 있는 어설픈 뉴스 타이틀이 있다. 2000년대 초반 지금의 도곡렉슬은 대표적인 버블 아파트로 지탄을 받았다. 재건축으로 탄생하기 전에 저층 아파트였던 구축 아파트를 보고 언론은 이렇게 자극적으로 표현했다.

"우리나라에 평당 3,000만 원이 넘는 거품아파트가 생겼습니다."

저층이고 대지 면적도 넓은 아파트였다. 아파트가 그저 상승한다고 버블이라고 규정한 당시 상황을 보면 그 가격에서 몇 배나 오른 지금은 어떻게 설명할지 궁금하다. 그런 언론만 믿고 아파트를 투자한다면 하수다. 유튜브에 나오는 전문가들이 집값이 오르니 내리니 하는 말도 그저 소음일 수 있다.

모든 투자는 각자의 책임으로 능력 범위 안에서 하는 것이다. 경기 사이클과 최적의 포트폴리오에서 부동산을 담아 가느냐는 매우 중요한 고려 사항이다. 이왕 사려면 살 집과 투자할 집을 구분하는 것도 중요하다. 능력이 되어 살 집과 투자할 집이 같으면 좋겠지만 다른 것도 괜찮다. 그런 해법이 오히려 현명한 길일 수 있다.

의외로 경제나 투자 전문가 중에는 아파트 투자를 잘못한 경우가 허다하다. 내 경우도 다시 돌아가면 이렇게 했을 텐데 하는 후회가 있다. 한국인의 부동산 사랑이 각별해서 그렇다. 그도 그렇거니와 집은 내가 하루 중 대부분의 시간을 보내는 곳이지 않나. 한국은행 총재도 연준 의장도 모르는 집값을 누가 예측하겠는가. 그저 과거의 평균치와 비교해 추측할 뿐이다. 분명한 것은 거품이 껴 있다고 믿는 사람들이 있다는 점이다. 거품이 터질지 터지지 않을지도 모르는 상황이다. 게다가 거품은 터진 뒤에야 사후적으로 확인할 수 있다.

대출 금액 제한 기준에는 흔히 주택담보인정비율(loan to value, LTV)과 총부채상환비율(debt to income, DTI)이 있다. 사실 이 지표들은 부동산에 사용하지만 경제 공무원에게는 거시건전성을 담보하는 안정화 장치로 다가온다. 정부기관이 LTV를 얼마로 인정할 것인지, DTI를 어떻게 할 것인지는 돈을 빌리는 사람에게 중요하다. 정책을 담당하는 입장에서 이는 부채 증가나 거시경제의 안정성을 위한 조치다.

정책을 담당한다는 것과 투자를 하는 행위는 다르다. 무릇 시장의 접점에 있는 사람이 투자에는 더 나은 사람이라고 감히 말하겠다. 자본주의는 어쩌면 거대한 거품을 먹고 사는 제도일 수 있다. 이성과 감성 그리고 광분과 냉정 사이에서 투자는 이루어진다.

1년 이상 오르는 서울 전세가를
바라보며 드는 생각

꾸준한 공급만이 주택 가격을 안정시킨다

서울 아파트 전세시장에 매물 부족 현상이 심해졌다. 서울 아파트의 전세가격지수를 보면 2023년 5월 83.4에서 2024년 6월 88.5로 1년 이상 오름세를 이어가고 있다. 수도권 아파트도 2023년 6월 이후 전세가격지수 상승 폭이 확대되었으나 지방 아파트는 2022년 6월 이후 꾸준히 하락해서 상반된 상황이 이어졌다.

서울의 아파트 전세 매물 품귀 현상이 심화하고 전세가가 고공행진을 이어가자 전세대란 우려가 증폭하고 있다. 서울과 수도권에선 전세 매물이 0건인 대단지가 속출해 심상치 않은 분위기를 연출했다. 전세가 상승은 매매가 상승으로 이어질 수 있어 서울 집값 안정에 대한 우려가 생겼다.

전세는 인플레이션 헤지로, 즉 인플레이션만큼 오르는 게 정상이다. 문제는 인플레이션보다 더 높게 오르는 경우다. 2024년은 금리가 급등하던 이전과는 양상이 크게 달라졌다.

2021년과 2022년은 역전세를 우려할 정도로 예외였다. 2022년만 보면 당시 서울 아파트 전세 가격은 5.45% 하락했다. IMF 외환위기 직후인 1998년(-22.41%) 이후 가장 큰 폭으로 떨어진 것이다. 고금리로 전세대출 부담이 커지며 전세 수요가 줄었다. 주택법 개정으로 신규 입주 아파트의 실거주 의무가 폐지되고, 대단지 입주가 시작되면 역전세난이 심화할 것이라고 했다.

그러나 이런 현상은 오래가지 않았다. 인플레이션 현상이 오래 지속하자 월세 폭등이 왔다. 이게 다시 전세가를 올리는 경향이 커졌다. 전세가가 물가 인상률보다 높게 오르면 가처분소득 축소로 내수 경기 타격이 불가피하다. 서민 생활은 고달파진다.

신규 주택 부족으로 신축 아파트 가격이 오르고 이게 구축 아파트 가격까지 올려버리는 상황에 이르렀다. 전세가가 오른 이유를 요약하면 이렇다. 빌라 전세 사기 여파로 매매 수요가 아파트 전세로 이동했고, 서울과 주요 수도권 아파트 거래가 예년 수준으로 증가했다. 서울 아파트 신규 입주 물량은 줄어들 전망이고, 건설 경비 상승도 아파트 수요에 영향을 미쳤다. 세부적으로 살펴보기로 한다.

첫째, 가장 큰 문제는 수급 불균형이다. 입주 물량 부족이다. 2024년 서울 아파트 입주 물량은 2만 4,139가구로 2023년 3만 570가구 대비 21% 줄었다. 왜 이런 현상이 발생했을까? 고금리에 자재비와 인건비가 올랐다. 2023년 말 태영건설의 워크아웃(기업 개선 작업) 신청도 한몫했다.

금융당국이 부실 프로젝트파이낸싱(PF)에 대한 옥석 가리기를 주문했다. 건설 현장의 자금줄은 완전히 얼어붙었다. 금융회사들이 신규 PF 대출을 거의 허용하지 않고 있다. 기존 대출 연장도 깐깐하게 하니 자금 조달이 막혔다. 과거 금융위기 때에도 매달 10건 이상은 PF 대출이 이뤄졌는데 2024년은 그때보다 더 상황이 안 좋다는 이야기가 나돈다. 혹자는 PF 부실 사태를 터트려 토지시장에서 지가를 낮추었어야 했다는 이야기도 한다. 토지 가격이 안 떨어지니 개발이 일어나지 않았다는 것이다.

만약 신규 아파트 공급 부족이 온다면 2025~2026년은 공급이 거의 없어 주택 가격이 더욱 불안할 수 있다는 우려가 제기된다. 직주근접(職住近接), 주택 멸실, 소득 수준 상승으로 서울의 신규 아파트 수요는 타이트하다. 공급이 이를 맞춰주지 못하면 문제가 발생할 수밖에 없다. 부족한 것은 주택 물량에서 아파트 신규 입주 물량이다. 지방의 입주 물량 과다 및 미분양과는 다른 이야기다.

둘째, 빌라(다세대, 연립) 포비아다. 서울은 아파트가 50%, 비아파트인 빌라가 50%다. 빌라 전세 사기로 인해 임대차 수요가 아파트로 쏠리는 현상이 심해져 불균형이 커지고 있다.

아파트를 얻을 목돈이 없는 사람들이 선호하는 것이 빌라다. 관리, 주차 등 편리성에서는 아파트와 견줄 수 없지만 출퇴근과 통학이 용이한 서울·수도권을 벗어나지 않고도 싼값에 전·월세를 구하기 쉬워서다.

그런 빌라가 찬밥 신세로 전락했다. 잇따른 빌라 사기로 빌라 포비아가 확산한 탓에 아파트 수요만 확장되고 있으니 아파트 전세가 상승을 부추기게 된다. 고금리와 전세 사기 여파로 빌라 전세 기피 현상이 심해지면서 빌라의 전세 거래 중 매매가 대비 전세가 비율(전세가율)이 80%를 넘는 비중이 크게 줄어들고 있다. 전세는 줄고 월세가 늘고 있다. 월세가 부담되니 대출받아 아파트로 옮아가는 인구가 늘고 있다.

셋째, 임대차 2법(계약갱신 청구권, 전월세상한제)의 4년(2+2) 만기 도래다. 업계에서는 2024년 7월 말 2+2 계약이 종료되어 계약갱신 청구권 종료 물량이 시장에 나오는 시점에서 임대인들이 향후 4년 치 임대보증금을 미리 올리면서 전세 시세가 더욱 요동친다고 봤다. 임대차 2법은 2020년 7월 31일에 시행됐다. 당시 신규 전세계약을 체결한 세입자들은 임대차 기간을 2+2년으로 연장하는 '계약갱신 청구권'과, 재계약 시 임대료 상승 폭을 5%로 제한하는 '전월세상한제'의 보호를 받게 됐다. 4년이 지나는 시점이 되니 그 혜택을 못 받게 되는 것이다.

서울, 수도권(인기 수도권, 비인기 수도권), 지방 간의 가격 차가 더 벌어질 것 같다. 서울은 대체재가 없다. 아파트 인허가와 착공 모두 급감하고 있다. 이 상황에서 하루빨리 공급 물량을 제대로 보급하도록 규제와 금융을 손봐야 하는 상황이 급하게 다가오고 있다. 서울 주택 보급률이 100%를 훨씬 하회하며 해마다 떨어지고 있다. 주택 보급률은 주택 수를 가구 수로 나눈 것으로, 100%가 되면 주택과 가구 수가 같다는 의미다.

주택 보급률 하락의 가장 큰 원인은 1인 가구 급증이다. 1~2인 가구 증가로 당분간 가구 수는 줄지 않고 늘어날 가능성이 크다. 수도권 주택 공급에 물꼬를 터줄 3기 신도시 입주마저 수년이 더 걸릴 전망이다. 당초 3기 신도시 입주 시기는 2025~2026년이었지만 토지 보상 문제 등으로 늦춰졌다.

　최근 건설 현장에 '공사비 쇼크'가 덮쳤다. 분양 가격만 급등시 킨 게 아니다. 무섭게 뛴 자재비, 치솟은 인건비로 사업성까지 저해할 정도가 됐다. 이제 재건축·재개발 현장은 전쟁터를 방불하게 한다. 공사비를 올려 받지 못하면 손실을 보는 건설회사와, 가구당 수억 원의 추가 분담금을 내야 하는 조합원 간 갈등이 첨예해졌다. 공사비를 올려도 유찰을 거듭하는 현장이 늘기도 했다. 아파트 공급 일정이 밀리며 금융 비용도 눈덩이처럼 불고 있다. 사업성이 떨어지는 악순환이 계속된다. 이 악순환의 고리를 손보지 않고서는 서울 주택시장의 안정을 찾기는 상당히 어려워 보인다.

　서울 전세 가격 상승이 매매 가격 상승으로 이어지는 것은 시기의 문제라는 게 중론이다. 갭투자가 횡행할 것이란 말이다. 집값의 최대 안정은 주택 가격의 등락과 무관하게 꾸준히 신규 주택을 공급하는 길이다.

흔들리는 부의 공식 6

상급지로 꾸준히
이사를 가라고?

상급지로 가면 평수를 넓힐 수 없다. 학군지로 가면 교육에만 올인하는 격이다. 외곽의 넓은 평수로 가면 출퇴근이 힘들다. 모든 필요를 만족시키는 건 돈인데 그 돈이 문제다. 그래도 능력이 되면 상급지로 이사하는 것이 옳다. 그렇지만 새집으로 이사하는 데 드는 비용을 꼼꼼히 따져 새집을 신중하게 골라야 한다. 저금리 시대에 집값이 높지 않았을 때는 상급지로 꾸준히 옮겨가는 게 정답이었음을 부인할 수 없다. 대출을 일으키더라도 더 나은 선택지였다.

상급지로 옮기라는 말은 고금리 시대에는 맞지 않을 수도 있다. 결국 이사해서 투자수익률을 높일 수 있는지를 따져보아야 한다. 일괄적인 답은 없으나 상승장에서 상급지로 옮겨가는 것은 맞지 않다. 하락장에서 상급지로 이사 갈 것을 고려하되 제세공과금을 확인하고 이사할 곳의 전세 가격까지 챙겨 계산하는 것이 가장 현명한 방법이다. 10년 장기보유 특별공제와 하락한 집의 취득세까지 고려해야 함은 물론이다.

참고로 아파트를 양도하는 경우에는 1주택이라도 양도소득세가 발생할 수 있다. 아파트를 취득한다면 취득세가 발생한다. 그 외 지방 교육세, 법무사 비용, 중개 수수료, 이사비가 발생한다. 1가구 1주택자라도 2년 보유(조정대상지역은 2년 거주 요건 추가)했다면 양도가액 12억 원 미만에는 비과세 혜택이 있다. 12억 원 초과분에 해당하는 양도차익에는 과세한다.

세금 계산에서는 장기보유 특별공제도 중요하다. 보유 기간 3년, 거주 기간 2년 이상인 1주택은 그 이후로는 각각 연 4%포인트씩 장기보유 특별공제를 받을 수 있다. 3년 이상 주택을 보유한 자는 장기보유 특별공제로 24~80%까지 공제가 가능하다. 2주택자(원칙적으로는 조정대상지역 제외)도 금액은 다르나 장기보유 특별공제를 받을 수 있다.

1~2주택자의 경우는 취득세가 1~3%다. 주택 가격이 전반적으로 올라 취득세가 만만치 않다. 주택가액별로 6억 원 이하 주택 취득세율은 1%, 6~9억 원은 1~3%다. 9억 원 초과 주택의 세율은 3%다. 1,000만 원당 세율이 0.06~0.07% 상승한다고 보면 된다. 이사는 큰돈이 드는 행위다.

그래도 하락장에서 적절한 타이밍이 왔고 상급지에 가서도 현재 지출과 저축 수준을 유지할 수 있다면 상급지로 이사하는 것을 적극 고려해볼 만하다. 특히 금리 상승기에 신축 아파트의 입주장이 열렸을 때 가격 조정이 발생했다면 매입가가 적절할 수 있다. 입지가 탄탄한 곳이 가격 상승에는 훨씬 좋기에 이런 기회를 적극 살려 이사를 검토하는 것은 바람직하다.

재건축 아파트의 경우에는 투자 비용, 재건축 초과이익 환수금을 고려하면 이사 결정에 상당한 무리가 간다. 재건축 아파트는 가격 변동성이 매우 크다. 변동성을 고려해 저가에 매수할 수는 있겠지만, 재건축이 실행되기까지 긴 세월을 버틸 수 있을지 스스로 문답을 하고 뛰어드는 것이 중요하다.

집이 없는 경우에 내 집 마련 관점으로 상급지를 선택하는 것은 항상 옳은 일이다. 1가구 1주택의 경우에도 투자 개념으로 한 채를 더 사는 것은 능력이 된다면 고려할 만하다.

2주택자의 경우에는 장기보유 특별공제는 1주택자보다 줄고 양도소득세도 더 많아진다. 2주택의 취득세 중과 폐지는 법안이 국회에 계류되어 있어서 논의 사항을 지켜보아야 한다. 따라서 매각할 집과 새로 살 집 간의 비교우위와 제세공과금을 모두 봐야 하기에 1주택자보다 훨씬 어려운 선택일 수 있다.

고금리에는 상급지로 이사를 하는 것보다 더 나은 다양한 부의 포트폴리오가 있다. 높은 집값 상승을 기대할 수 없다면 상급지로 갈아타는 게 정답이 아닐 확률도 생각해봐야 한다.

7장

금리와 원자재
그리고
암호화폐 투자

원자재와 금리의 관계에
정설이 있을까?

농산물이나 자연에 존재하는 원재료 상품을 원자재라 부른다. 원자재는 상품 생산의 원재료로 사용되기에 산업과 우리 삶에 미치는 영향이 크다. 그래서 많은 이가 원자재 가격의 움직임에 촉각을 세운다. 원자재 역시 수급과 유동성에 따라 가격이 크게 요동친다.

원자재와 금리의 관계는 일괄적으로 말할 수는 없다. 그러나 이론적으로는 이렇게 풀이할 수 있겠다. 원자재와 유가가 상승하면 원자재 구입 대금이 상승하고 달러 수요가 급증하면서 환율이 상승한다. 그 결과 시중에 유동성이 감소해 시장금리가 상승하게 된다. 그렇게 금리가 상승한다고 치자. 향후 경제는 금리 상승에 따른 이자 비용 부담의 증가로 경기 하강이 발생할 수도 있다. 경기 하강을 예상하다 보니 기업들은 생산량을 줄인다. 기

업의 생산에 필요한 '원유와 원자재' 수요가 감소한다. 이런 수
요 감소로 원유와 원자재 가격이 하락하게 된다. 이런 경우 원유
와 기타 원자재 가격은 금리 변동과 같은 방향으로 움직일 수 있
으나 시차가 존재한다. 금리 상승기는 물가 상승과 인플레이션
이 발생한 경우가 일반적이다. 그에 따라 원자재 가격도 동반하
여 움직이는 경향이 크다. 원자재를 가공해 완제품이나 반제품
을 만드는 기업은 원자재 가격 상승을 반영해 제품 가격을 올리
게 된다. 원자재 가격 상승이 제품 가격에 전이된다.

그런데 이 말을 무조건 맹신해서는 안 된다. 가장 중요한 것은
수급이다. 원자재 가격은 금리로 움직이는 것보다는 수급이 움
직이는 시장이라고 보는 게 더 적합하다. 당시의 시장 수요와 공
급에 영향을 끼치는 사건이 무엇인지를 제대로 살펴보는 게 더
중요하다. 경기가 좋아 금리도 오르고 원자재 가격이 상승하면
주가도 함께 상승한다. 만약 글로벌 공급망 이슈가 불거졌다고
하자. 이는 주식시장에는 아무 도움이 되지 않고 원자재 가격만
상승하게 만든다. 물가 불안으로 금리를 올릴 수는 있겠다. 원자
재와 금리의 상관관계는 이하 개별 시장을 분석하는 과정에서
세심하게 살펴보기로 한다.

원자재 거래는 정치적 불확실성, 인플레이션, 경기 둔화로 인
한 통화 변동성 확대 시기에 좋은 헤지 수단이다. 인플레이션
을 상쇄하는 데 중요한 역할을 한다는 말이다. 인플레이션이 가
속화하면 원자재 가격이 오르고 통화 가치를 약세로 만든다. 그
렇기에 원자재는 인플레이션에 대한 좋은 헤지 수단이다. 인플
레이션을 진정시키는 연준의 대응이 늦고 충분하지 않다고 판

단되는 상황을 가정해보자. 금리 인상 기대가 강화하더라도 인플레이션 헤지 차원에서 금값이 상승할 수 있다. 물가가 오르기 12~18개월 전부터 금을 보유한 뒤 물가가 오르는 동안 12~18개월 더 보유하면 적절한 물가 인상 헤지 수단이 된다는 이야기가 그래서 나온다.

투자자들은 정치와 경제가 불안한 시기에도 원자재 비중을 늘린다. 원자재 가격은 주식 같은 다른 자산과 상관관계가 낮거나 음의 상관도를 보이는 경우가 많다. 이런 점을 살려 투자자는 불안한 시기에 기존 자산과 낮은 상관관계를 보이는 원자재를 포트폴리오에 담게 된다.

원자재 관련 거래를 할 때는 고위험 자산은 피하고 유동성이 높은 종목을 거래하는 게 좋다. 유동성을 감지하는 간단한 지표는 가격 등락이다. 금과 은은 하루 등락 폭이 크지 않고 유동성이 상대적으로 풍부하게 거래된다. 원유, 천연가스 같은 에너지를 비롯해 금과 은, 구리, 옥수수, 커피 같은 원자재도 상품시장에서 활발하게 거래된다.

국제적으로 가장 왕성하게 거래되는 원유 상품은 WTI(West Texas Intermediate, 서부 텍사스 중질유)로, 미국에서 생산해 북미에서 유가의 기준이 된다. WTI는 뉴욕상품거래소(NYMEX)에서 거래된다. 브렌트유(Brent oil)는 영국 북해에서 생산되고 유럽과 아프리카에서 유가의 기준이 되며, 수요가 많아 WTI보다 비싸다. 브렌트유는 인터콘티넨털 거래소(Intercontinental Exchange, ICE)에서 거래한다. 두바이유(Dubai oil)는 중동과 아시아 원유시장의 기준 유종이다. 두바이유가 한국 원유 수입량에서 차지하는 비중은 극히 낮다. 우리나라는 원유를 사우디아라비아, 쿠웨이트, 이라크에서 가장 많이 수입한다. 미국산 원유 수입량도 점차 늘고 있다. 원유와 원유 관련 다양한 파생상품은 두바이상품거래소(DME)와 일본중앙상품거래소(C-COM)에서도 거래한다.

원유와 마찬가지로 천연가스도 연료와 에너지원으로 중요한 자원이다. 새로운 천연가스를 탐사해 시공하려면 많은 시간과 대규모 투자 자금이 필요하다. 이 때문에 천연가스는 매우 귀하고 변동성이 크다. 천연가스의 공급이나 수요가 조금이라도 달라지면 가격 움직임이 크게 나타날 수 있다. 세계는 바이오 연료 같은 재생에너지원 발굴과 개발에 상당한 연구 자금을 투입하고 있다. 왜냐하면 이런 에너지원이 천연가스의 대체 연료가 될 수 있기 때문이다.

천연가스는 저장 능력도 가격에 영향을 미친다. 재고가 수요보다 많으면 저장 비용이 발생한다. 재고가 증가하면 천연가스 가격에 하락 압력으로 작용한다. 기온이 하락하면 가정과 사무실의 난방 수요가 늘어난다. 겨울 한파 역시 천연가스 가격을 끌어올리는 요인이다. 천연가스도 여러 거래소에서 금융상품으로 거래된다.

석유 가격은 수요와 공급 법칙을 모범적으로 준수하는 대표적인 시장이나 석유수출국기구(OPEC)의 감산도 가격 설정에 한몫한다. 석유 수요가 많아지면 가격이 오르지만 초과 공급은 가격을 떨어뜨린다. 수요 혹은 공급을 자극하는 국제 이슈가 터질 때마다 국제 유가는 크게 변동했다.

금과 달러,
금과 주식의 상관관계

금 같은 귀금속의 시세는 대부분 미국 달러로 표시하는데 달러와 음의 상관관계를 갖는다. 달러가 강세면 금값은 대개 하락한다. 달러 가치 상승으로 살 수 있는 금의 양이 많아서다. 미국 달러와 귀금속은 상대적으로 안전자산에 속하고 트레이더들이 선호한다. 정국이 불안하거나 전쟁이 발생하는 것처럼 경제적 불확실성이 큰 시기에는 주식 같은 위험자산의 변동성이 커져 투자자는 안전자산의 비중을 늘린다. 주식시장과 안전자산은 역의 상관관계를 가진다고 본다. 국내외 경제가 불안해져 달러의 가치가 올라가서 환율이 오르면 코스피지수는 하락한다. 그런 경우 투자처를 통상 미국 달러와 금 사이에서 선택하므로 금과 달러는 서로 경쟁하는 안전자산이다.

통상 달러 수요가 늘면 트레이더와 투자자 사이에 금 수요가 줄어든다. 금 가격이 달러와 반대로 움직이는 경향에는 역사적 배경이 자리 잡고 있다. 1971년 닉슨 대통령이 '금과 달러 사이의 고정 비율 교환 약속'을 파기한 사건이 큰 영향을 미쳤다. 당시 미국 정부는 금 1온스를 35달러의 고정 비율로 교환했다. 베트남전쟁 과정에서 경상수지 적자가 발생하며 미국이 보유한 금이 해외로 빠져나갔다. 이에 프랑스를 비롯한 일부 국가가 달러를 금으로 교환해달라고 요구했다. 닉슨 대통령은 마침내 고정 비율의 교환 기조를 폐지했다. 금은 시장에서 자유롭게 거래되고 가격이 결정되기 시작했다. 달러의 가치가 떨어지고 달러로 지급하는 이자율이 낮아지는 시기에는 금에 대한 투자자들의 선호가 높아지곤 한다.

그런데 간혹 달러와 금이 같은 방향으로 움직이는 경우도 있다. 전쟁 같은 공포가 엄습하는 시기에 그렇다. 2020년 코로나 팬데믹 때도 마찬가지였다. 신종 코로나바이러스의 걷잡을 수 없는 전염 속에서 사람들은 금이나 달러처럼 상대적으로 안전하다고 생각되는 자산을 집중적으로 매입했다. 이런 현상은 2022년 봄에도 발생했다. 러시아의 우크라이나 침공 이후에 달러와 금값이 동반 상승했다. 전쟁에 대한 공포가 완화하는 순간 두 자산의 가격 움직임은 원래대로 반대로 갔다.

2024년 금값이 달러 강세 속에 사상 최고가를 쓴 데는 흔히 3가지 이유를 든다. 우선 금값이 장기간 우상향하며 투자 매력이 상승했고 투기 수요까지 가세했다는 점이다. 다음으로 중동 확전 우려 등 지정학적 위험이 고조되어 안전자산을 함께 보유하려는 심리가 있었다. 마지막으로 공급망 악화로 금 수급이 차질을 빚

미국 연방기금금리와 금 가격 추이(2001~2024)

(자료: Kinesis Money)

을 수 있다는 우려도 존재했다.

　미국 연준의 금리 인하는 달러 약세와 금값 상승의 주요 동력이다. 2024년 미국의 금리 인하가 지체되었으나 금값 상승은 미국의 금리 인하 전망에 기인한 면이 컸다. 그 와중에 확전의 위험이 고조되었다. 나아가 중국 등 각국의 중앙은행들이 미국 달러에 대한 의존도를 줄이기 위해 금을 매입하고 있는 점도 금값 상승에 큰 영향을 주었다.

　위 그림은 금리 상승 전망과 현실로 인해 2020년 중반부터 2023년까지 금 가격이 횡보한 것을 보여준다. 이후 금리 인하 전망과 여러 요인이 합세하여 금이 사상 최고가를 썼다. 2023년 12월 금 가격이 상승하여 전고점을 경신한 것은 2024년과 2025년 연준이 금리를 인하할 것이라는 전망 때문이었다. 이후 전쟁과 인

금과 달러의 상관관계(2004~2024)

(달러/온스)

(자료: StockCharts.com)

플레이션 지속에 따른 위험 헤징(risk hedging)이 금 수요를 증가시
켜 2024년에 다시 사상 최고가를 쓰는 금의 역사가 이어졌다.

1986년 초부터 2022년 말까지 달러인덱스와 금의 가격 상관
계수는 -0.29였다. 이는 둘의 흐름이 반대임을 뜻한다. 2024년
연초에는 0.5 수준이었으나 3월 양자의 관계는 -0.25로 약화했
으며 이후 강달러와 사상 최고의 금값이라는 같은 방향으로 움
직이기도 했다.

수천 년간 금은 높은 유동성을 보이며 전 세계에서 의미 있는
가치 저장과 교환 수단으로 인정을 받아왔다. 일반적인 수요와

공급의 원칙이 금과 기타 귀금속에는 적용되지 않는다. 원유나 커피 같은 원자재는 소비재이지만 귀금속은 그렇지 않다. 금은 생산된 후에도 소진되지 않고 계속 남아 있고 공급량을 늘리는 데는 수개월에서 수년의 시간이 걸린다. 금 공급량의 증가는 더 빠른 수요의 증가를 따라가지 못한다는 특성이 있다.

금 가격의 변화를 예상하는 요인으로 흔히 채굴량을 든다. 채굴량이 감소하는 시점에 금 가격의 상승이 시작한다. 금 채굴량은 2019년 떨어지기 시작했다. 마이너스 실질 금리와 채굴량 감소가 겹치면서 금 가격이 상승했다. 수요 증가가 있는 한 금값은 장기간 높은 가격을 유지하는 경향이 그래서 발생한다. 장기적으로 달러 약세는 금의 강세이고 달러 강세는 금의 약세라고 볼 수 있다. 달러 추세가 조금씩 내려오는 모습을 보일 때 금에 투자하면 좋은 결과를 볼 수 있다고 한다.

달러 패권이 약해지면 금값이 오를 수 있다. 2008년을 기점으로 단 한 해도 빠짐없이 전 세계 많은 중앙은행은 금을 계속 늘렸다. 달러인덱스가 높아져 달러가 상승하는 킹달러 상황에서도 중앙은행은 달러 패권을 의심해서인지 금 수요를 늘렸다.

참고로 금 ETF는 매매 차익이 발생하면 15.4%의 배당소득세를 내야 한다. 연수익이 2,000만 원을 넘으면 종합소득에 합산해서 누진세로 과세한다. 해외 금 ETF 역시 매매 차익에 22%의 양도소득세가 부과된다. KRX(한국거래소) 금시장을 이용하는 게 세금 절약 측면에서 유리하다. 금 현물에 투자하는 시장인데 주식 계좌처럼 간단하게 계좌를 틀 수 있다. 수수료는 거의 없고 매매 차익에도 세금을 내지 않는다.

금리 인하와
금값의 관계

금과 은행 예금 중 어떤 자산을 더 선호하는가? 현명한 사람이라면 금이 안전자산이라고 무조건 편애하지는 않는다. 물가 인상을 감안한 실질 금리가 높으면 금을 팔고 은행 예금을 선택할수 있다. 실질 이자율이 5% 정도라면 기꺼이 은행으로 향할 수있지 않을까? 다수가 이런 선택을 할 경우 금 매도로 인해 금 가격은 하락하게 된다. 반면 실질 이자율이 마이너스일 때는 은행예금을 주저하게 된다. 은행에서 돈을 찾아 금을 구입한다. 그 결과 금값은 오른다. 금을 구입하는 사람이 많을수록 금값은 무섭게 상승할 수 있다.

물가상승률 대비 금리가 얼마나 더 높은지가 금 가격에 영향을 미친다. 은행 이자가 높아도 물가상승률이 더 높다면 예금을해도 사실상 손해다.

금 가격과 실질 금리의 관계(2007~2023)

(자료: 블룸버그)

결국 금에 대한 선호를 결정짓는 또 다른 요인이 실질 금리인
셈이다. 실질 금리란 인플레이션 기대를 차감한 금리라고 하겠
다. 실질 금리를 가장 쉽게 측정하는 방법은 바로 물가연동국채
(TIPS) 금리를 보는 것이다. 물가연동국채는 인플레이션 변화율
만큼 원금 가격을 인상해주는 채권이다. 물가연동국채의 금리가
곧 실질 금리라고 볼 수 있다. 위 그래프에 나타난 것처럼 실질
금리가 떨어질 때마다 금 가격이 강한 상승세를 보인 것을 알 수
있다. 실질 금리가 하락하면 달러 보유에 따른 실익이 마이너스
이기에 금을 비롯한 실물 자산을 보유하게 된다.

경기 침체에 대한 우려가 확산해 실질 금리가 떨어진다면 이
는 금 가격의 상승을 지지하는 요인이라 하겠다. 국채 금리가 하
락하면 금을 보유하는 기회비용이 줄어들어 금 수요가 늘어난
다. 이런 측면에서 금은 국채 수요와 경쟁 관계에 있다. 금리가

인하하면 국채 수요도, 금 수요도 늘어난다는 말이다. 금리와 금 가격 간의 역의 상관관계는 이런 논리로도 설명이 된다.

고공비행을 하던 실질 이자율이 추락하고, 그렇게 추락하다 마침내 마이너스 영역에 가까워지면 금값이 폭등한다. 마이너스 영역에서 기던 실질 이자율이 플러스 영역으로 돌아서면 금값이 하락한다. 실질 이자율을 계산하는 방법으로는 어떤 것이 있을까? 미국 10년 국채 금리에서 소비자물가상승률을 빼면 된다. 금 가격이 세계적으로 동조화되기에 미국의 금리와 물가를 사용하는 게 적절하다.

금은 코로나 팬데믹 사태가 시작된 이후 다른 많은 투자 자산보다 부진한 성과를 거뒀다. 금은 사실상 화폐이기에 예치해서 이자를 얻지 못하는 점을 감안하면 가격이 액면 그대로 상승하기는 어렵다. 금 가격은 미래 예금 금리의 상승·하락 전망과는 반대 방향으로 움직이는 경향을 보인다. 코로나 팬데믹 직전까지 금 가격은 다른 자산 대비 초과 성과를 보였다.

2018년 말부터 2020년 초에 금 가격 랠리가 이어진 이유 중 하나는 시장이 연준의 금리 인하를 예상했다는 점이다. 실제로 연준은 2019년에 기준금리를 세 차례 인하한 후에 2020년 1분기에 0에 가까운 수준으로 인하하고 양적완화를 재개해 이런 예상이 현실화했다.

2020년 2분기와 3분기에 금 가격이 사상 최고치를 경신하는 상황에서 국채 금리 선물시장은 연준이 유럽중앙은행(ECB)과 일본은행의 마이너스 금리 정책을 따를 가능성까지 일부 반영했다. 이때 금 가격이 고점을 찍었다. 그 이후 기대 금리는 반대 방향으로 움직였고 기대치가 변화하면서 금 가격이 억눌렸다.

지난 100년간의 실질 금리 데이터를 살펴보면 실질 금리가 마이너스로 내려가는 순간 금의 거대 상승장이 시작되었다. 한번 오르기 시작하면 짧게는 9년에서 길게는 13년까지 상승했다. 미국의 실질 금리가 마이너스로 내려간 것은 2019년이다. 2022년 급격한 인플레이션이 발생하면서 실질 금리 마이너스 폭은 더 커졌고 금 가격 상승이 이어졌다.

1970년대에 미국의 실질 금리는 -5%대까지 떨어졌고 이때 금 가격은 26배 정도 올랐다. 2000년대에도 미국의 실질 금리가 -3.7%를 기록하면서 금 가격은 6배 올랐다. 인플레이션 압력이 떨어지고 금리는 높은 상황이라면 실질 금리가 상승하기 때문에 금 가격은 크게 오르지 않는다.

연준이 금리 인하 시그널을 시장에 보낼 경우 금 가격은 상승할까? 과거 연준의 금리 동결 시기와 금값 추이를 보자. 2000년 5월과 2006년 6월, 2018년 12월 등 과거 세 차례 금리 인상이 중단됐던 시기를 보면 그 이후 금 가격은 상승했다. 2019년 8월 금리 인하로 돌아선 이후 금 가격은 1년간 46% 상승해 2020년 8월 사상 최고치를 기록했다.

결국 연준 피벗이 금 가치를 좌우한다고 하겠다. 미국을 비롯한 주요국은 여전히 높은 근원 물가로 인플레이션에 대해 우려하고 있다. 금은 고물가 시대에 장기적인 가치 저장 수단의 기능을 이어갈 수 있다. 스태그플레이션(인플레이션+경기 침체) 국면에서 안정적인 투자처로도 기능을 할 수 있다. 정치와 경제가 불안한 상황에서 공포 심리로 인해 견조한 매수 모멘텀이 이어질 수 있다.

글로벌 금융위기(2007년 12월~2009년 6월) 당시 금 가격은 17% 상승했다. 반면 구리(-27%), 알루미늄(-34%) 등은 하락했다. 러시아(24.9%), 튀르키예(34.1%) 등 정세가 불안한 신흥국은 외환 보유액에서 금이 높은 비중을 차지한다. 중국(3.9%)도 미·중 갈등과 탈달러화 추진 등으로 꾸준히 금을 매입하고 있다. 경기 침체와 연준의 금리 인하가 동반되면 금 가격은 상승한다. 때로는 중앙은행의 금 매입 속도가 금 가격의 미래 궤적을 가늠하는 데 핵심이다.

금 투자에 관한
워런 버핏의 생각

투자의 현인 워런 버핏은 금에 대해 부정적인 말을 자주 했다. 2011년 버핏이 보낸 주주 서한에는 금에 대한 생각이 담겨 있다.

"금에는 두 가지 중대한 결점이 있습니다. 용도가 많지 않고 산출물도 나오지 않는다는 점입니다. 물론 금이 산업용과 장식용으로 사용되긴 하지만, 이런 용도로는 수요가 제한적이어서 신규 생산량을 소화해낼 수가 없습니다. 그리고 금 1온스는 아무리 오래 보유해도 여전히 1온스일 뿐입니다."

버핏의 말은 결국 금은 효용 가치가 없다는 것으로 귀결된다. 그의 생각대로 금을 캐서 애지중지 보관만 하는 지구인의 모습을 화성에서 누군가 지켜보고 있다면 이해가 안 가서 머리를 긁

적일지 궁금하다.

버핏의 말이 항상 옳을까? 그가 말한 것처럼 금은 아무것도 생산하지 못하기 때문에 장기적인 관점에서 투자하기 어려운 자산일 수는 있다. 포트폴리오를 신중하게 관리하기 위해서는 적은 양의 금도 보유할 수는 있지만 수익을 내기에 매력적인 자산은 아닐 수 있다. 실제로 2011년 이후 10년간 미 S&P500은 매년 16% 넘는 수익률을 기록했다. 10년 만기 채권의 연간 수익률도 같은 기간 2%를 넘었으나 금값은 10년간 소폭 하락했다.

그러나 2022년에서 2024년을 보면 금 투자는 상당히 매력적이었으니 금 투자가 틀린 것이라고 말하기도 어렵다. 경기 침체 우려가 상존하고 있는 가운데 침체기에 상대적으로 양호한 성과를 보여왔던 금의 몸값은 2023년에 두 자리 숫자의 상승을 기록했고 2024년에도 큰 상승을 이어갔다. 2022년 러시아-우크라이나 전쟁, 2023년 이스라엘-하마스 전쟁 같은 지정학적 충격도 금 수요를 견인했다. 워런 버핏의 말이 항상 옳은 것은 아니라는 생각을 해본다.

워런 버핏은 투자의 유형을 3가지로 나누고 금 투자를 '이상한 투자'로 지칭했다.

워런 버핏이 말하는 투자 유형

나쁜 투자	이상한 투자	좋은 투자
가장 안전해 보이는 MMF, 채권, 은행 예금	아무런 산출물도 나오지 않는 자산, '금'	기업, 농장, 부동산 같은 생산 자산

한국 금 가격 추이(2014~2024)

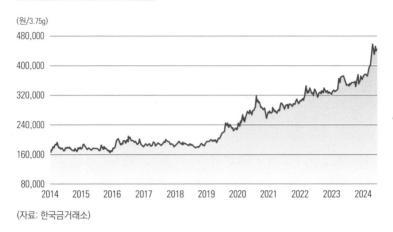

(자료: 한국금거래소)

    금이 이상한 투자인 것은 주주 서한에서 밝혔듯이 사람들이 나중에 다른 사람이 (산출물이 나오지 않는다는 사실을 알면서도) 더 높은 가격에 사줄 것을 기대하며 사들이기 때문이라고 버핏은 말했다. 나중에 다른 사람이 더 열광적으로 원할 거라고 믿기 때문에 그런 자산을 매수한다.

    버핏은 금에 2가지 중대한 결점이 있다고 말했다. 용도가 많지 않고 산출물이 없다는 것이다. 버핏 역시 금이 산업용과 장식용으로 사용되는 것을 부정하지는 않았다. 다만 이런 용도는 제한적이어서, 신규로 금을 생산할 경우 그 물량을 온전히 소화할 수 없다고 설명했다. 그의 말처럼 금 1온스(28.34그램)는 10년이 지나도 50년이 지나도 1온스에 불과하다. 여기서 짚고 넘어가자면 비트코인과 금을 부정적으로 바라보는 버핏은 사용 가치만을 중시하고 있다는 느낌을 지울 수가 없다.

    버핏은 2012년 당시 세계의 금 보유고가 약 17만 톤이며 모두

녹이면 한 변의 길이가 약 21미터로서 야구장 내야에 충분히 들어가는 정육면체를 만들 수 있다고 말했다. 당시 금 가격이 온스당 1,750달러라 전체 금 가치는 9조 6,000억 달러로 계산했다. 그 금액으로 매년 2,000억 달러어치의 농산물을 산출하는 미국의 모든 농경지를 사고 나서, 매년 400억 달러 이상 벌어들이는 정유업체 엑손모빌을 16개 사고도 1조 달러가 남는다고 보았다. 버핏이 말하려는 건 100년이 지나도 크기가 똑같을 것이며 아무 것도 산출하지 못할 금보다는 농산물을 생산하는 농장과 돈을 벌어들이는 기업을 보유하는 편이 훨씬 낫다는 사실이다.

버핏은 나쁜 투자와 이상한 투자의 두 가지 투자 유형은 공포감이 극에 달할 때 최고의 인기를 누린다고 말했다. 개인들은 경제가 붕괴한다는 공포감에 휩쓸릴 때 미국 국채 같은 자산을 사고 통화 붕괴가 우려될 때는 금 같은 산출물 없는 자산으로 몰려든다. 그러나 실상은 국채의 경우도 단기채 매매만 하는 버핏이기에 그의 말을 무조건 신봉할 필요는 없어 보인다. 혹자는 금을, 혹자는 장기채를 얼마든지 좋은 투자처로 간주할 수 있다. 버핏에게 단기채는 현금성 자산과 동의어다. 다만 생산적 가치를 중시하는 그의 견해에 대해 그가 살아온 시대상과 그가 벌어들인 자산 규모를 보면서 겸허한 마음으로 이해해보는 것도 나쁘지는 않다.

2020년 워런 버핏은 금 실물이 아닌 세계 2위 금광업체에 투자했다. 캐나다에 본사를 둔 세계 2위 금광업체 배릭골드의 지분 1.6%를 매입한 것이다. 현금흐름을 창출하지 못하는 원자재를 싫어하는 그의 평소 투자 스타일이 금 관련 투자에 반영된 것이다. 중앙은행의 대규모 돈 풀기로 실질 금리가 마이너스 구간에 진입하면 무수익 자산인 금의 가치가 상대적으로 올라간다. 버 핏 역시 금광 투자로 금 투자 대열에 동참했다.

평소 소신대로 실물 금 대신 금광업체를 선택한 그를 비판할 수 없다. 금광업체가 금값 상승의 수혜를 톡톡히 누리고 있는 시 점에서 버핏은 투자했다. 금 생산 비용은 과거와 비슷한데 금값 이 오르자 금 생산에서 얻는 마진이 늘었다. 현금흐름, 독점력, 성장성을 중시하는 그에게 금 채굴업체 투자는 금값 상승 시에 적절한 선택으로 풀이된다.

그가 금을 산 게 아니라 배당주를 산 것이 아닐까라고 생각할 수도 있겠다. 실용적인 주식만 가져가기 어려운 상황에서 포트 폴리오 다각화 차원에서 금과 연관이 있으면서 배당도 주는 회 사의 주식에 투자했다고 봐야 하지 않을까?

일반적인 투자 교과서에서도 금을 공격적으로 매수하기보다 는 포트폴리오에 10~20% 정도 넣는 건 괜찮다고 권한다. 지난 100년간 인플레이션과 디플레이션에 효율적이었던 게 금이다. 금은 가격의 오르내림과 무관하게 필요한 자산일 수 있다.

워런 버핏은 이제 배릭골드의 주식을 다 팔았다. 2021년 주식 공개에서는 금 관련 주식이 없었다. 그가 최적의 매도 시점을 기 가 막히게 택한 것으로 보인다. 그는 주식의 선행성을 정말 정확 히 맞히는 인물임에는 틀림없다.

은의 산업적 사용과
투자 매력 분석

금 이외에 화폐와 유사한 귀금속이 또 있을까? 화폐로서 은을 떠올리기는 쉽지 않지만 은은 화폐로 사용한 역사적 전례가 있다. 은은 장신구와 동전에 많이 사용되었다. 금과 유사하나 은의 진정한 가치는 금속 최고의 전기 전도율을 갖고 있다는 점에서 나온다. 은은 전기차, 사진 필름, 태양광 패널 제조 같은 산업에서 금보다 더 많이 사용한다. 에틸렌 옥사이드(플라스틱 및 화학제품 생산의 중요한 전구체) 생산을 위한 촉매로도 사용하는 등 산업적 사용이 계속 확장하고 있다. 5G(5세대 이동통신), 자율주행, 인공지능 분야에서 은 사용량이 늘고 있다.

그럼에도 은의 안전자산으로서의 매력은 금에 훨씬 못 미친다. 인플레이션과 경제 불확실성을 헤지한다는 면은 있을지 모르겠으나 과거 가격 추이를 보면 꼭 그렇지도 않았던 것 같다. 화폐의 역사를 보면 은이 금보다 동전 주조에 사용된 빈도는 더 많았다. 그러나 부피가 큰 은보다 금이 보관하기 좋고 더 선호되면서 은의 가치는 떨어졌고 화폐의 지위는 금에 넘어갔다. 은은 일상적인 소규모 구매도 가능해 더 실용적인 느낌으로 다가온다. 은의 구매 비용은 저렴하고 판매 규모나 유동성도 금보다 확연히 떨어진다. 은은 한국은거래소에서 거래할 수 있다.

금과 은 가격에 관한 기록은 기원전 3200년까지 거슬러 올라간다. 지구에 묻혀 있는 금과 은의 비율은 1 대 16이라고 한다. 금이 1 묻혀 있다면 은은 16 묻혀 있다는 것이다. 금·은 비율(금은비)이란 금값과 은값의 비율이다. 금은비에 영향을 미치는 핵심 요소는 역시 수요와 공급이다. 금과 은은 모두 채굴되며 시장에서의 가용성이 상대적 가격에 영향을 미칠 수 있다. 인플레이션, 금리, 지정학적 사건 같은 요인도 비율에 영향을 미친다. 경제가 불확실한 시기에는 투자자들이 안전한 피난처인 금에 몰려들어 가격이 오르고 금은비도 높아지는 경우가 많다.

금은비는 금 가격을 은 가격으로 나누어 계산한다. 역사적으로 비율은 15~100 범위에서 변동했다. 최근에는 비율이 80 수준을 유지하고 있다. 이 비율이 90까지 벌어진다면 은 가격은 역대급 저평가일까? 혹자는 역사적 금은비, 산업적 수요의 증가, 매장량의 한계를 고려하면 은 가격이 오를 확률이 높다고 한다. 금이 오르면 은도 오르고 금이 떨어지면 은도 떨어진다.

은 시세는 2000년 초 온스당 5달러를 하회하다가 2007년 11월 약 14달러까지 상승했다. 글로벌 금융위기 전에는 20달러까지 상승하다가 2008년 10월에 9.73달러까지 50% 폭락했다. 안전자

금은비(2023/08~2024/04)

(자료: 한국은거래소)

산으로서의 기능이 상실될 만큼 변동성이 컸다. 2023년을 살펴보면 대략 온스당 20~25달러에서 움직였다. 2024년 1월 21달러대에서 5월 30달러대까지 올라 높은 변동성을 보이기도 했다.

　은을 생산하려면 광산을 탐사하고 그중 채산성에 맞는 광산을 선별해야 한다. 은을 채굴하기 위한 인프라를 깔고 본격적으로 채굴을 시작하려면 약 10년 정도 걸린다. 은은 재활용이 가능한 산업재인데 향후 전망도 밝다. 예를 들어 태양광 같은 재생에너지 측면에서 앞으로 은 수요가 부각될 것으로 예상한다. 세계은협회는 수요에 태양광이 차지하는 비중이 급증할 것으로 전망한다.

원자재시장에서
구리와 금의 상관관계

산업재로서 구리는 열과 전기 전도도가 우수해서 전자 산업에 광범위하게 사용하고 있다. 합금, 파이프, 전선, 산업용 기계, 루프 와이어 생산에도 사용한다. 주요 생산국은 중국, 페루, 미국, 칠레다. 구리 가격은 공장 주문 건수, 제조업 구매관리자지수(PMI), 해외 무역 같은 경제 지표에 영향을 받는다. 인프라 부족 우려와 무역 분쟁 등 산업에 큰 영향을 미치는 소식은 구리 가격에 영향을 준다.

구리 가격은 어떻게 예측할까? 우선 구리와 금의 관계를 보자. 지난 수십 년간 금과 구리 가격은 같은 방향으로 움직였다. 두 금속의 가격은 1980년대와 1990년대에는 부진한 모습이었다. 2000년부터 2011년까지는 함께 급등했다. 2011~2015년에는 동반 하락했고, 2020년과 2021년 무렵에는 동반 상승했다.

일반적으로 같은 방향으로 움직이는 금과 구리 가격(1989~2022)

(자료: 블룸버그)

2022년 이후 금보다 구리 가격이 더 좋지 않은 결과를 보이는 것은 인플레이션과 함께 중국 경제 침체와 관련이 높다.

구리는 2023년 5월부터 2024년 2월까지 톤당 8,000~8,500달러에서 횡보했다. 2024년 3월 이후 상승 모멘텀이 강해져 5월에는 톤당 1만 달러를 훌쩍 넘어섰다. 국제 구리 가격이 2024년 들어와 상승한 배경으로 남미 구리 광석의 공급 감소, 중국의 제련소 가동 축소 움직임, 주요 경제지표 개선, 투기성 자금 유입 등을 든다.

어디 이뿐일까? 구리는 전기차와 태양광 패널, 풍력 터빈 등재생에너지 전반에 활용되며 최근 수요가 크게 늘고 있다. 씨티은행은 구리 수요가 2030년까지 지금보다 420만 톤 늘어날 것으로 보인다고 했다. 미국 CNBC는 구리 가격이 공급 차질과 전 세계적인 친환경 에너지 전환 추진으로 촉발된 수요 증가로

2025년까지 75% 이상 급등할 것으로 전망했다.

인공지능(AI) 시대 데이터센터가 주목받고 있다. 시대 흐름에 따라 데이터센터 확장이 구리 수요 증가에 긍정적이라는 전망이다. 구리 공급은 한층 빡빡해진다는 예상인데 데이터센터향(向) 수요 비중은 확장되기에 가격 인상이 불가피하다는 것이다. 데이터센터는 전기를 많이 필요로 하는데 전력선과 광케이블에 구리가 필수재다. 생성형 AI와 암호화폐의 팽창은 수요를 한층 더 촉진할 것이라는 분석이다.

금과 구리 가격이 같은 방향으로 움직였다고 해서 금 가격을 보고 구리를 사면 오판이 될 경우도 역사적으로 있었다. 통계적 상관관계는 기간을 달리하면 항상 다를 수도 있다. 두 금속의 가격은 장기적으로는 대체로 같은 방향을 향하지만 매일의 가격은 생각보다 상관관계가 크지 않았다. 1990년대와 2000년대 초반에는 사실상 상관관계가 없었다.

금과 구리 가격의 하락 정도는 경제 상황에 따라 달라지기도 한다. 가격 차원에서 구리/금 비율의 움직임은 근본적으로 두 금속의 용도가 좌우한다. 산업용이나 기타 관련 용도로 사용하는 금은 약 5%에 불과하고, 나머지는 보석으로 사용하거나 금고에 보관한다. 구리는 거의 모두 산업용 수요다. 그중 전자제품이 39%, 건물 골조가 31%를 차지한다. 나머지는 운송장비, 소비자·일반 제품, 산업용 기계에 사용한다.

결국 금과 구리 수요는 중국의 경제 성장률 변화에 매우 다른 반응을 보인다고 하겠다. 중국의 성장세가 가속화하면 구리 수요가 증가한다. 물론 이 경향은 최대 1년 정도 지연되기도 한다.

중국의 GDP와 원자재 가격의 상관관계(2005~2021)

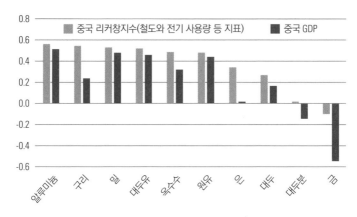

(자료: 블룸버그)

금은 중국 성장률이 둔화하는 기간이나 그 이후에 더 좋은 성과
를 보였다.

금과 구리 가격은 금리에 대한 반응에서 큰 차이가 난다. 앞에
서 본 것처럼 금 가격은 향후 연준의 금리 인상이 예상되면 부정
적으로 반응한다. 반면에 구리 가격은 연준의 금리 인상 예상과
양의 상관관계를 보이는 경우가 많다. 구리 가격의 상승은 주택·
공산품 수요가 탄탄하다는 신호이기 때문이다. 금보다 구리가
유가와 훨씬 긴밀한 상관관계를 보이는 이유를 이제 이해할 수
있겠다. 원유와 구리 모두 글로벌 산업이나 제조업 환경과 밀접
하게 연관이 있다. 금은 주로 투자 목적으로 보유한다. 그 차이가
구리나 유가와의 관계에서 다른 행보를 만든다.

구리/금 비율은 여러 용도로 사용한다. 금은 대표적인 안전자
산으로, 금에 대한 구리의 비율이 오른다는 것은 실물 경기의 상

구리/금 비율과 미국 10년물 국채 수익률

(자료: macromicro.me)

승 가능성이 크다는 뜻이다. 이에 따라 구리/금 비율은 역사적으로 장기 금리와도 강한 연관성을 보였다. 구리/금 비율과 10년 국채 금리의 스프레드를 비교했을 때 스프레드가 확산했다면 국채 금리의 상승이 과도하다는 의미를 내포한다고 할 수 있다. 구리/금 비율이 낮다는 것은 산업 성장률이 금을 따라가지 못한다는 것이다. 이를 통해 미국 금리가 높다고 판단할 수 있으나 꺾이는 시점을 식별하기는 어렵다.

버핏이 주목한
저탄소 LNG

러시아-우크라이나 전쟁은 천연가스 가격에 큰 영향을 주고, 소위 그린플레이션 문제를 야기했다. 그린플레이션이란 녹색 (green)과 인플레이션(inflation)의 합성어다. 친환경을 위한 정책이 물가 상승을 불러온다는 것이다.

2022년 러시아가 유럽에 가스관으로 공급하는 천연가스 (pipeline natural gas, PNG)를 끊었다. 천연가스 가격의 상승은 물가 상승과 금리 상승의 유발 요인이 되었다. 이후 유럽 천연가스의 가격이 급락세를 보이면서 유로화 가치도 반등했다. 이처럼 에너지 가격은 미국은 물론, 주요국 물가와 금리 정책에 중요한 변수로 작용했다. 천연가스에 대해 좀 더 알아보자.

세계적 탈석탄 추세에 맞춰 저탄소 액화천연가스(liquefied natural gas, LNG)가 석탄의 공백을 빠르게 메워가고 있다. 아시아에서는 석탄 화력발전소보다 탄소 배출이 60%나 적은 천연가스로 가동되는 가스터빈으로 석탄발전소를 대체하려고 한다.

'2050 탄소중립'으로 가는 여정에서 현실적으로 단기간에 모든 에너지를 무탄소로 전환하는 것이 불가능하다는 점은 2021년 재생에너지 강국 유럽에서도 이미 나타났다. 러시아-우크라이나 전쟁 발발 이후 미국과 유럽 등 서방이 우크라이나를 침공한 러시아에 제재를 가하자 러시아는 자국산 천연가스를 무기로 서방에 맞섰다.

제조업 강국 독일이 에너지 문제로 휘청거렸다. 결국 러시아산 PNG를 대체할 수 있는 LNG 구매를 늘리기로 했다. 파이프라인을 통해 기체 상태의 천연가스를 운송하는 PNG에 비해 LNG 가격이 비싸지만 어쩔 수 없는 선택이었다.

천연가스는 화석연료이지만 환경 측면에서 여러 장점이 있다. 환경에 우호적이라는 측면에서 원자력과 천연가스가 녹색산업 분류 체계인 그린 택소노미(green taxonomy)에 포함되었다. 그린 택소노미는 특정 기술이나 산업 활동이 친환경인지 아닌지를 판별할 수 있는 국제 기준이다. 유럽연합(EU)은 재생에너지가 주에너지원이 되는 미래에 원자력과 LNG가 과도기적 역할을 한다는 판단을 덧붙였다.

2023년 7월 버크셔 해서웨이는 미국 LNG 수출 터미널 중 하나인 코브포인트(Cove Point) 지분 50%를 33억 달러에 인수했다. 전 세계 에너지 위기가 계속될 것이라고 예상한 워런 버핏의 과감한 행동이었다. 코브포인트는 미국 메릴랜드주에 위치한 LNG 수출입 저장 시설로 미국 6대 LNG 수출 터미널 중 하나다.

버핏은 친환경 넷제로(net-zero) 시대에도 천연가스 수요가 늘 것이라고 내다봤으며 관련 기업들이 장기간 안정적인 수익을 가져다줄 것으로 예상했다. 버핏의 예상이 맞을까?

LNG와 관련한 이런저런 문제를 생각해본다. 우선 무탄소 에너지로 대변되는 재생에너지는 간헐성(지속되지 않고 시간 간격을 두고 일어남) 문제가, 원자력 에너지는 경직성(충분하지 못한 유연성) 문제가 있다. 태양광과 풍력 발전 시스템은 해가 떠 있거나 바람이 불 때만 전력 생산이 가능하다. 우리는 햇빛의 양과 바람의 속도를 통제할 수 없다. 날씨의 정확한 예측이 어려워 재생에너지 발전량을 예상하는 게 어렵다.

원전은 가동과 정지, 출력 조절에 긴 시간이 소요된다. 논란이 있지만 기존 원전의 10분의 1 규모 소형 원전과 수 메가와트급 초소형 원자로를 여러 곳에 지어 분산형 전원으로 활용하자는 제안이 나오는 이유다. 원전은 전력 계통 안전을 유지해야 하는데 그 목적을 달성하는 데 한계가 있다. 에너지원으로서 출력 조절이 어렵다는 말이다.

이에 반해 LNG(16.7%), 수력(41.0%), 양수(37.5%) 같은 유연성 전원은 분당 출력 조절 속도를 빠르게 조정할 수 있다. 괄호 안의 숫자는 발전설비량 대비 분당 출력 조절 속도의 최대치를 의미한다. 한국은 수력과 양수 발전의 환경적 제약이 크기 때문에 백업 전원은 LNG 발전의 출력 조절이 당분간 유력한 대안이다.

발전 공기업과 가스공사, 지자체가 백업 전원의 역할과 가격에 대해 협력해 대안을 강구하는 체계가 반드시 필요하다. 그 이유는 다음과 같다.

첫째, 어느 에너지원이라도 단독으로는 탈탄소 목표를 달성하기에 충분하지 않아 백업 전원이 필요하고 유연성 전원 체계를 갖춰야 한다. 탈탄소 가스 발전 기술의 진전을 위한 다양한 솔루션이 개발돼야 하며 LNG 발전이 한 축이어야 한다. 발전 부문에서의 천연가스 비중은 꾸준히 증가할 전망인데, 국제에너지기구는 2040년 세계 천연가스 발전량이 발전설비 중 가장 높은 비중을 차지할 것으로 예측했다.

둘째, LNG는 블루수소의 원천이 될 수 있다. 산업계가 국제적인 규제로 하루빨리 탄소 배출을 줄여야 하는 상황에 처하면서 블루수소가 대안 연료로 각광받고 있다. LNG 같은 화석연료를 고온, 고압의 수증기와 반응시켜 수소를 추출하는 과정에서 이산화탄소가 배출되는데, 이를 포집해 제거한 연료를 블루수소라고 부른다.

한국 기업 SK E&S(SK 이노베이션과 합병 예정)와 HD한국조선해양은 최근 미국 기업들과 협력해 블루수소 생산부터 활용까지 전 과정을 아우르는 산업 생태계를 조성하는 데 박차를 가하고 있다. 충남 보령에 소재한 LNG 터미널은 해외에서 들여온 LNG를 저장했다가 발전소에 공급한다. 그 옆에는 세계 최대 규모의 블루수소 생산 기지를 두어서, 가까운 거리의 LNG를 활용해 연간 25만 톤의 청정수소를 생산한다.

통상 우리가 만드는 그레이수소는 천연가스의 주성분인 메탄을 고압, 고온으로 가열하여 수소와 이산화탄소로 분리한다. 이 방식으로 수소를 생산하면 수소 1톤을 생산하는 데 이산화탄소 10톤이 발생한다.

블루수소는 그레이수소와 비슷한 공정을 거치지만 탄소 포집 및 저장 기술(CCS)을 활용해 이산화탄소 배출을 줄인 수소다. 재생에너지와 가스 발전을 전략적으로 조합해 단기적으로는 기후변화에 대처하고 중장기적으로는 탄소중립이라는 목적지로 가는 길의 기초를 탄탄하게 다질 수 있다. LNG 발전에서는 수소 같은 저탄소 및 제로탄소 연료를 사용해 발전하면서 탄소 배출을 삭감하고, 탄소 포집 활용 및 저장(CCUS) 기술을 통해 탈탄소 미래를 실현해야 한다.

관건은 가격이다. 사우디 국영 석유기업 아람코는 블루수소 생산에 야심적이었지만 생산 비용이 국제 유가 배럴당 약 250달러와 비슷한 수준이라고 추산했다. 따라서 경제성이 없다며 블루수소 수출에서 발을 빼고 LNG 수출에 몰두하기로 했다.

셋째, 국제해사기구(IMO)의 규제 강화에 따라 앞으로 청정 연료인 LNG를 사용하는 선박이 크게 증가할 것으로 예상된다. LNG 추진 선박을 운용하는 관련 산업이 유망 신산업으로 부상하고 있다. 디젤연료를 대체하는 LNG가 오랜 기간 사용되고 나서 탄소중립연료 순서로 가는 것이 대세다.

LNG는 수요가 안정적이고 LNG 연료 추진 선박이 많아지고 있으며, 500여 곳에서 벙커링도 가능하다. 연료 공급이 안정적이고 이미 발주된 LNG 선박이 많아 장기간 사용될 것으로 보인다. LNG 추진 선박 관련 산업을 활성화하기 위해서는 쉽고 안전하게 LNG 연료를 공급할 수 있는 기반 시설, 즉 LNG 벙커링 인프라를 갖추는 것이 무엇보다 중요하다.

일본은 전력과 가스시장 완전 개방으로 40여 개의 도시가스사가 10배인 430여 개로 늘었으며 이들은 발전사 및 상사 등과 함께 국제 시장에 맞춰 자유롭게 LNG를 수입하고 있다. 일본은 발전 연료로서 천연가스의 역할이 강화됨에 따라 LNG를 대규모로 도입했으며 현재 중국과 세계 최대 LNG 수입국 자리를 놓고 겨루고 있다. 공급원 다변화, 공급 안정성 강화를 위해 지리적으로 인접한 국가들을 중심으로 LNG를 수입하여 에너지원으로 도입하고 있다.

우리나라도 자원의 단기적인 비축을 넘어서 도입선 다변화 등 공급망 전반을 아우르는 새로운 대응 체계를 마련하고, 핵심 자원의 대체 물질을 개발하는 등 자원 산업 측면의 발전 방안 모색이 필요한 시점이다. LNG는 앞으로 수십 년 동안 청정에너지로의 전환과 탈탄소 달성을 돕는 안정적이고 유연한 에너지원이 될 것이다.

글로벌 LNG 수요는 2040년에는 2021년 대비 90% 성장해 연간 7억 톤에 달할 것으로 예상된다. 특히 아시아 지역이 이런 성장세를 견인할 것으로 예상되며, 주요 성장 요인으로 지역 내 가스 생산량 감소, 지역 경제 성장과 함께 대기오염 개선과 탄소 배출 목표 달성을 위해 탄소 고배출 에너지원을 LNG로 대체하는 움직임 등이 꼽혔다.

비트코인은
디지털 금인가?

비트코인은 2009년에 미화 0달러의 가치로 출시되었다. 비트코인 1개를 1BTC라 하고 최소 거래 단위는 10^{-8}(사토시)BTC이다. 1BTC는 출시 4년 후에 100달러에 도달했다. 2021년에는 68,789.63달러를 기록했고 사람들은 17세기 네덜란드공화국에서 벌어진 튤립 버블을 떠올렸다.

테슬라 CEO인 일론 머스크는 엄청난 부자이면서도 2021년에 못내 아쉬워하며 이렇게 말했다.

"8년 전 친구가 비트코인을 소개해준 적이 있는데 그때 조금이라도 샀어야 했다."

부자도 그러니 일반인은 오죽할까.

혹자는 비트코인의 가격이 경제적 가치를 반영하지 않는다고 본다. 워런 버핏이 대표적인 인물이다. 그는 사람들이 빨리 부자가 되기를 바라는 것에 공감은 한다. '쉬운 돈'처럼 보이는 대상에 참여하고 싶은 충동은 인간적인 본능이라고 인정했다. 사람들은 빨리 부자가 되는 것을 좋아하고 버핏은 그들을 비난하지 않는다.

그런 인간의 욕구가 너무 인간적이기에 한번 쏟아지면 병에 다시 담을 수 없다(2023년 4월 CNBC '스쿼크 박스')고 표현한 버핏의 말이 더 인간적으로 보인다. 버핏은 이런 말도 곁들였다. "비트코인은 도박 토큰이며 본질적인 가치가 없다. 그러나 사람들이 룰렛 게임을 하려는 걸 막을 수는 없다."

그는 2018년 버크셔 해서웨이 주주 총회에서는 비트코인을 '아마도 쥐약일 것'이라고 표현했다.

비생산적인 자산을 살 때는 다음 사람이 당신에게 더 많은 돈을 지불할 것이라고 기대하는 것뿐이라는 그의 표현은 디지털 세상을 사는 사람들에게는 가슴에 와닿지 않을 수 있다. 비트코인이 제도권 화폐에 대한 불신으로 탄생했고 사람들이 코인에 신뢰를 부여하여 가격이 결정되는 것이기에 코인 역시 자산이라는 사실을 부인하기 어렵다.

버핏의 말에 따르면 비트코인은 가격이 제로여야 하며 현재의 가격은 비이성적 거품에 불과하다. 그와 같은 생각을 가진 이들은 비트코인 열풍이 어느 수준에서 끝날지, 어떻게 끝날지는 모르겠다는 주장을 한다. 언젠가는 끝난다는 주장은 같지만 후자는 "매우 지저분하게 끝날 것이다. 아무것도 남아 있지 않을 것이기 때문이다"라며 투덜대고 있다.

비트코인은 높은 변동성을 가진다. 이런 특성이 비트코인이

화폐로 발전할 가능성을 저해한다는 주장으로 연결된다. 물론 비트코인이 지불결제 수단으로 갖는 장점도 있다. 그리고 기존 화폐 시스템의 문제점을 보완할 수 있다. 비트코인은 원래 신속하고 저렴하게 전 세계 어디로나 송금하는 수단으로 창조되었다. 하지만 현재는 비트코인 생태계 참가자(노드 수)의 증대로 송금 기능은 작동하지 않는다. 비트코인은 흔히 금처럼 인플레이션에 영향을 받지 않는다고 평가된다. 비트코인이 글로벌 화폐가 되기 위해서는 지불결제 수단으로 채택이 확산돼야 한다. 국가별로 조화로운 법제도 확립도 중요하다. 국가 간 협정 마련도 동반된다면 대중의 수용성이 증가할 수 있다.

헤지펀드계 대부이자 브리지워터 설립자인 레이 달리오(Ray Dalio)는 뉴스레터에서 아래와 같은 발언을 했다. 주목할 만하다.

"비트코인은 엄청난 발명품이며, 지난 10년간 나름의 가치를 확립했기 때문에 금과 같은 대체 자산이 되어 자산을 다양화할 수 있는 수단이 될 것이다."

한정된 수량만 채굴이 가능해 비트코인은 디지털 금으로 불리기도 한다. 비트코인과 금은 유사한 특징을 지닌다. 비트코인과 금은 모두 희소성이 있다. 2140년까지 2,100만 개의 비트코인만 생산된다. 비트코인을 채굴하는 것을 마이닝이라 하는 것처럼 금을 캐는 원리가 연상된다. 둘 다 인플레이션에 대한 헤지 수단으로 사용할 수 있다. 비트코인과 금은 전 세계 어디에서나 사용할 수 있다.

비트코인은 금과 같은 진화 과정을 거쳤다. 그렇다고 비트코인에 금과 같은 안전자산의 지위를 부여하기에는 부족한 게 많다. 금보다 가격 변동성이 훨씬 높은 비트코인을 화폐라고 부르기는 여전히 겸연쩍어하는 이가 많다. 그럼에도 비트코인은 제도권으로 들어온 지 오래다. 그래서 비트코인은 '디지털 금'으로 불리기도 하는데 이에 반감을 가진 경우도 흔히 볼 수 있다.

버크셔 해서웨이는 자체 암호화폐인 누코인을 보유한 비트코인 관련 브라질 핀테크 기업 누홀딩스(Nu Holdings)에 많은 투자를 했다. 그렇다고 해도 버핏이 2024년 사상 최고가를 경신한 비트코인을 비롯하여 암호화폐에 투자할 가능성은 높아 보이지 않는다. 암호화폐 투자는 수십 년 동안 그를 지탱해온 신뢰할 수 있는 가치투자 전략과는 모순되기 때문이다.

암호화폐 가격
형성의 원리

모든 금융상품이 그러하듯이 비트코인 가격도 수요와 공급의 원리가 결정한다. 앞에서 말한 것처럼 총공급량은 2,100만 비트코인만 채굴할 수 있도록 제한되어 있다. 수요가 공급보다 많으면 가격이 상승한다. 비트코인의 수요를 결정하는 원리는 무엇일까? 정확히 예측하기는 어렵지만 대략적으로 말하면 투자자의 기대 심리, 정부 규제, 기술적 분석, 지정학적 사건, 미디어 보도 같은 다양한 요인이 수요에 영향을 준다.

비트코인을 실질적으로 움직이는 것은 금리 같은 경제적 요인 외에 심리적 요인이 더 크다. 미디어나 네이버 트렌드지수 같은 대중의 관심과 연결된 감정이 비트코인 가격에 막대한 영향을 준다. 비트코인 가격은 제도권 은행의 파산과도 연관이 있는 것으로 보인다. 실리콘밸리은행(SVB)이 폐쇄되자 비트코인은 반등했다. 미국과 유럽의 은행 시스템 위기 속에서 비트코인이 상승세를 보인 것은 비트코인이 내재적으로 기존 금융권에 대한 불신으로 탄생한 배경에서다.

정부의 움직임에 따라 돈의 흐름을 파악하면 비트코인 가격의 변동 원리를 간파할 수도 있겠다. 예를 들어 어느 나라가 부동산 시장 급등으로 당국의 통제가 강화되었다고 하자. 이런 경우에 부동산의 대체투자 수단으로 비트코인을 선택하는 사람이 증가할 수 있다. 그 결과 비트코인 가격은 상승한다. 다시 해당 정부가 비트코인을 규제한다면? 당연히 가격이 하락한다.

미국 법무부가 온라인 마약 거래 사이트인 실크로드(Silk Road)를 폐쇄하면서 다량의 비트코인을 압수했다. 그리고 압수한 비트코인을 암호화폐 거래소인 코인베이스로 이동시킨 기억을 떠올려보자. 시장의 정서가 코인에 대해 좋지 않은 데다가 공급이 늘어 가격이 하락했다.

각국 정부는 초기에는 비트코인에 대한 규제에 앞장섰다. 지금은 관련 법규를 규정하고 있기에 이를 워런 버핏의 주장처럼 악으로만 규정할 수는 없다. 중국인민은행 같은 금융당국은 비트코인을 비롯한 가상자산을 공식적으로 인정하지 않고 있다. 사실상 모든 가상자산 거래를 금지하고 있다.

2021년 9월 세계 최초로 엘살바도르가 비트코인을 법정통화로 채택했다. 일본 정부는 암호화폐 관련 규제를 주요국 중 빨리 입법화했다. 마운트 곡스(Mt. Gox)라는 세계 최대 가상자산 거래소가 있게 된 이유다. 그렇게 투자 환경이 좋았지만 대규모 해킹 사건 발생 이후 시장이 급속히 얼어붙었다. 그럼에도 불구하고 미국에 이어 비트코인을 비롯해 암호화폐 거래량 2위를 유지하는 것은 일본 정부가 암호화폐에 대해서 관대하기 때문이다.

라틴아메리카와 카리브 지역에서는 법정화폐의 신뢰 추락으로 인해 비트코인을 비롯한 가상자산에 대한 활용도가 빠르게 높아지고 있다. 브라질, 아르헨티나, 콜롬비아, 에콰도르 같은 나라가 전 세계 가상자산 채택 순위 상위 20위 안에 들었다.

향후 세계는 법정화폐에서 디지털 자산으로 전환할 계획을 공공연히 밝히고 있다. 중앙은행이 그 핵심에 서 있다. 중앙은행이 비트코인을 좋아하지 않지만 앞으로 비트코인은 정부 주도 디지털화폐에 대응하는 강력한 가상자산이라고 말한다면 지나친 과장일까?

비트코인이 글로벌 화폐로 쓰일 경우를 상상해본다. 비트코인으로 수익을 추구하는 가상자산 거래소 같은 소수의 회사가 글로벌 화폐 시스템의 규칙에 대한 결정권을 가진다면 위험하다. 현재 중앙은행의 법정화폐 시스템보다 결과가 좋지 않을 수 있다. 초기에 각국 정부는 비트코인이 자금 세탁과 테러 자금 조달에 악용될 수 있다고 우려했다. 비트코인을 이용한 자금 세탁 방지, 테러 자금 조달 방지, 비트코인 투자자 보호 등 다양한 규제가 만들어진 배경이다.

우리나라는 2020년 3월 '자금세탁방지법'을 개정했다. 그 결과 비트코인 거래소는 금융정보분석원(FIU)에 등록해야 한다. 가상자산 거래소에 고객의 신원 확인과 거래 내역을 기록하고 보관할 의무를 부여했다. 2021년 12월에는 '특정 금융거래정보의 보고 및 이용 등에 관한 법률'이 개정되면서 비트코인 거래소는 자금 세탁 방지 의무를 강화했다. 아래 법무부의 공식 입장을 보면 가상자산에 대한 정부 입장을 읽을 수 있다.

> "블록체인 기반 가상자산은 기초 자산이 전혀 없다는 점에서 엄청난 리스크를 내재하고 있다. 가상자산의 경제적 가치는 오로지 '정확한 장부'라는 점에 있을 뿐이며 탈중앙화는 오히려 가상자산을 둘러싼 분쟁 해결에 있어 방해 요소로 작용할 뿐이다. (중략) 블록체인 기반 가상자산은 오로지 '정확한 장부에 대한 신뢰'라는 추상적인 가치를 개개의 개인이 어떻게 평가하는지에 따라 전혀 다른 가격이 형성될 수 있으며 여기에 바로 가상자산의 위험성이 있는 것이다."

여전히 당국은 비트코인을 포함한 가상자산의 경제적 가치에 대해 의문을 제기하는 뉘앙스를 풍기고 있다. 그럼에도 불구하고 이제 '가상자산 이용자 보호 등에 관한 법률'로 비트코인과 같은 가상자산을 제도권이 포용하게 되었다. 법에 따르면 가상자산 사업자는 가상자산 거래업자, 가상자산 보관관리업자, 가상자산 지갑 서비스업자로 국한된다. 발행 및 운용사는 포함하지 않았다. 가상자산 이용자 자산 보호는 가상자산 사업자가 이용자들의 보호를 위해 준수해야 할 제도적 장치도 있다. 예치금과 고유재산을 분리해 예치 또는 신탁해야 한다. 사고에 대비한 보험공제 가입이나 준비금 적립도 마련해야 한다.

비트코인은 거래소에서 거래되기에 증권이 아닌지 질문을 던질 수 있다. 이는 법률적인 문제이며 아직 명확한 답이 없다. 미국의 경우 비트코인이 증권인지 여부는 미국증권거래위원회 (SEC)가 결정할 수 있다. SEC가 비트코인이 증권에 해당한다고 판단할 경우, 비트코인 거래에 대한 규제를 강화할 수 있다.

비트코인은 시스템으로 채굴하지만 알트코인(alternative coin, 비트코인을 제외한 암호화폐들을 통칭)에는 대부분 발행자가 있다. 미국의 블록체인 가상자산 산업계는 비트코인과 알트코인이 증권이 되는 것을 꺼린다. 어떤 거래소나 발행사도 가상자산을 증권으로 신고하거나 등록한 적이 없다. 가상자산이 증권이 되면 투자자 보호 조치가 한층 강화되기 때문이다.

코인 발행사와 가상자산 거래소는 까다로운 규제 조건에 부합하기 위해 투명한 운영과 심사를 보장해야 한다. 많은 비용이 들어가고 많이 복잡해지므로 중소형 거래소들은 대응하기 어려워 도산할 수 있다. 비트코인은 투자자 입장에서는 증권으로 볼 수 있다.

SEC는 2023년 7월 말 블랙록의 현물 비트코인 ETF 신청을 수락했다. 비트코인 회의론자에서 구세주로 변신한 래리 핑크 (Larry Fink) 블랙록 CEO는 이렇게 분석했다.

"비트코인은 많은 이를 사로잡았다. 이들은 비트코인에 매혹되고 흥분하고 있다."

비트코인의 가격은 매우 변동성이 크고 예측하기 어렵다. 그럼에도 많은 투자자는 중앙은행 없는 지급 수단을 표방하는 비트코인을 종교처럼 신봉한다. 미래에는 가격이 꾸준히 오를 것이라 기대한다. 비트코인 가격 변동은 투자자에게 위험을 초래하고 소중한 투자금을 잃게 할 수 있다는 사실을 인지해야 한다.

금리와 암호화폐, **유가증권의 상관관계**

금리와 비트코인 간에는 일반적으로 상관관계가 있지 않다. 비트코인은 분산원장 기술인 블록체인을 기반으로 한 디지털 자산으로 중앙은행의 영향을 받지 않는다.

다만 금리와 비트코인 간에 간접적인 영향이 있을 수 있다. 예를 들어 경기 침체와 같은 경제적 이슈로 중앙은행에서 금리를 낮추는 경우 투자자들은 안전자산 대신 고수익성 자산에 투자하려는 경향이 생긴다. 반대로 비트코인 시세가 연준의 기준금리 인상 결정에 부정적 영향을 받을 수도 있다. 금리 인상은 시장에 공급된 유동성을 흡수해 주식과 가상자산 같은 위험자산 수요를 낮춰 시세가 하락하는 원인을 제공한다.

항상 그럴까? 오히려 투자자들이 가상자산을 안전하게 바라보도록 하는 긍정적 모멘텀은 없을까? 금리 인상이 오히려 비트코인과 같은 대상을, 인플레이션을 헤지하는 취득 가능한 자산으로 더욱 돋보이도록 하는 효과를 낼 수도 있다. 이 경우 비트코인과 같은 가상자산을 투자 대상으로 선호하게 된다. 2023년에는 미국에서 여러 지방은행이 가파른 금리 인상에 따라 파산 위기에 놓이는 사례가 증가하면서 비트코인을 현금보다 안전한 자산으로 바라보는 투자자들이 늘어날 여지가 생겼다.

비트코인의 변동을 시계열 자료로 분석해보자. 비트코인 가격의 변화는 상당 부분 비트코인 자체의 변화를 따르는 경향이 있다. 그럼에도 불구하고 많은 이가 다른 자산과 비트코인의 상관관계를 분석한다.

우선 농협 채권과 같은 금융채와 비트코인의 상관관계는 인과관계가 존재하는 것 같다. 금융채 시장금리와 비트코인 가격의 상관관계는 음(-)의 관계를 보인다는 분석이 많다. 미국 기준금리가 상승하는 동안 비트코인을 비롯한 가상자산과 미 증시는 방향성을 같이하는 양의 상관관계를 장기적으로 보였다. '금리 인상→증시 하락→가상자산 하락'의 사이클이었다.

하지만 2023년 5월 FOMC 정례회의에서 기준금리를 0.25%포인트 인상해 기준금리가 5.00~5.25%로 된 이후 비트코인은 미 증시와 디커플링이 되는 모습을 보이기도 했다. 일각에서는 이런 견해가 제기되었다. 기준금리 상승에도 비트코인이 상승한 건 적어도 이제 금리 인상은 끝났다는 심리가 반영되었다는 것이다. 연준의 통화정책에 대해 걱정할 필요가 없다는 안도 심리가 반영되었다는 말이다. 그 결과 비트코인 가격이 외부의 거시경제 이슈보다는 코인시장에 내재한 이슈나 비트코인 자체적인 성장 모멘텀에 집중해서 가격이 움직이는 쪽으로 방향을 선회한 것이라고 보는 견해가 널리 퍼졌다.

비트코인의 단기 시세를 예측하는 것은 신의 영역에 가깝지 않을까? 가상자산은 주식과 같은 위험자산으로 분류하기에 미국 국채 금리가 급등하면 신흥국 증시 변동성이 강화되어 거래량 위축으로 이어진다. 반대로 금리가 낮거나 마이너스였을 때는 현금성 자산의 보유 유인이 감소하기 때문에 위험자산에 대한 수요가 높아진다. 2023년 연준의 긴축 압력과 물가 급등에 따라 금리 수준이 더 올라가자 금리와 비트코인의 상관계수는 오히려 상승했다. 이는 알고리즘 트레이더들이 가상자산 거래 시 가상자산과 물가 상승 간 양의 상관관계를 반영했음을 의미한다.

혹자는 가상자산의 위험 수준이 생각보다 낮아졌다고 본다. 그동안 지속적인 네트워크 개발과 시도에 따라 사용자 수도 계

비트코인과 미 국채 10년물 금리 추이 및 상관계수(2021/11~2022/04)

(자료: 업비트)

속 늘어나 사용 사례와 전반적인 네트워크 내 거래량을 증가시킨 것은 분명히 맞다. 약세장이 도래하더라도 가상자산의 침체가 그 전에 비해 비교적 약할 것이라고 예상하는 이유다.

다음으로 주식과 비트코인을 비롯한 가상자산의 관계를 살펴보자. 일반적으로 위험자산의 수익률은 거시경제 상황과 밀접한 관련이 있다. 코로나 팬데믹 이전에는 사실 가상자산과 주식의 상관관계는 거의 없었다. 2020년 초 팬데믹으로 경제에 충격이 가해지자 중앙은행이 막대한 유동성을 시장에 공급해 주식시장도 가상자산도 상관관계를 높이며 치솟았다.

스위스금융연구소(SFI)는 가상자산과 주식시장에 개인투자자 유입이 많아질수록 둘의 상관관계는 더 높아진다는 사실을 발견했다. 달리 말하면 투자자들은 비트코인과 주식을 유사한 수준의 위험자산으로 인식했다고 하겠다. 가상자산은 S&P500지수보다 기술주를 많이 포함한 나스닥과의 상관관계가 높다. SFI는 투자자들이 비트코인을 가격 변동성이 큰 기술주와 비슷한 위험 등급으로 취급해 이 같은 현상이 발생했다고 주장한다.

이런 발상은 어떤가? 주식시장이 좋지 않으면 비트코인 같은 가상자산으로 자금이 몰릴 수도 있지 않을까? 분석에 따라 비트코인 가격은 개인투자자의 주식 순매수와 유의미한 역의 관계를 보였다. 이 경우 비트코인은 개인투자자에게 주식의 대체투자 대상으로 작용한 것이다. 비트코인의 자체 내성이 강해지면 비트코인은 주식시장과 이별할 준비를 마칠 수 있다. 그 상황은 경우에 따라 달라지기에 일방적으로 그렇다거나 그렇지 않다고 지금 단언할 수 없다.

흔들리는 부의 공식 7

암호화폐발
금융위기는 없을까?

비트코인을 비롯한 가상자산은 부정적으로 여겨지긴 하지만 대중의 수용 속에 자산을 구축하는 포트폴리오로 자리 잡았다. 그럼에도 불구하고 가상자산에 대한 정서는 여전히 좋지 않다. 왜일까?

2022년 테라·루나 사태가 발생했다. 이는 가상자산시장에 대한 신뢰도를 땅바닥에 떨어지게 만든 방아쇠 역할을 했다. 테라·루나 사태가 심각해진 가장 근본적인 이유는 스테이블코인 테라가 달러나 비트코인 같은 실체가 아닌 루나라는 일반 코인으로 설계됐다는 데 있다. 스테이블코인은 코인 상장(ICO)을 통해 모은 투자금을 담보로 한 일반적인 코인과 다르다. 특정 현물과의 연계로 그 가치를 담보한다. 특정 현물은 달러, 엔, 유로 같은 통화일 수도, 오일이나 부동산일 수도 있다.

테라는 실물 담보 대신 알고리즘을 이용해 안전성을 높이는 방식을 채택해 문제가 됐다. 테라가 손해나면 루나로 메우고 루나가 손해나면 테라로 메우는 형태는 카드 돌려막기나 다름없다. 루나는 스테이블코인이 아닌 일반 코인이라고 하는 게 맞다.

IMF의 크리스탈리나 게오르기에바(Kristalina Georgieva) 총재는 '다보스포럼'에서, 자산으로 뒷받침되지 않은 스테이블코인은 그저 곧 무너져 내릴 피라미드일 뿐이라며 그 위험성을 경고했다. 하지만 스테이블코인을 부정하지는 않는다. 스테이블코인이 넥스트 빅 씽(Next Big Thing)의 하나라면 과장일까?

　루나 사태로 세계 각국에서 스테이블코인에 대한 규제 논의가 급물살을 타고 있다. 작동 방식이 투자은행과 다를 게 없는 만큼 투자자 보호를 위해 은행에 준하는 규제가 필요하다는 주장에 힘이 실린다. 미국은 그간 가상자산시장에서 스테이블코인이 달러 패권에 미칠 영향을 주시했다. 중앙은행 디지털화폐(central bank digital currency, CBDC)에 대해서는 일종의 금융 혁신이라고 치켜세웠다. 연준은 CBDC 발행에 무게를 실으면서 민간 스테이블코인을 누르고 있다.

　스테이블코인을 규제하는 이유가 뭘까? 가상자산으로 최대 규모 부실이나 뱅크런 같은 문제가 생길 경우 크립토 영역뿐만 아니라 전체 신용시장의 안전성을 해치고 시스템 위기까지 몰고 갈 금융 불안을 두려워하는 것이다. 스테이블코인의 발행 주체는 민간 기업이다. 규제가 없기 때문에 발행사들은 고객 요청이 있을 때 스테이블코인을 달러화로 환매해줄 준비 자산을 충분히 보유하지 않았을 가능성이 높다.

　스테이블코인의 미래는 어떻게 될까? 미 연준 이사회 의원인 제프리 장(Jeffery Zhang)과 예일대 교수 게리 고튼(Gary B. Gorton)이 발표한 "길고양이 스테이블코인 길들이기(Taming Wildcat Stablecoins)"라는 논문은 세 가지 선택지를 제시했다.

　① 스테이블코인 발행사를 은행으로 취급하고 은행과 동일한 규제(예금보험 등)를 적용한다.

② 스테이블코인 발행사가 미국 국채나 중앙은행 지급준비금 등을 통해서 스테이블코인을 발행하게 하고 그 액면가를 1:1로 보증하도록 강제하는 법을 제정한다.

③ 중앙은행이 직접 디지털화폐를 발행하고 민간 스테이블코인에는 과세를 해서 시장에서 서서히 배제한다.

여하튼 지금은 가상자산이 제도금융에서 차지하는 비중이 작으나 그 규모가 커지면 금융 안정성을 훼손할 수 있어 스테이블코인에 대한 적절한 대책을 강구해야 한다.

8장

안전마진과 흔들리는 부의 공식

안전마진을
삶에 적용하며

금리와 안전마진으로 이 책을 시작한 이유는 우리 인생에서도 안전마진이 중요하기 때문이다. 삶은 굴곡이 있어서 마치 경기 사이클 같다. 인류 역사 속에서 자본주의가 탄생한 이후 현재까지의 시간은 점 하나도 안 될 것이다. 그러나 금리의 역사는 훨씬 오래되었다.

고대 메소포타미아 문명에서는 국가가 은행의 역할을 일부 수행했다. 왕궁이나 사원 또는 개인에게 돈을 빌린 사람은 나중에 보리를 수확해서 갚기도 했다. 국가는 채무 관계를 증명하는 점토판을 발급했다. 상인이 농부나 무역업자에게 곡물을 대출해주면서 은행업이 탄생했다는 이야기도 기원전 2000년경 아시리아, 인도, 수메르에서 빈번했던 것으로 보인다. 고대 그리스나 로마의 신전은 돈이나 귀중품을 보관해주는 역할을 했다. 사람들은 전쟁 기간 자신의 재산을 신전에 맡겼다. 신전은 많은 사람이 오가는 곳이라 몰래 물건을 훔치는 일이 불가능했고, 신성한 장소에서 도둑질을 하면 천벌을 받는다는 종교적 믿음이 있었다.

중세 십자군전쟁은 이탈리아가 교역의 중심지가 되는 데 큰 역할을 했다. 여러 나라 돈이 이탈리아로 몰렸고, 유대인 대부업자가 환전상 역할을 했다. 대부업자는 기다란 탁자에 각국 화폐를 올려놓고 돈을 교환했다. 이때 사용된 탁자의 이름이 '방카(banca)'였다. 훗날 현대 은행을 의미하는 '뱅크(bank)'가 된다.

역사가 아닌 책에서 접한 금리는 《베니스의 상인》이 단연 가장 인상적이다. 셰익스피어의 저작물인 이 책에서 베니스의 상인 안토니오는 청혼하기 위해 고리대금업자에게 돈을 빌린다. 참 가슴 아픈 대목은 이것이다. 돈을 갚지 않으면 가슴살 1파운드를 도려내 가져간다는 것. 소설이지만 참 못된 고리대금업자라고 생각했다. 부모님의 일숫돈을 연상하게 했다. 부모님은 돈을 빌린 대가로 높은 이자와 함께, 다시 빌릴 것을 생각해서 돈을 빌려준 이에게 소고기도 선물했다. 아직도 생생한 기억이다. 돈을 빌리는 것은 그렇게 아픈 일이다. 소설에서 안토니오는 빌린 돈을 갚지 못하고 가슴살 1파운드를 고리대금업자에게 줘야 할 운명에 처하나 다른 이의 지혜로 구사일생하게 된다.

돈과 목숨을 바꾸어서야 되겠나. 안토니오는 안전마진을 전혀 확보하지 못한 주인공이다. 인생에서 누군가의 지혜가 안전마진이 되어서는 안 된다. 삶은 온전히 자기 자신의 몫이다. 그렇기에 돈을 빌릴 경우는 금리의 변동성이라는 안전마진을 늘 염두에 두어야 한다.

우리 경제의
안전마진을 위협하는 것들

세계적으로 공공 부문 부채는 2029년까지 GDP의 99%에 이를 것이다. IMF가 2024년 4월 발행한 "슈퍼 선거의 해에서의 재정정책(Fiscal Policy in the Great Election Year)" 보고서의 핵심이다.

공공 부문 부채는 중앙·지방정부의 빚을 합한 국가 채무에 비영리 공공기관 부채와 비금융 공기업 부채까지 보태 계산한다. 전 세계 인구의 절반이 넘게 투표하는 2024년은 슈퍼 선거의 해다. 선심성 정책 남발로 위기 이전 수준으로 재정 건전성을 확보하기가 어렵다는 게 보고서 내용이다.

IMF는 보고서에서 현재의 재정정책으로는 공공부채 비율이 역사적 고점을 넘어 계속 상승할 수밖에 없는 구조라며 일침을 가하고 있다. 고령화로 대표되는 인구학적 요인과 기후변화를 위한 그린 혁명으로 재정 지출은 구조적으로 늘어날 수밖에 없는 상황이다. 높은 금리와 느린 성장으로 대부분 국가가 재정 여유의 제한이라는 상황과 마주하고 있다.

그간 미국 10년물 국채 금리 상승으로 금융시장 변동성이 증가했고 이는 시중 대출 금리와 우리네 삶에 지대한 영향을 줬다. 세계는 이런 이자율 변동의 파급 효과(interest rate spillovers)에 주목한다. 미국 장기 금리 변동성이 우리나라를 비롯해 미국 이외 지역의 금리를 높여 금융 위험을 가중시켰다. 많은 국가에서 채무 재조달 위험(refinance risk)은 여전히 높다. 전쟁과 미·중 갈등으로 각국 정부는 새로운 유형의 공급망 차질이나 물가 충격에 봉착하고 있다. 이런 상황은 정부가 재정 지원을 더 확대해야 한다는 압박감으로 작용한다.

그간 미국은 긴축적인 통화정책을 실시해왔다. 그 결과 장기 국채 금리가 올랐고 높은 변동성을 보였다. 이런 현상을 초래하는 요인에 통화정책만 있는 게 아니다. 미국의 느슨한 재정정책과 높은 부채 수준도 한몫했다.

IMF는 2024년 4월 '재정 모니터' 보고서에서 미국의 재정적자가 2025년에는 GDP 대비 7.1%에 이를 것으로 예측했다. 이는 주요 선진국 평균치인 2%의 3배가 넘는 수준이다. 미 의회예산국(CBO)은 2024년 미국 재정 적자 규모를 1조 4,000억 달러로 예상한다. 이 상황에서 2025년 8조 9,000억 달러의 정부 발행 채권이 만기 도래한다니 놀랄 만하다. 이 천문학적인 수준의 국채 발행을 세계가 언제까지 감당해야 하나?

그간 연준이 돈줄을 바짝 조이는데도 미국 경제는 위축되지 않았다. 시장에서는 '미국 경제의 미스터리' 가운데 주범을 거대한 재정 적자로 지목한다. 이는 시장 예상보다 인플레이션이 오래 지속되도록 하는 거대한 구조적 요인이다. 과거 1990년대에 미국은 재정 흑자를 냈다. 지출보다 조세 수입이 많은 시절이었다. 그런 시대는 저물고 한 번도 경험하지 못한 구조적 차원의 '슈퍼 재정 적자' 시대의 폭풍이 오고 있다면 과장일까?

다음으로 중국 경제의 상황이 여전히 녹록하지 않다는 것이다. 그간 중국의 성장 둔화와 금융 불안이 세계 경제 성장과 교역에 부담을 주었다. 중국과 무역이나 투자로 강하게 연계된 국가의 재정 상황에도 상당한 어려움을 야기했다. IMF는 중국 재정 적자 역시 위험하다는 입장이다.

2025년 중국 정부 재정 적자는 GDP 대비 7.6%로 다른 신흥국 평균치 3.7%의 2배를 웃돌 전망이다. 왜 그럴까? 부동산 위기와 내수 둔화로 세수가 크게 줄었지만 재정 지출 확대는 경기 부양을 위해 불가피한 상황이다. 2010년대 중국 경제 호황은 성장에 대한 높은 기대와 부동산과 인프라 시장의 호황을 달성한다는 믿음에서 왔다. 이런 경제 성장 모델은 이제 더 이상 성립하지 않는다. 중국이 이런 경제 발전 모델에서 다시 균형을 잡는 과정에서 경제의 변동성과 조정은 불가피해 보인다.

저소득국 부채 증가에는 중국의 원조와 미국의 재정 적자 확대 정책이 크게 작용했다는 비판이 이어진다. 그간 저소득 국가를 대상으로 한 중국의 공적 자금 지원은 많은 비판을 받아왔다. 미국은 대표적으로 중국이 일대일로(一對一路) 정책으로 이들 국가를 빚더미에 허덕이게 하며 중국 정부의 압력에서 벗어나지 못하게 한다고 비난해왔다.

중국은 이런 주장을 거부하며 일부 서방 국가가 중국의 이미지를 훼손하기 위해 분위기를 조장한다고 주장했다. 일대일로는 중국의 장기 국가 발전 전략 구상 중의 하나다. 중국 서부 – 중앙아시아 – 러시아 – 유럽을 잇는 '실크로드 경제벨트'와, 중국 남부 – 동남아시아 – 중동 – 아프리카 – 유럽을 연결하는 '21세기 해상 실크로드'를 건설하는 원조 정책을 말한다.

이런 상황에서는 세계는 어떤 노력을 기울여야 하나. IMF는 혁신 친화적 재정정책의 혼합(pro-innovation fiscal policy mix) 운용을 주장한다. 과학기술 분야 기초연구사업 지원 강화, 혁신 스타트업을 위한 연구개발(R&D) 확충, R&D 관련 세제 유인 확대, 혁신 분야 고급 인력 양성을 강조한다. 이런 재정의 혁신 생태계 조성이 재정 건전성과 경제 성장을 유도한다는 것이다. 효율적인 민관(民官) 협동사업 증대와 구조개혁의 중요성도 역설한다. 경쟁 정책과 교역에서 더 나은 정책으로 재정 안정성을 확보하고 세계 경제 성장을 견인해야 한다는 견해도 곁들인다.

1달러를 투입해 3~4달러를 장기적으로 산출하도록 재정정책을 설계해야 한다는 IMF의 메시지는 강렬하다. 이런 주장은 매년 경제 성장률이 0.5%포인트 증가하도록 R&D 사업을 제대로 설계할 필요성을 담고 있다. 이런 관점에서 우리의 재정정책이 얼마나 비용 효율적인지를 반문해본다.

급격한 인플레이션에 금리 인상이 더해져 재정 적자에 따른 이자 비용 부담이 전 세계적으로 눈덩이처럼 불었다. IMF는 미국, 중국, 영국, 이탈리아 등 4개국에 경고했다. 이들 국가야말로 재정지출과 세수 사이에 근본적인 불균형이 발생해 이를 해소하기 위한 정책 교정이 절실하다고 일갈했다.

　IMF 주장을 보며 이런 생각이 든다. 잠재성장률을 증진할 수 있는 재정의 적극적 역할이 중요하다. 민간 활력을 높이는, 단기적으로 임팩트가 강하고(strong), 중장기적 시야를 갖고 잠재 성장률을 높이는 지속 가능한(sustainable) 정책을 마련해야 한다. 국민 삶의 질을 향상하기 위한 지역 간 균형 있는(balanced) 발전 모델과, 사회를 통합하고 저소득층을 배려하는 포용적(inclusive) 환경을 조성해야 한다. 어려운 대내외 여건에서 성장, 고용, 분배 지표를 고루 생각하며 임팩트 있는 다양한 재정정책 조합은 필수다. 전례가 없는 재정 적자 경쟁은 우리 경제의 안전마진을 어렵게 하는 요인이라는 것을 명심해야 한다.

흔들리는 세상에서
모두의 금리를 생각하다

2022년 오랜만에 필드에 나갔다. 2014년 귀국하며 이삿짐으로 부친 새 골프채는 주인 없는 세월을 보내야 했다. 채를 수선한 후 연습장에 가서 드라이브 샷을 날리며 안전마진을 생각했다.

골프를 칠 때 드라이브로 시원하게 페어웨이에 공을 안착시키면 기분이 좋다. 벌타를 먹지 않아도 되고 다음번에 공을 잘 친다면 높은 점수를 기대할 수 있다. 내기 경기를 했다고 생각해보자. 그러면 여기서 페어웨이는 안전지대다. 물론 첫 드라이브를 잘 쳤다고 그 홀에서 높은 점수를 얻는 것은 아니라지만, 높은 점수를 얻을 가능성은 커진다.

삶과 투자는 골프를 닮았다. 골프는 힘자랑을 하는 스포츠가 아니다. 본인이 가지고 있는 힘을 모조리 쓰는 것이 아니라 힘을 조절하면서 플레이하는 능력이 더 중요하다. 최장타자로 유명한

미국의 더스틴 존슨(Dustin Johnson) 선수는 320야드대의 평균
거리를 유지한다. 그는 언제든지 350야드 이상 보낼 능력이 있
지만, 30야드 더 가서 깊은 러프로 들어가지 않고 항상 페어웨이
를 유지하기 위해서 300~320야드를 친다고 한다. 우리 인생도
30야드 더 가서 깊은 수렁으로 빠지는 경우가 있다. 투자도 마찬
가지다. 한번 돈맛을 보면 실력인 줄 알고 우쭐해한다. 우리는 골
프, 삶, 투자에서 페어웨이를 유지하려는 노력을 해야 한다. 그래
야 삶과 투자가 예측 가능하다.

'제2의 버핏'으로 불리고 가치투자의 대표주자로 손꼽히는 인
물이 바우포스트그룹(Baupost Group) CEO인 세스 클라먼(Seth
Klarman)이다. 그의 투자 전략인 '안전마진'을 한 줄로 설명하면
이렇다. 진짜 가치(1달러)보다 싸게 사서 안전판을 확보하는 것
이다. 상방은 열려 있고 하방은 어느 정도 닫혀 있는 주식만 고른
다는 가치투자 방식이 유효하다는 것이다. 이 역시 예측 가능성
에 입각한 행위가 아닐까 생각한다.

클라먼은 자신의 저서 《Margin of Safety(안전마진)》에서 "가
치투자는 하락장에서 빛난다. 시장의 하락이야말로 투자 철학에
대한 진정한 시험무대다"라고 말했다. 우리가 삶을 살아가는 것
에도 기복이 있다. 하강 국면에서 버티기를 잘해야 사업도 인생
도 흥한다.

투하한 돈과 시간을 잃을 수 있다는 리스크가 있다. 그 리스크
는 어디든지, 언제나 존재하고 위험으로 둔갑할 수 있다. 클라먼
은 종목을 분산하거나 필요하면 헤지하고, 원하는 자산을 할인
가격에 구입하려는 습관이야말로 잃지 않는 투자에 한 걸음 다

가갈 수 있는 길이라 했다. 우리가 투자하려는 대상의 리스크에 대해 완벽하게 알기 어렵기 때문에 할인하여 투자하고자 노력해야 한다는 점만큼 명쾌한 논리는 없다.

배움에서 첫 단추를 잘 꿰어야 한다. 이 책이 금융 초보자를 위한 길잡이가 되도록, 내가 기획재정부 공무원, 울산 경제 부시장, 교수를 하며 겪은 경험을 제대로 녹여보고자 했다. 경제나 부를 바라보는 저마다의 시각은 다를 수 있다. 이 책이 최소한 공을 쳐서 빗나가지 않도록 독자 여러분을 도와줄 것이라 믿는다.

골프에서 방심은 언제나 금물이다. 한 샷, 한 샷을 신중하게 쳐야 한다. 사람이 궁지에 몰리면 제대로 된 의사결정을 할 수 없다. 그러하기에 흔들리는 세상에서 이 책이 안전핀 역할을 한다면 저자로서 기쁘겠다. 이 책이 새로운 프런티어를 향해 항해하는 젊은이들에게 좋은 길잡이가 되었으면 한다. 금융 문맹률이 높다는 한국의 현실에 조금이라도 도움이 되었으면 한다. 그게 《모두의 금리》라는 책의 타이틀이 추구하는 핵심 정신이다.

불확실성의 시대,
존 케인스의 정신을 돌아보다

학창 시절 누군가는 이자율을 현재의 소비나 쾌락을 포기하는 대가라고 했다. 그런 돈이 실물에 흘러가 생산성 향상을 도울 수 있고 거기서 나온 수익률로 금리가 결정될 수도 있다.

금리와 관련한 존 메이너드 케인스의 설명을 다시 들춰보자. 케인스는 사람들의 심리를 반영해서 이자율을 해석했다. 그의 이론을 따라서 나 역시 금리를 가끔 심리적으로 해석한다. 미래에 닥칠 공포나 집단적 불확실성에 대한 가격이라고 말이다.

케인스는 삶과 투자에 관한 여러 명언을 남겼다. 그의 삶을 반추하며 본문을 마무리하고자 한다.

"내가 6개의 주식을 공매도하면서 저질렀던 가장 큰 실수는 내가 아는 것을 모두가 안다고 가정한 것이다. 그 이후 나는 기다리는 법을 배웠다. 하지만 광기는 상상을 초월하는 수준까지 치솟을 수 있다. 모두가 갑자기 광기라는 걸 깨닫는 순간이 언제가 될지는 나도 가늠하기가 어렵다. 투자는 도박 심리가 없는 자들에게는 참을 수 없을 만큼 지루하고 가혹한 것이지만, 도박 심리를 갖고 있는 자들은 변덕에 돈을 걸어야 살아갈 수 있다."

케인스는 주식을 배당금을 지급하는 도구로 여겼다. 투자자는 주가가 변하는 것을 두려워하지 않아야 한다고 했다. 경제학자들의 사상은 맞든 틀리든 일반인들이 상상하는 것보다는 훨씬 더 막강하다고도 했다. 그의 말처럼 시장가격은 아무도 예측하지 못한 어떤 날엔가 반드시 제 가치로 돌아온다. 금리도 인생도 오늘 하루도 그렇게 변하고 있다. 그 한가운데서 케인스는 미래 세대에게 이런 말을 하고 있다.

"실패를 두려워하지 말라. 인생에서 실수를 저지를까 걱정하지 말라. 적어도 한 번은 돈을 잃어보는 편이 좋고, 두 번이면 더 좋다. 그렇지만 돈을 잃으려면 사회 초년생 시절에 잃어야 한다. 투자액이 2만 달러일 때 파산하는 편이 2,000만 달러일 때 파산하는 것보다 낫다. 일찌감치 파산하면 파멸은 맞지 않는다."

그의 말은 다시 한번 삶의 안전마진을 생각하게 한다. 나는 삶과 투자의 오묘함을 생각하며 불확실성을 닮은 금리의 향방을 열심히 추적하고 있다.

흔들리는 부의 공식 8

열정과 훌륭한 전략은
만병통치약일까?

그렇지 않다. 내가 마이클 모부신의 저서 《마이클 모부신 운과 실력의 성공 방정식》의 추천사에서 썼던 말이다. 책을 읽으면서 안전마진 같은 지혜로운 삶과 투자의 이치에 대해 치열하게 생각해보는 기회를 가졌다.

책의 요지는 운의 존재를 적절하게 인정하고 받아들여 성공에 실력이 얼마나 공헌하는지를 파악해야 한다는 것이다. 운과 실력의 기여도를 구별해 '운을 높이려는' 다양한 노력을 과학적, 체계적으로 행해야 복잡계 세상에서 성공 가능성, 즉 안전마진을 높일 수 있다.

사람들은 저마다의 인생관에 따라 성공 방정식이라는 그릇에 무엇을 담을 것인지를 정한다. 이 그릇에 무엇을 담든 간에, 어떤 리스크를 안고 어떤 수익률을 기대할 것인지를 정할 때 '운'이라는 요소를 인지하는 게 슬기로운 삶을 영위하고 투자를 성공적으로 이끌 첫 단추라고 생각한다.

삶은 어찌 보면 운과 실력의 스펙트럼 속에서 꽃을 피우는 것이다. 운을 당기는 기술이야말로 성공과 안전마진을 확보하는 데 실력이나 열정만큼 중요하다. 그러므로 실력만 쌓을 게 아니라 운을 어떻게 다룰지를 감안해야 인생과 투자의 황금기를 누리지 않을까 한다. 이러한 관점에서 다음을 제안해본다.

첫째, 일의 결과가 실력에 의한 것인지 운에 의한 것인지를 판단하기 어려운 경우, 그 판단을 유보하고 장기간에 걸쳐 좋은 성과를 낼 수 있는 여러 시도를 해보자.

둘째, '실력의 역설'을 깨달아야 한다. 대성공은 실력, 기회, 운이 결합할 때 이루어진다. 실력만으로 최고의 자리에 오르는 것은 아니라는 뜻이다. 치열한 경쟁이 벌어지는 영역에서는 사람들의 실력 격차가 줄어들기 마련이다. 마라톤처럼 세계적인 선수들의 기록 차이가 아주 좁혀진 상황에서는 개인의 당일 컨디션이나 날씨 같은 운의 요소가 금메달과 노메달을 결정할 수 있다.

셋째, 최선이 어려우면 차선도 괜찮다는 자세가 필요하다. 운이 내게 오지 않을 경우를 대비하라는 것이다. 인생을 살아가면서 우리는 수많은 리스크와 마주하며 선택의 기로에 선다. 기업이든 개인이든 최선의 플랜 A만 고집하지 말고 항상 차선의 플랜 B를 생각해야 한다. 투자에서도 이러한 유연성이 좋은 결과를 부를 수 있다.

넷째, 우리가 살고 있는 세계가 운의 영향을 받는 복잡계라는 것을 알아야 한다. 열린 시스템에 노출되어 끊임없이 상호작용을 하며 성장하는 세계에서는 여러 우연이 의미 있는 성과의 차이를 가져온다는 것을 이해해야 한다. 이런 세상에서 "이게 최선입니까? 확실해요?" 하는 것은 무의미하다.

때로는 돌아가도 좋다. 수많은 결정의 과정에서 시행착오를 무릅쓰고 헤쳐나갈 때 인생이나 투자가 훨씬 값지게 다가올 수 있다. 어느 길

하나만을 고집하지 않는 유연함이, 끝까지 길을 가겠다는 각오가 동반할 때 행운의 여신이 다가올 수 있다. 운과 실력을 구별하는 일이 쉽지는 않지만, 구별하려는 노력을 계속한다면 우리의 의사결정 능력은 개선될 것이다. 운과 관련된 명언을 때때로 되새기는 이유다.

- 내가 부자가 된 비결은 다음과 같다. 나는 매일 스스로에게 두 가지 말을 반복한다. 그 하나는 '왠지 오늘은 나에게 큰 행운이 생길 것 같다'이고 다른 하나는 '나는 무엇이든 할 수 있다'라는 것이다. - 빌 게이츠

- 지혜가 없으면 행운이 없고, 어리석음이 없으면 불운이 없다. - 발타자르 그라시안

- 운에 대한 유일한 확실한 것은 운이 바뀔 것이라는 것이다. - 브렛 하트

- 운은 믿음의 배당이며 성공의 첫 번째 규칙은 믿음을 갖는 것이다. - 랠프 월도 에머슨

불확실성의 일상화와
흔들리지 않는 삶

나의 공직 분투기

공무원은 내 어린 시절 꿈은 아니었다. 대학에 입학했을 무렵에는 교수가 되고 싶었다. 돌고 돌아 2022년부터 과학기술특성화대학인 울산과학기술원(UNIST)에서 교수직을 맡아서 나의 책 《식탁 위의 경제학자들》을 현실 경제와 접목하면서 경제학 강의를 하고 있다. 학교에서 주 업무는 보직명인 '글로벌산학협력센터장'으로 알 수 있듯이 국제 협력이다.

1991년 공직 생활을 시작으로 나는 공조직에서 계속 생활하고 있는 셈이다. 2000년을 전후로 내 활동 반경은 국내에서 국제로 바뀌었다. 2000년 이전은 물가, 소비자, 복지, 세제 업무를 담당했다면 2000년 이후로는 유학과 국제금융기구에서 활동하면서 국제 협력, 통상, 국제금융, 국제 조세에 집중했다. 글로벌한 시야를 갖게 한 여러 업무를 생각하니 다음과 같이 내 공직 생활을 요약할 수 있겠다.

> "공직의 전반부는 유가와 원자재 가격이 국내 물가와 소비자, 기업에 미치는 영향을 살피는 업무였다. 후반부는 국가 간 자금의 이동을 살피고 글로벌 경제 문제를 분석하는 협력과 조율의 장이었다."

국제 유가, 국제 원자재 가격, 글로벌 공급망, 글로벌 유동성이라는 4대 요인이 물가에 미치는 영향은 지대하다. 각 요인의 기여도나 영향력은 상황에 따라 차이가 있을 것이다. 생산자물가가 높아지면 기업의 채산성이 악화한다. 제품 가격 상승과 가격 경쟁력 약화로 이어지기에 물가 상승 요인별로 차별화된 대책을 마련해 선제적으로 대응해야 한다.

2018년 G20 국제금융체제 공동의장으로서 프랑스 재무성을 찾은 나는 비트코인을 비롯한 가상자산에 관한 논의의 포문을 열었다. 당시 한국 분위기는 비트코인을 악으로 간주하고 있었으나 내 시각은 달랐다. 프랑스 재무성 직원이 내게 물었다.

"왜 한국은 초기 코인 공개(initial coin offering, ICO)에 소극적인가요?"

ICO는 블록체인 기술을 기반으로 새로운 암호화폐를 만들기 위해 불특정 다수의 투자자들로부터 초기 개발 자금을 모금하는 과정을 말한다. 얼버무리며 나는 답했다.

"그렇지 않아요. 당신은 어떤 생각인가요?"

"정말 좋아합니다."

경제에 선악이라는 잣대는 없다. 부작용이 있다면 줄이면 된다. IMF도 이미 가상자산이라는 물결을 인정했기에 나는 공동의장으로서 가상자산 이슈를 G20 국제금융체제에서 논의할 것을 제안했다. 그런 경험이 자양분이 되어 나는 가상자산과 블록체인을 국제금융과 연결해 박사학위를 받았다.

세상이 서로 연결되어 있듯이 모든 것은 상호 융합되어 새로운 모습으로 시장에 나타난다. 그런 흐름을 제대로 이해해야 급변하는 세계에서 살아남는다.

인생을 닮은 금리를 마주하며

"종목 하나 찍어주시겠어요?"

"종목은 찍는 게 아니고 스스로 터득하는 것입니다."

주식을 하다 보면 누군가와 이런 선문답을 하곤 한다. 세상에 공짜가 어디 있는가? 그런 공짜에 익숙해지면 돈 버는 재미를 모를 수 있다. 게다가 종목을 찍는 것은 아무나 할 수 있는 일이 아니다. 자칫하면 상호 신뢰에 금이 간다. 내가 좋아하는 워런 버핏의 이 말이 생각난다. 워런 버핏 평전 《투자의 신(Of Permanent Value: The Story of Warren Buffett)》에 나오는 대목이다.

"내가 원하는 것은 돈이 아니다. 돈 버는 재미와 돈이 불어나는 것을 바라보는 재미가 더 중요하다."

우리 부모님은 아마도 저런 재미에 푹 빠져 사셨나 보다. 부모는 자식의 훌륭한 교과서다. 어린 시절 부모님이 왜 저렇게 돈을 벌려고 아등바등할까 그런 생각을 종종 했다. 방학 때 부모님과 함께 지내면 하루 종일 돈 이야기였다. 저금리 시대가 오자 그분들은 슬퍼했다. 은행에 돈을 넣어도 예전만큼 얻지 못해서였다.

금리는 세대를 가르는 잣대다. 우리 부모님 세대는 오랜 기간 한국의 고성장 시대를 살면서 고금리에 익숙하다. 반면 자식 세대는 오랜 기간 저금리에 익숙하다. 내 경우는 과거 고금리 시대를 향한 애틋함과 희망, 저금리의 병폐와 풍요를 함께 누린 세대다. 여기서 애틋함은 사업을 하시면서 돈을 빌려 썼던 부모님의 마음이다. 희망은 저축하면 돈이 불어난다는 것을 뜻한다. 반면 병폐는 돈 빌리는 것을 아무렇지도 않게 생각하는 것이다. 풍요는 저금리가 불러온 자산 가격 급등을 말한다.

나는 이 책에서 금리 이야기를 하면서 인생을 이야기하고 싶었다.

"고금리가 되니 좋아. 은행에 돈을 넣어 이자가 붙는 재미가 쏠쏠해."

아흔이 되신 우리 아버지의 말이다.

"아버지. 인터넷으로 가입하면 이자를 좀 더 줘요."

"안 돼. 나는 종이 통장이 꼭 있어야 해. 인터넷은 못 믿어. 실물이 없는데 어떻게 믿어?"

"네. 알겠어요. 그런 이야기는 안 할게요."

아버지의 행복과 달리 많은 사람이 고금리에 시무룩하다.

"이자 갚느라 죽겠어요. 어떻게 금리를 인하할 수는 없나요?"

2022년 금리가 오르자 자산시장이 심상치 않았다. 사람들은 주식도 부동산도 예전만 못하다고 아우성이었다. 자본주의가 아니더라도 돈은 인간의 행복과 불행을 좌지우지하는 요물이었다. 그 돈의 값이 금리다. 결국 금리는 누구에게는 기쁨이 되고 누구에게는 슬픔이 되어 우리 일상을 지배하고 있다. 금리를 제대로 이해하는 것이야말로 현대 자본주의를 살아가는 기본이라 하겠다.

2024년 금리 인하 논의와 함께 서울 아파트 가격은 낙폭을 거의 회복했다. 미국 주가는 인공지능이 고금리를 이기고 사상 최고치라는 역사를 썼다. 그러나 이 책이 세상에 나올 무렵, 장·단기 금리 역전 해소와 엔 캐리 트레이드 청산 가능성, 미국 경기 침체 가능성으로 국내외 주식시장이 조정받고 있다.

이제 금리의 향방과 함께 자산시장이 어떻게 흘러갈지 이 책과 함께 예견하고 대응해보자.

모두의 금리

초판 1쇄 | 2024년 9월 25일
　　　3쇄 | 2024년 10월 25일

지은이 　| 조원경

펴낸곳 　| 에프엔미디어
펴낸이 　| 김기호
편집 　　| 정수란, 양은희
기획관리 | 문성조
디자인 　| 채홍디자인

신고 　　| 2016년 1월 26일 제2018-000082호
주소 　　| 서울시 용산구 한강대로 295, 503호
전화 　　| 02-322-9792
팩스 　　| 0303-3445-3030
이메일 　| fnmedia@fnmedia.co.kr
홈페이지 | http://www.fnmedia.co.kr
ISBN 　　| 979-11-94322-00-9 (03320)
값 　　　| 22,000원